中学生・高校生の こころと特別活動

前田善仁・関口洋美 編著

東海大学出版部

Student Minds and Special Activities for Junior-high and High-school Students
Yoshihito MAEDA and Hiromi SEKIGUCHI
Tokai University Press, 2020
Printed in Japan
ISBN978-4-486-02185-8

目　次

序章　特別活動へのいざない

第1節　学校教育の思い出と特別活動

　卒業の際に発行されることがある卒業文集には，生徒の学校生活のたくさんの思い出が綴られています。どのような思いを抱きながら生徒は卒業したのでしょうか，また，学校教育の様々な営みは生徒の心に何を残したのでしょうか。それらを探るために年度が異なる3つの卒業文集に眼を通すことにしました。

　大阪にて万国博覧会が開催されるなど高度経済成長の最中にあった1970（昭和45）年，東西冷戦終結を知らせるベルリンの壁崩壊の翌年の1990（平成2）年，人々の絆が強調されるとともに防災やエネルギー政策のあり方を問うことになった東日本大震災が発生した2011（平成22）年の各学年末に神奈川県相模原市立中学校の卒業生が文集に寄せた内容を区分したものが次の表1です。

　時代や社会の変化にも関わらず，卒業の思い出として学校生活や学校行事全般を綴ったものは常に文集の最上位にあります。次いで年度によって順位は入れ替わりますが，学級での友だちとの関わり，修学旅行，生徒会活動がそれに続いています。これらは，学校教育の一つとして実践されている特別活動の代表的な内容であり，特別活動が生徒の心身の成長に大きく関わるものであることが読み取れます。

　そして平成期の上位に位置する部活動は学校教育における位置づけが特別活動とは異なりますが，集団活動を通じて生徒を育てるという指導原理は特別活動に通じるものがあります。

　さらに，日本特有の教育活動である特別活動は，「TOKKATSU」として海外から注目され，日直当番や掃除等が学校教育として試行されている事例もあります。

　これらのことから教育の究極の目的である人間形成に向けて，特別活動の果たす役割の大きさは，誰もが納得できることと思います。

表1：中学生による卒業文集の内容区分

1970 （昭和45）年		1990 （平成2）年		2011 （平成22）年	
相模原市立旭中学校		相模原市立旭中学校		相模原市立中野中学校	
①学校生活・行事全般	24%	①学校生活・行事全般	37%	①学校生活・行事全般	41%
②卒業や将来への思い	21%	②部活動	28%	②部活動	16%
③友だち（級友等）	18%	③修学旅行	12%	③学校祭	12%
④自己の心の成長	12%	④学校祭	7%	④卒業や将来への思い	11%
⑤部活動	8%	⑤卒業や将来への思い	6%	⑤友だち（級友等）	9%
⑥修学旅行	6%	⑥友だち（級友等）	5%	⑥修学旅行	4%
⑦生徒会活動	2%	⑦自己の心の成長	2%	⑥自己の心の成長	4%
⑦教員	2%	⑦学習	2%	⑧生徒会活動	1%
その他	7%	その他	1%	その他	2%

【注】1970（昭和45）年頃の相模原市の公立中学校では、今日のような学校祭（文化的行事と体育的行事の連続的な実施）は殆どされておらず、運動会や各種文化発表会が単発の行事として実施されていた。

第2節　本書の趣旨と構成

　本書は教職課程を学ぶ学生の皆さんに特別活動の概要を広く紹介する入門用の教科書として，さらに学校で特別活動を指導されている先生方を支える参考書となることを期して編まれたものです。また，平成29・30年に告示された中学校・高等学校学習指導要領や①全国すべての大学の教職課程で共通的に修得すべき資質能力を示した教職課程コア・カリキュラムに対応するものでもあります。

　また，生徒が様々な集団活動に自主的，実践的に取り組むことを特質とする特別活動の指導に当たっては，②学校の主役ともいえる生徒たちがどのような思いで学校生活や特別活動等に取り組んでいるか，思春期の真っただ中にいる彼らのよろこびや悩みなどの心理的側面を知ることも重要なことと捉え，書名を「中学生・高校生のこころと特別活動」としました。

　これらの編集の趣旨から，本書は次のような構成にしました。

　序章〜第1章では，③特別活動の目標や特色，教育課程上の役割等，④わが国の学校教育文化と特別活動の関係性，特別活動の歴史的なあゆみ等を述べ，特別活動の基礎についての認識を深めることにしました。

　第2章では⑤教育心理学の視点から学校生活や特別活動に取り組む生徒たちのこころに迫り，近い将来に教壇に立つことになる学生の皆さんの実践力の向

上を図るとともに日々，生徒に接している先生方の指導の改善に資するヒントを提供したいと考えました。

第3〜4章では，⑥特別活動の推進役である学級担任に視点を当て，学級経営を紹介するとともに学級活動や生徒指導について述べます。

第5〜8章では，特別活動の内容である進路指導・キャリア教育，生徒会活動，学校行事について述べます。

なお，第4〜10章については，実践性や具体性が大切であると考えたことから学校教育の実務経験者が体験や事例をもとに執筆しました。

第9章では，⑦学習指導要領の改訂の目玉ともいえる「主体的・対話的で深い学び」と特別活動について考察し，これからの特別活動のあり方を描き出しました。

第10〜11章では，⑧総合的な学習の時間における特別活動との関連や，実践事例を取り上げたり，学校運営にも大きく影響する⑨コミュニティ・スクールへの取り組みと地域との連携について取り上げたりしました。

終章では，教育心理学の視点から，教員を目指す学生の皆さんや，若い教員からベテランの教員まで，⑩学校現場で役立つ心理学の基礎情報を整理しました。

また，⑪学校教育や特別活動にかかわるトピックを記したコラムの設定，学校教育の現場で用いられている資料の掲載，さらには巻末資料集などによって，実際の生徒や学校の教育活動により精通することができるような工夫をしました。

第3節　特別活動の教育的意義

特別活動の教育的意義については，『中学校学習指導要領（平成29年告示）解説　特別活動編』（平成29年7月　文部科学省）第2章第2節「特別活動の基本的な性格と教育活動全体における意義」の中で，次のように述べられています。

　　特別活動は，「集団活動」と「実践的な活動」を特質とすることが強調されてきた。学級や学校における集団は，それぞれの活動目標をもち，目標を達成するための方法や手段を全員で考え，共通の目標を目指して協力して実践していくものである。特に，実践的な活動とは，生徒が学級や学

校生活の充実・向上を目指して，自分たちの力で諸問題の解決に向けて具体的な活動を実践することを意味している。したがって，生徒の実践を前提とし，実践を助長する指導が求められるのであり，生徒の発意・発想を重視し，啓発しながら，「なすことによって学ぶ」を方法原理とすることが大切である。この特質を継承しながら，次の教育的意義が，今回の改訂では更に強調されている。

（1）特別活動の特質を踏まえた資質・能力の育成

　特別活動は，学校生活を送る上での基盤となる力や，社会で他者と関わって生きて働く力を育む活動として機能し，人間形成の中でも特に，情意面や態度面の資質・能力の育成について強調してきました。今回の改訂では，各教科等を通して育成することを目指す資質・能力として「知識及び技能」，「思考力，判断力，表現力等」，「学びに向かう力，人間性等」をバランスよく育むことを重視している。そのために重要なことは，目標に「様々な集団活動に自主的，実践的に取り組み」とあるように，自主的，実践的な活動を重視するということである。様々な集団活動の中で，「思考力，判断力，表現力等」を活用しながら他者と協力して実践することを通して，「知識及び技能」は実感を伴って体得され，活動を通して得られたことを生涯にわたって積極的に生かそうとする「学びに向かう力，人間性等」が育成されていく。特別活動の内容は，各教科等に広く関わるものであるが，こうした特徴をもつ特別活動だからこそ目指す資質・能力を育むことが大切である。（後略）

（2）学級経営の充実と特別活動

　特別活動は，教育課程全体の中で，特別活動の各活動・学校行事において資質・能力を育む役割だけではなく，全教育活動を通じて行われている学級経営に寄与することから学習指導要領では次のとおり示されている。

　学習指導要領第1章総則の第4の1の（1）「学習や生活の基盤として，教師と生徒との信頼関係及び生徒相互のよりよい人間関係を育てるため，日頃から学級経営の充実を図ること。」これに対応して，学習指導要領第5章 特別活動の第3の1の（3）「学級活動における生徒の自発的，自治的な活動を中心として学級経営の充実を図ること。」と示されている。（後

略）

（3）各教科等の学びを実践につなげる特別活動

　特別活動では，各教科等で育成した資質・能力を，集団や自己の課題の解決に向けた実践の中で活用することにより，実生活で活用できるものにする役割を果たすものである。例えば「防災」に関しては，社会科で地域の地形の特徴や過去の自然災害について学び，理科で自然災害につながる自然の事物・現象の働きや規則性などを学んだりしたことを生かしながら，実際の災害に対してどのように身を守ったらよいのか，実際に訓練しながら学ぶ。このように，各教科等で学んだ知識や技能などの資質・能力が，実生活において活用可能なものとなっていく。（後略）

（4）学級や学校の文化を創造する特別活動

　各学校における特別活動の取組は，休み時間や放課後，地域などにおける教育課程外の活動や学校独自の活動などが相まった活動として行われている。生徒は，これらの活動を通して，例えば，学級や学校におけるルールや校則に関わる活動，地域と連携した活動や地域行事等への参画，生徒が相互に関わる集団形成などから学級や学校の創意ある活動から，校風や学級の雰囲気を醸成するなど，学級・学校文化を創造するのである。（後略）

　このように，（2）の波線部や（4）の波線部からも分かるように，特別活動は学校教育活動全般にわたって指導されることによって，教育効果が発揮される性格のものです。したがって，その指導に当たっては，教育的意義を理解した教職員集団（全教職員）による年間計画等の効果的な指導計画の立案と運用が欠かせません。

第4節　本書の特色とその活用について

　第2節で，本書の趣旨と構成（特に①〜⑪の特色）について述べております。この特色は，学校現場で実践するためのノウハウと言い換えることができると思います。第3節で述べた，学習指導要領がねらう特別活動の教育的意義を知

っていれば，簡単に実践できるものではないことを，多くの教員は体験済みだと思います。

　教員を目指す学生の皆さんには，本書の内容をお読みになり，教育実習への準備や実習先での体験と重ね合わせたり，改善点に繋げたりしていただけると幸いです。

　また，若い教師の方々やベテラン教員の皆様には，ご自身の体験と重ね合わせ，同意する部分とアレンジして活用する部分，さらには教育心理学の視点から再度解釈しなおす部分とに，それぞれの方々が，確認のためにご使用いただけることを希望します。

　おわりに，本書の企画編集にご尽力され，貴重なご助言をいただいた東海大学出版部や貴重な資料や情報を提供していただいた関係者の皆さまに心から御礼申し上げます。

2020年3月　編著者　前田善仁・関口洋美

【引用】
文部科学省（1917）『中学校学習指導要領（平成29年告示）解説　特別活動編』

第1章　特別活動の歴史

第1節　特別活動の歴史とは何を指すのか？

　私たちが「特別活動の歴史」という言葉を使う際，それは学習指導要領に規定された内容の変遷だけを指すのでしょうか。特別活動の歴史を振り返ることは，いま存在するものを単に受け入れるのではなく，そこに様々な論争点が存在することを理解する手助けとなります。今の学校教育の問題に真正面に向き合う意味でも，歴史を通して「特別活動のあるべき姿や求められる内容は何かを問い直し続けて行くこと」（深見，2013）が大切になってきます。

第2節　戦前の「特別活動」の歴史

1．近代学校教育の成立と特別活動的な前史

　明治，大正，昭和と続く戦前の学校教育制度の始点となるのは，1872（明治5）年に「学制」が公布されたことです。当初の明治政府は立身出世にもとづく個人主義的な教育方針をとっていましたが，その後は次第に，道徳教育と国家主義の教育方針が主眼とされていきます。1890（明治23）年の第二次小学校令では，小学校教育において，知識技能の習得よりも，道徳教育・国民教育を重視する方針が明確化されました。同年には，「教育ニ関スル勅語」（教育勅語）が発布され，学校教育の様々な場面で大きな影響を与えることになります。

　明治政府が最初に取り上げたのは，学校の儀式でした。教育勅語が発布された翌年の1891（明治24）年の「小学校祝日大祭日儀式規程」では，「忠君愛国の志気を涵養せん」ために祝日大祭日の儀式において，天皇・皇后の写真である御真影の拝礼，天皇・皇后への万歳奉祝，勅語奉読をしなければいけないとされました。また，1893年（明治26年）頃から，小，中学校においては，「君が代」が「祝日大祭日唱歌」として，祝日大祭日において唄うべき唱歌とされました。これらについては，「こうした独特の形式，内容と雰囲気をもった儀

式は，児童・生徒の精神形成にははかりしれない大きな影響を与えることになった」といわれています（山口，2010）。

　儀式が誕生した一方で，運動会や遠足，入学式，卒業式などの学校行事も，明治20〜30年代にかけて徐々に形づくられていきました。運動会は，元々は文相森有礼の下での「兵式体操」が奨励されたのがきっかけで，日清戦争での戦意高揚策として次第に普及し，日露戦争の頃に学校の代表的な行事として定着したといわれています。遠足が学校行事になるのは明治30年代の頃です。遠足の起源を見ると「国家主義的な側面」と「教育方法的側面」の両面があったと言われます。東京高等師範学校の附属小学校がはじめて本格的な修学旅行を実施するのは1925（大正14）年のことで，それは国家主義思想の影響をうけた伊勢神宮の参拝旅行でした。一方で，中等教育の諸学校では，1900（明治33）年頃を境にして行軍と修学旅行の分離が進み，修学旅行が広く行われるようになりました。学芸会という名称が用いられるようになるのは，明治30年代の終わり頃のことでした。また，概して文化的行事の学校への導入は，体育的行事と比べてずっと遅れる傾向がありました（山口，2010）。

2．自治的・批判的な学びとしての特別活動的なものの芽生え

　戦前の公立学校でも自治的活動の必要性が論じられていましたが，それは自分のことは自分でせよという，社会を改善する視点の欠けたもので，集団での自治を促す試みも，教員の仕事を下請けさせるような活動が主でした。

　それに対し，1910年代の後半に入ると，大正自由教育の流れの中から，子どもの自主性や創造性，自治の意識などを重視した教科外活動がみられるようになります。これらは，以前の教科外活動とは異質のもので，その後の教科外活動の展開を見通した上でも，重要な存在を占めています。例えば，手塚岸衛は，学校行事の運営や学校運営などに関して，徹底的に子どもの自発性，自主性を尊重した実践を提案しました（手塚，1922）。また，「児童の村小学校」の野村芳兵衛は，「相談会」の場を作り，子ども一人ひとりが当事者意識をもつ自治的な社会の構築を目指しました（野村，1932）。この野村の実践は，第二次大戦後において，「生活指導」における自治的「学級集団づくり」の源流として評価されてます（田中，2012）。

　また，教科外活動の源流の一つとして，大正期に子どもたちが現実の生活の中でぶつかる問題やその時の感じ方や考え方を書き記す「生活綴方」が誕生し

ました。この「生活綴方」をめざす教師たちによって，「生活指導」という概念が提起され，第二次世界大戦後の日本の教科外教育の理論や実践に大きな影響を与えることになります（田中，2012）

3．戦時期

満州事変以後，運動会にせよ，学芸会にせよ，いずれも軍国主義的な内容へと転換されていきました。とりわけ注目されるのは，1941（昭和16）年の国民学校令で規定された「錬成」の実践によって，教科目と儀式や行事の相互関連づけが強調された点です。また，1943（昭和18）年の中等学校令によって，中等教育レベルにおいて教科教育と並立する形で修練が教育課程上に法的に位置付けられました。修練の設定は，教科教授と教科外活動の二重構造を整理し，「皇国民錬成」という時局的課題に対処しようとする文部省の試みであったとされます（米田，1987）。

4．総括

以上のような戦前のわが国の教科外活動を見た場合，大きく二つの解釈ができます。一つは，戦前の教科外活動が，正規の教育課程内の学習とは別の「課外活動」として位置づけられ，その教育的価値が正当に評価されていなかった，という見方です。もう一方は，大正期や戦時期を含め，学校生活全体を通して生徒の規範や身体に及ぶ教育を支える重要な役割として，教科外活動が機能していたという見方です。このいずれの解釈の立場をとるかということも，特別活動の特徴や本質をどう捉えるかという点と関連してくる問題といえます。

第3節　戦後の特別活動の歴史

1．学習指導要領と特別活動の変遷

戦後の日本の学校教育における特別活動の変遷において，学習指導要領は国が定める国家の教育課程の基準として，教科外活動の基本的な枠組みを規定してきました。一方，その背景において，様々な学校や地域での積極的な実践や，民間団体などでの様々な提案や蓄積も見逃せません。

戦後最初の学習指導要領が出されたのは，1947（昭和22）年3月のことです。「学習指導要領一般編（試案）」は同年4月から小学校と新しく発足した中学

校に，高等学校には，1947年4月に「新制高等学校の教育課程に関する件」と
題する通知が出され，1948（昭和23）年4月から発足した高等学校の教育課程
の指針が示されました。以後，学習指導要領は，ほぼ10年に1回の間隔で約9
回にわたる大きな改訂が行われ，現在に至っています。次頁の「表1-1」は，
その変遷を大まかにまとめたものです。本節では，戦後の特別活動の歴史を，
「戦後初期～1958年以前」「1958～70年代」「1980～90年代」「2000年代以降」の
4つの区分に分けて論じて行きたいと思います。

2．戦後初期～1958年以前：特別活動の原型の模索
1）学習指導要領の変遷：1947年版学習指導要領における「自由研究」の誕生

　1947年に刊行・実施された学習指導要領には，戦前の国民学校の時代のカリ
キュラムには見られない新しい教科として，「社会科」「家庭科」「自由研究」
の三つが設けられました。後の特別活動に直結するのが「自由研究」です。
「自由研究」に関して，学習指導要領で次のように述べられています。

> 　教科の学習は，いずれも児童の自発的な活動を誘って，これによって学習が
> すすめられるようにして行くことを求めている。そうした場合に，児童の個性
> によっては，その活動が次の活動を生んで，一定の学習時間では，その活動の
> 要求を満足させることができないようになる場合が出てくるだろう。たとえば，
> 音楽や器楽を学んだ児童が，もっと器楽を深くやってみたいと要求することが
> 起るのがそれである。……（中略）……このような場合に，何かの時間において，
> 児童の活動をのばし，学習を深く進めることが望ましいのである。ここに，自
> 由研究の時間が置かれる理由がある。……（中略）……
> 　このような場合に，児童が学年の区別を去って，同好のものが集まって，教
> 師の指導とともに，上級生の指導もなされ，一緒になって，その学習を進める
> 組織，すなわちクラブ組織をとって，その活動のために，自由研究の時間を使
> っていくことも望ましいことである。
> 　なお，児童が学校や学級の全体に対して負うている責任を果たす――たとえば，
> 当番の仕事をするとか，学級の委員としての仕事をするとか――ために，この
> 時間をあてることも，その用い方の一つと言える。（文部省，1947）

　ここでは小学校について論じられていますが，中学校でも小学校でも，自由
研究が設定された理由は同様とされます。
　以上のように，「自由研究」は，（1）個人の興味と能力に応じた教科の発展

表1-1：学習指導要領における特別活動の主な変遷

1947年(中)	【自由研究】 ・「学習指導要領一般編（試案）」により，「自由研究」が設置された。 ・「自由研究」の内容は，①個人の興味と能力に応じた教科の発展としての自由な学習，②クラブ組織による活動，③当番の仕事や学級委員としての仕事であった。
1949年 (中・高)	【特別教育活動】 ・「自由研究」は廃止され，「特別教育活動」が続けられた。 ・その内容は，①ホームルーム，②生徒会，③クラブ活動，④生徒集会，であった。
1958年(中) 1960年(高)	【「特別教育活動」から「学校行事等」が切り離される】 ・特設「道徳」により「各教科」「特別教育活動」，「学校行事等」の4領域で教育課程が編成され，「特別教育活動」に名称が統一された。 ※高等学校では「道徳」はない。
1969年(中) 1970年(高)	【生徒活動（ホームルーム）・学校行事・学級指導】 ・「特別教育活動」と「学校行事等」を統合し，「特別活動」(中)，「教科以外の教育活動」(高) が新設された。 ・クラブ活動が毎週1時間，全員参加の必修化とされた。
1977年(中) 1978年(高)	【生徒活動（ホームルーム）・学校行事・学級指導】 ・中・高等学校で「特別活動」の名称に統一され，目標に「自主的，実践的な態度の育成」が示された。
1989年 (中・高)	【学級活動（ホームルーム活動），生徒会活動，クラブ活動，学校行事】 ・「学級会活動」と「学級指導」が統合され「学級活動」になった。 ・クラブ活動を部活動で代替できることが示された。
1998年(中) 1999年(高)	【学級活動（ホームルーム活動），生徒会活動，学校行事】 ・すべての校種で「総合的な学習の時間」が創設された。 ・「ガイダンスの機能の充実」が示され，クラブ活動が廃止された。
2008年(中)	【学級活動，生徒会活動，学校行事】 ・各内容のねらいと意義を明確にするため，各内容の目標が示された。 ・言語活動が強化された。
2009年(高)	【ホームルーム活動，生徒会活動，学校行事】 ・各内容のねらいと意義を明確にするため，各内容の目標が示された。 ・言語活動が強化された
2017・2018年 (中・高)	【学級活動（ホームルーム活動），生徒会活動，学校行事】 ・特別活動の特質に応じた見方・考え方の観点から整理がなされた。

(【　】の中は特別活動に関わる領域の主な区分けを意図しています。)

としての自由な学習，（2）クラブ組織による活動，（3）当番の仕事や学級委員としての仕事，という三つの内容が想定されていました。ただ，（1）が基盤となり，その上で，（2）（3）が派生すると考えられていて，教科学習の個

12

別的発展であることを一番の役割とした学習活動でした。その意味では，戦後初期の教科外活動は，教科学習との密接な関係のもと，相互に関連しあうものとして想定されていました（山口，2010）。

なお，試案という形で公刊された1947（昭和22）年と1951（昭和26）年の学習指導要領は，新しい教育課程の編成を各学校に促すきっかけとなり，学校生活における日々の生活と，教科の内容を結び付ける実践が様々に展開されました（藤田・石田，1999）。また，子どもを権利主体としてみる自治活動の指導記録として，石橋勝治の『子ども自治会の指導』（1948年）も有名です。

ただ，「自由研究」の趣旨は一般の学校現場ではうまく理解されなかったといわれています。また，授業の補習や延長になったりするなど問題点が浮き彫りになっていきました。

2）学習指導要領の変遷：「自由研究」の廃止と教科外活動の教育課程化（1951年）

「自由研究」は，中学・高校では1949年の通知によって廃止され，新たに特別教育活動（中学校，高等学校）という領域が設けられました。中学校では，「ホームルーム」「生徒会」「クラブ活動」「生徒集会」の四領域が設定されました。

「教科以外の活動」「特別教育活動」という新しい領域が設けられた趣旨について，1951年の中学校学習指導要領では以下のように書かれています。

> 特別教育活動は，従来教科外活動とか，課外活動とか言われた活動を含むが，しかしそれと同一のものと考えることはできない。ここに特別教育活動というのは，正課の外にあって，正課の次にくるもの，あるいは，正課に対する景品のようなものと考えてはならない。……（中略）……教科の学習ではないが，一般目標の到達に寄与するこれらの活動をさして特別教育活動とよぶのである。したがって，これは単なる課外ではなく，教科を中心として組織された学習活動ではないいっさいの正規の学習活動なのである。（文部省，1951）

このように，教科学習に対する教科外活動の価値が一層強調されています。その上で，1951年版では，教科外活動の基本的な目的を，「公民としての資質」を高め，「民主的生活の方法」を学ばせることにあるとされました。そのために，生徒主体の計画や運営が必要とされました。中学校の特別教育活動の方針として，「生徒たち自身の手で計画され，組織され，実行され，かつ評価

されねばならない。もちろん，教師の指導も大いに必要ではあるが，それはいつも最小限にとどめるべきである」と明記されています。これらの方針は，教科外活動が教科学習の発展とする考え方が後退したことを意味します（山口，2010）。

　結果として，この方針転換から最も影響を受けたのは，従来から存在したクラブ活動です。

　そして，公民としての資質を高めることを目的とした「教科以外の活動」や「特別教育活動」において，生徒自治としての限界を意識している点が見られます。例えば，1951年の学習指導要領では以下のように述べられています。

> 　生徒会は，生徒自治会と呼ばれることがあるが，生徒自治会というときは学校長の権限から離れて独自の権限があるかのように誤解されるから，このことばを避けて生徒会と呼ぶほうがよいと思われる。この生徒会は，一般的にいうと学校長から，学校をよくする事がらのうちで，生徒に任せ与えられた責任および権利の範囲内において，生徒のできる種々な事がらを処理する機関である。……（中略：筆者）……生徒の意見は，校長および教師たちの承認を得てはじめて有力となる。学校内外の社会に対し，学校に関する責任は，おもに校長および教師たちの負うところであるからである。（文部省，1951）

　これらの指摘は，生徒の自治の考えの限界や制約について文部省が表明したものであり，この表明から分かるように，この頃から既に，「生徒自身による自治」と「教師の指導」との葛藤が浮かび上がっている点が注目されます。

　以上の「自由研究」から「1951年版」への改訂は，自由研究としての役割が後退し，民主的な市民の育成の役割へと緩やかにシフトした過程といえます。

3）戦後初期の生徒会の変遷

　戦後初期，アメリカから生徒参加の理念がもたらされました。戦後日本の中等学校は GHQ によって生徒自治会が作られ，その連合組織である「自治連合会」も作られました。生徒自治会は自治権を与えられ，体罰教師の追及をはじめとする幅広い自治活動を各校で展開しました。しかし，これは GHQ の指導によって設置されたものであり，50年代に入ると自治連合会は解散させられ，生徒自治会は生徒委員会に変更させられました（喜多，1996；宮下，2008）。1948年には，文部省は『新制中学教育ノート　第一集』において，学校管理に

生徒が参加するように規定しました。その他，都立第一高校（現在の日比谷高校）の生徒会は，1949年に「星陵生徒会自治憲章」を制定し，生徒会会長，PTA代表，校長の三者協議会を置くことを決めました。ただ，1950年代に憲章が改正され，校長の保留権，すなわち学校運営の最終決定権が校長にあることが明文化されるに至ります。藤田（1996）は，これらを生徒自治から「特別教育活動としての自活活動」への転換と捉えています。同時期には，類似した変化が全国の生徒会でも同じ時期に起きたといわれています。

　1950年代には40年代に展開されたような生徒会自治は次第に弱体化していきます。高校生の教育行政への参加としては，1950年代に活動した京都と高知の生徒会連合があります。生徒会連合は授業料値上げ反対，高校生全入を守る運動などの活動を展開しましたが，1960年代に幕を閉じました（田久保，1996；宮下，2008）。

4）1950年代の代表的な実践とその論争点

　1950年頃に校長の保留権が認められていく一方で，京都の旭丘中学校においては，生徒によって学校図書館の運営や充実などを進めました。その他，教員や保護者，生徒たちによって「綱領」がまとめられました。旭丘中学校の生徒の自治活動は，やがて学校外の社会的，政治的な問題にも及ぶようになり，1954年に生徒会指導のあり方を「偏向教育」であると批判する父母および教育委員会と，教師の指導を支持する父母，生徒会，教職員組合との間の対立が激化し，両派による分裂授業を行うに至ります。これが「旭丘中学校事件」と呼ばれています（勝田，1957）。ただ，生徒会の自治的な活動が，学校を超えて社会的，政治的な場面にまで拡大していくことは，1950年代初めまでの新制中学校では，決して珍しくはありませんでした（小玉，2016）。この旭丘中学の実践については，「生徒たちは，学校生活の具体的な改革というリアルな問題解決の中で，集団的な力量を発揮することができたのである」（海老原，1968）と高い評価を受けてきた一方で，当時の旭丘中学校のHR・生徒会活動の主流派の教師が，生徒への「しつけ」を否定し，生徒の自主性を重視していく過程で，期待とは裏腹に生徒の問題行動に繋がる性質を持った実践だったという指摘もありました（大久保，2004）。この旭丘中学校の例にあるように，1940〜50年代には，生徒の自治とは何かが問われ，ラディカルな試みも多くなされた時期といえます。

5）卒業式をめぐる工夫

　戦前に始まった儀式としての卒業式をどのように行うかについて，第二次大戦以降の教師たちは様々な工夫を行うようになっていきました。例えば，小学校教師粉川光一が1955（昭和30）年に提案した「卒業式の演劇的構成法」（粉川，1955）は，卒業式において「呼びかけ方式（コーラス・スピーキング）」を採用したはじめての試みとなり，斎藤喜博の「島小学校」にも影響を与え（斎藤，1963），その後に全国に採用されていきました（田中，2010）。

3．転換期としての1958〜1960年代
1）学習指導要領の変遷：1958年版学習指導要領改訂

　1958（昭和33）年の改訂以降，学習指導要領に用いられていた「試案」の文字が消え，文部省告知として法的拘束力を持つと解釈されるようになりました。同時に，「特別教育活動」の目標と内容が明確に設定されるようになりました。

　1958年の改訂では，それまでの学習集指導要領に示されていた「民主的」「民主社会」という文言が消えました。その上で，「特別教育活動においては，生徒の自発的な活動を助長することがたてまえではあるが，常に教師の適切な指導が必要である」と中学校版の学習指導要領では述べられました。

　「学校行事等」については，これまで必ずしも教育課程上の位置が明確ではなかった儀式，運動会，遠足，学校給食等の指導の領域を，「学校が計画し実施する教育活動」として一括し，一つの領域に構成したものです。また，生徒集会に位置付けられていた集会活動は，「学校行事等」という新しい領域に吸収されることになりました。その際に，この「学校行事等」は，「学校が計画し実施する教育活動」とされており，1951年版学習指導要領に示されていた集会活動の持つ自治的要素は狭められることになったといえます。実際，教科外活動の中に，「特別教育活動」と「学校行事等」とが二分されたことによって，学校の行事は，生徒会の一環として行うのか，「学校が計画し実施する教育活動」の一環として行うのかが，不明確になる問題を生みました（山口，2010）。中学校の学校行事でも「学校が計画し，実施するものであるが，その計画や実施にあたっては，生徒に自主的に協力させるように配慮し，特に特別教育活動との関連を図ることが望ましい」とされ，生徒自身が企画し責任をもって運営するような自治的な視点はかなり弱くなっています。

　一方，道徳の新設に関しては，従来，教科外活動の中に含み込まれていた道

徳性の育成，あるいは訓育的機能の多くが，「道徳」に吸収されることになったことを意味します。例えば，従来のホームルームの機能とされていた「生徒のもつ諸活動」の解決等は，「道徳」に移されました。これらの自治的要素の縮小や，道徳の特設は，様々な問題と紐づいていました。例えば，「学校行事等」の「指導計画作成および指導上の留意事項」として，「国民の祝日などにおいて儀式を行う場合には，生徒に対してこれらの祝日などの意義を理解させるとともに，国旗を掲揚し，君が代を斉唱させることが望ましい」（文部省，1958）と示されました。このことは，戦後の民主主義，平和主義の理念にもとづく教育と逆行する方向が打ち出されたものとして，国民的な議論を呼びました（山口，2010）。

　なお，1960年に出された高等学校学習指導要領の解説では，生徒会活動の目標として「学校生活において自治的な能力を養うとともに，公民としての資質を向上させる」とした点について，以下のように述べています。

　　　このような「自治的能力」は，必ずしも「自治の能力」ではない。なぜならば，高等学校の生徒会活動は，どこまでも学校教育の一環として教師の指導下で行われるものであって，それを離れた生徒だけの自由な自治というものは認められないからである。その意味で，「自治的な能力」は，いまだ公民としての資質そのものとはいえないが，公民としての資質の重要な一部である「自治の能力」の基礎をなすものとして重要である（文部省，1960）。

　このように，生徒の生徒会活動が，教師の指導下に置かれていることを強調するものとなっています。いわば，生徒会の活動を，「公民としての資質」育成の方法として位置づけるものでした（藤田，1996）。

2）学習指導要領の変遷：「特別教育活動」と「学校行事等」の統合（1968年）
　一方，1968（昭和43）年の時点で，「特別教育活動」と「学校行事等」の統合が図られました。この二つの領域は，かつて「特別教育活動」にまとめられていたことを念頭に置くと，ある種の共通性があるともいえます。
　ただし，1968年の特別活動の内訳をみると，例えば中学校では，「生徒活動」「学級指導」「学校行事」の三区分がなされています。これは，生徒の自主的，自治的な集団活動を重視する「生徒活動」と，学校や教師の指導性が全面に出てくる「学校行事」と「学級指導」という「2系列化」（山口，2010）の

傾向が温存されているといえます。この生徒の自治性と，学校・教師の指導性をめぐる「2系列化」の問題は，1958年の学習指導要領改訂以降，根深く存在する問題となっています（竹内，1980）。また，中学校・高等学校ともにクラブ活動の必修化が打ち出されました。これによって，時間割内での「クラブ活動」と放課後の「部活動」が別々に存在することになりました。

その他の変更としては，学級指導において，学業指導や進路指導の例示が増えました。また，学校行事の「勤労・生産的行事」の中に，中学校では「社会奉仕」が追加されました。

1958～60年代の学習指導要領の変化は，特別活動の保守化とも呼ぶべきものであり，現在の特別活動の主な形態がこの時期に形成されました。

3）教科外活動の指導の固有性をめぐる論争

教育課程が教科教育と，教科外教育の有機的な関連によって編成されているとすれば，その有機的な関係とはどのようなものでしょうか。この点について，1950年代後半に小川太郎と宮坂哲文との間で起こった，「生活指導は領域概念か機能概念か」という論争は示唆的です。宮坂哲文は，教科指導も教科外活動も一貫した「生き方の教育」であると捉え，生徒の生活指導は教科と教科外を貫くものだと考えました。それに対して，小川は主として教科指導は学力の形成を目的とするのに対し，教科外活動においては，民主的な集団の発展を促したり，子ども自身を歪める力に抵抗し改めて行く力を作るべきとし，教科指導と教科外活動のそれぞれの固有性を主張しました（久木，1980）。この論争を通して，教科指導と教科外活動との関係を連続的に捉えようとする宮坂氏と，別々のものとして捉えようとする小川氏との論争点が明示化されました。

4）全国生活指導研究協議会（全生研）の『学級集団づくり入門』の出版と改訂

その後も教科外活動の固有性をいかに考えるかという点は，重要な論点となっていきます。例えば，著書『核のいる学級』（1963年）で有名な大西忠治は，学級での「班づくり」を軸として，自治的な学級集団へと育てようとしました。1959年に発足した「全国生活指導研究協議会」（全生研）は，この「学級集団づくり」を追究して，その成果を『学級集団づくり入門』（明治図書出版，1963）として発表しました。その後，このような学級集団づくりだけで，民主的な人格形成が可能なのか，班づくりの方法が管理主義的ではないか，個を集

団に埋没させていないか，などの様々な批判がなされました（片岡，1975）。1970年代に入ると，『学級集団づくり入門　第二版』（明治図書出版，1971）が出され，学級づくりだけでなく，文化的活動や，部活動，行事，そして生徒会活動を通した学校づくりにまで，理論を拡張させていきました（二宮，2017）。

5）1960〜70年代の生徒会活動の変遷と高校生の政治活動の禁止

　1960〜1970年代前半は，「生徒会活動の模索期」（宮下，2008）とされます。例えば，北海道立深川西高校の生徒会では，生徒会の学習権と自治活動権を掲げました。具体的には，生徒の暴力事件を学校が処分によって解決するのではなく，生徒会が事実調査・全校クラス討議・委員会討議をすすめ，加害者の全校謝罪や学校への処分要請を決定するもので，生活指導への生徒会参加を目指した自治的なものでした。一方，1970年代の安保闘争時には，全共闘運動の影響で高校生による紛争も生まれました。これに対して，文部省は1969年10月に高校生の政治活動の禁止し，違反した生徒への厳重処分することや，教師の政治的教育を規制するという見解を発表しました（宮下，2008）。これによって，高校生の政治活動は，公には完全に禁止されました。当時，この通知に対する反論（日本教職員組合，1969）なども出されましたが，この通知が，生徒会の自治的な役割に大きな影響を与えました。藤田（1996）は1960年代に関して，「高校生の活動に即して，子どもの人権，自主活動権，参加（学校参加と社会参加）権の主張と，『特別教育活動としての生徒会活動』の名のもとに生徒の活動を学校の『教育課程』内に囲いこむ動きとの対立が顕在化した」と述べています。

　このように見た場合，特別活動という教育課程上での位置づけが明確化されたことが，生徒の権利意識に即した生徒自治の衰退への分岐点とみることもできます。特別活動の位置づけをめぐる論争性をここにも見ることができます。

4．荒れの時代の中で：1980〜1990年代
1）学習指導要領の変遷：1977年改訂と1989年改訂

　1977年の学習指導要領改訂では，高等学校でも「各教科以外の教育活動」から「特別活動」へと名称が変更されました。また，小・中・高等学校ともに，目標が類似したものとなりました。一方で，この1977年の小・中・高等学校全面改訂の時から，「自発的・自治的活動」という用語自体が本文の記述から消

えました。このことは，特別活動が子どもの自主性や自律性を育てる姿勢が一層弱くなったとも言えます。

1989年には，学級会活動と学級指導が統合され「学級活動」になりました。ただ，学級の問題を議論したり考えることが，生徒の自治的・自発的活動なのか，教師の意図的・計画的な指導なのかという問題は温存され続けています。その他，「ボランティア活動など社会奉仕の精神を涵養する体験」が打ち出されました。また，入学式や卒業式において，国旗を掲揚し，国歌を斉唱するように指導することが求められるようになり，これまで「望ましい」から「義務付け」へと変化しました（深見，2013）。

2）仲間づくりを目指した「集団づくり」の模索

1960〜70年代に理論化された学級集団づくりの論に対して，1980年代頃に顕在化した，子どもたちの「荒れ」に対処できないと批判がなされました。先述した全生研では，1970年代に仲間づくりを再構築する方法についての検討が進む中で，城丸章夫が「交わり」という概念を提唱しています。この「交わり」は，自治的な集団づくりとは区別した，もっと私的で親密な仲間関係のある社交の方法や遊びや文化活動を含むものでした（城丸，1976）。また，折出健二は，集団を組織性ではなく，「共同性」として捉えようとしました（折出，2003）。つまり，孤立した多様な子どもたちの間に協働関係を生み，個々の問題が共有され，問題を共に解決することを目指すような集団づくり論が提起されたのです。このような主張や動向を反映して，全生研は新たに『新版学級づくり入門　小学校』や『子ども集団づくり入門を刊行しています（田中，2010）。

これらの変化は，全生研が，文化的な関わりの価値や私的な協働関係を紡ぐ考えを受け入れて行く試みと捉えることができます。

3）生徒会活動の停滞期

生徒会活動は，この時期に衰退期を迎えます。その背景には，進学校では受験シフトの強化が始まり，非進学校では「荒れ」が広がったことが挙げられます。そして，生徒の「荒れ」が広がる中で，それに対する体罰や停学処分などの管理主義的な生徒指導の強化が進み，全国的に生徒会活動は停滞していきました（宮下，2008）。

5．現代に残された課題と今後の展望：2000年代前後以降の変遷

1）学習指導要領のその後の変遷

　学習指導要領での特別活動のあり方は，その後に幾つかの変化を遂げます。

　第一は，中学校，高等学校におけるクラブ活動の位置づけ方に大きな変化が見られた点が挙げられます。当初の全員必修制から部活動による代替制へと変わり，1998年（高等学校は1999年）の教育課程の基準の改訂によって，廃止されました。1947年に「自由研究」としてスタートした教科外活動の役割を改めて捉え直す上で，クラブ活動の位置づけの変化は象徴的といえます。

　第二に，1998（平成10）年に「総合的な学習の時間」が創設されたことにより，教科と教科外活動の有機的なつながりが改めて注目されるようになったことです。特別活動の立場から見れば，特別活動と「総合的な学習の時間」の差別化や相互補完関係をどのように捉えるかが重要となっています。これは，特別活動のアイデンティティを問う意味でも重要な問題となります。

　第三に，2008（平成20）年の改訂では，特別活動が，集団や社会の一員としてより良い生活や人間関係を築こうとする自主的，実践的な態度を育てる教育活動であることを一層明確にするために，目標に「人間関係」の文言が加わりました。また，全体目標をうけて，学級活動，生徒会活動及び学校行事ごとに目標が示され，各内容のねらいと意義が明確になりました。また，この改訂では，言語活動を重視することとなりました。

　第四に，2017・2018（平成29・30）年の学習指導要領の改訂では，「主体的・対話的で深い学び」というキーワードのもと，生徒自身が他者と話し合ったり，能動的に活動し考える授業がより一層求められています。そのような中で，生徒が主体的に学級で話し合いをしたり，何らかの身近な問題と向き合うような態度を育むために，特別活動の役割は大きくなっていると考えられます。

2）生徒会活動の蓄積，18歳選挙権時代における特別活動の変容

　従来，参加・自治活動が盛んなのは，旧制中学の伝統を持つ進学校が中心でした。それが1990年代後半以降，普通の高校にも広がっていきました。例えば，長野県辰野高等学校では，学校内部の生徒・教職員・父母の三者が議論する「三者協議会」を設け，アルバイトや服装の校則をはじめした検討・改善を行ったり，学校外部の地域住民と学校づくり・町づくりを進めるなど，積極的な実践を複数行っています（宮下，2016）。その他にも，生徒会が中心となって

憲法を作った長野県松本美須々ヶ丘高校，校則改訂に取り組んだ北海道小樽市の長橋中学校の事例を始め，様々な取り組みがなされています（木村，2017）。

　近年では，「18歳選挙権」が実施され，「18歳成人」の法令化が進む中で，中学生や高校生も政治について考えられる条件が整いつつあります。このような「主権者教育」が推進される流れは，学校内での政治的な議論や活動をタブー視してきた学校教育のあり方を変える可能性を秘めています。象徴的なのは，2015年に文部科学省が，69年通達で禁止されていた高校生の政治活動に関して「今後は，高等学校等の生徒が，国家・社会の形成に主体的に参画していくことがより一層期待される」と述べられた点です。これを小玉は，「保護主義的な子ども・青年把握から，社会参加，政治参加の主体としての子ども，青年把握への転換」と捉えています（小玉，2016）。このような中，政治参加の主体として生徒を捉えた上での特別活動のあり方に注目が集まっています（高橋，2015）。

第4節　おわりに

　ここまでの歴史を振り返ると，「特別活動の歴史」の中に様々な論争点が内在していることが分かります。例えば，（1）国家主義的，統制的な性格の試みと，生徒の自治・自主性を重視する試みの関わりをどう捉えて行くべきか（2）生徒自身の自治的な活動と，教師の指導性との関係をどう捉えて行くべきか（3）道徳や総合的な学習の時間などが設定される中で，学校における特別活動の位置づけをどう捉えて行くべきか，などが挙げられるでしょう。

　さらには，「特別活動」という教育課程上の位置づけと，生徒自治や生徒による政治参画の関係はどうあるべきか。これは学校教育が「再政治化」（小玉，2016）されつつある現代において，教師と生徒の関係はどうあるべきかという問いとも繋がっていきます。そして，18歳選挙権，18歳成人などによって，条件が変化しつつある学校教育において，生徒に保障すべき権利とは何であるのかが，特別活動という枠組みを通して問われているといえます。

【引用・参考文献】
石橋勝治（1948）『子ども自治会の指導』（石橋勝治（1984）『石橋勝治著作集第5巻』あゆみ出版，所収）

海老原治善（1968）『民主教育実践史』三省堂

折出健二（2003）『市民社会の教育』創風社

大久保正廣（2004）「初期新制中学校の HR・生徒会活動における『規律』問題」『日本特別
　　活動学会紀要』12: 43-52

大西忠治（1963）『核のいる学級』明治図書

片岡徳雄（1975）『集団主義教育の批判』黎明書房

勝田守一（1957）「旭丘中学校の歩み（歴史的検討）」『東京大学教育学部紀要』2: 1-46

喜多明人（1996）「戦後日本における生徒自治会の形成と意義」喜多明人他編『子どもの参
　　加の権利』三省堂

木村政伸（2017）「生徒会活動の特色」山崎英則他編『新しい特別活動の指導原理』ミネル
　　ヴァ書房

小玉重夫（2016）『教育政治学を拓く』勁草書房

粉川光一（1955）「卒業式の演劇的構成法」（日本演劇教育連盟編（1988）『学校行事の創造』
　　晩成書房，所収）

米田俊彦（1987）「中等諸学校」寺崎昌男他編著『総力戦体制と教育：皇国民「錬成」の理
　　念と実践』東京大学出版会

斎藤喜博（1963）「島小の卒業式」（斎藤喜博（1970）『教育の演出；授業』斎藤喜博全集 5，
　　国土社，所収）

城丸章夫（1976）「子どもの発達と集団づくり」『生活指導』1976年 5 月号: 12-21

全生研常任委員会（1963）『学級集団づくり入門』明治図書

全生研常任委員会（1971）『学級集団づくり入門　第 2 版』明治図書

全生研常任委員会（1991）『新版　学級集団づくり入門　中学校』明治図書

全生研常任委員会（2005）『子ども集団づくり入門』明治図書

高橋和也（2015）「特別活動における実践」唐木清志他監修『シティズンシップ教育で創る
　　学校の未来』東洋館出版社

竹内常一（1980）『生活指導と教科外活動』民衆社

田久保清志（1996）「戦後日本の高校における生徒参加」柿沼昌芳・永野恒雄・田久保清志
　　『高校紛争（戦後教育の検証）』批評社

田中耕司（2012）「教科外教育活動を構想する」田中耕司他編著『新しい時代の教育方法』
　　有斐閣

中央教育審議会（1968）『中学校の教育課程の改善について（答申）』

手塚岸衛（1922）『自由教育真義』東京宝文館

二宮衆一（2017）「子どもたちの自律と共同を支える生活指導」田中耕司編『戦後日本教育
　　方法論史（上）』ミネルヴァ書房

日本教職員組合（1969）『高校生の自主的・民主的活動を発展させるための見解』

野村芳兵衛（1932）『生活訓練と道徳教育』厚生閣書店

久木幸男他編（1980）『日本教育論争史録』4（現代編：下）第一法規出版

深見俊崇（2013）「特別活動の成立と発展」犬塚文雄編『特別活動論』一藝社.

藤田完・石田美清（1999）「小学校における特別活動の教育的意義に関する研究」『日本特別
　　活動学会紀要』7: 47-60

藤田昌士（1996）「生活の指導と自治」『日本の教育課題 4』東京法令

船越勝（1990）「生活指導における『交わり』概念の構造」『生活指導研究』7: 138-152

宮坂哲文（1975）『宮坂哲文著作集Ⅲ』明治図書

宮下与兵衛（2008）「戦後の学校運営への生徒参加の歴史と辰野高校の三者協議会」『日本特別活動学会紀要』16: 27-31
宮下与兵衛（2016）『高校生の参加と共同による主権者教育』かもがわ出版
文部省（1947）『学習指導要領一般編（試案）』
文部省（1951）『学習指導要領一般編（試案）』
文部省（1958）『中学校学習指導要領　改訂版』
文部省（1960）『高等学校学習指導要領』
山口満（2010）「特活活動の歴史的変遷」山口満・安井一郎編著『改訂新版　特別活動と人間形成』学文社

第2章　中学生・高校生の現状

第1節　中学生・高校生のこころの理解の重要性

　中学校および高等学校学習指導要領解説における，特別活動の3つの視点は，①人間関係形成・②社会参画・③自己実現です。さらに，全ての学習において「主体的で対話的で深い学び」が求められています。これらの視点や目標は，心理学と深い関連性を持っていると考えられます。例えば，人間関係形成には，心理学の中の社会的スキルや向社会的行動などと関連していますし，自己実現はまさに心理学の用語であり，自己肯定感や自尊感情と深い関わりがあります。従って，特別活動をどのように指導していくかを考えるとき，心理学的な理解は必要不可欠であるといえるでしょう。

　また，中学校および高等学校の生徒たちは発達心理学的に見ると，とても不安定で重要な心理的発達の期間にあります。また，中学生と高校生とでは発達の度合いが異なるのはもちろんのこと，中学生でも1年生と3年生では様々な違いがあります。従って，生徒たちがどのような発達を遂げ，さらにどのように変化していくのかを知ることは指導において大切なことです。

第2節　発達心理学的な視点

　人のこころは体と切り離して考えることはできません。表2-1には，いくつかの発達段階の理論を年齢や学齢に合わせた形で載せています。様々な発達の様相が，入り組んだ形で現れることが分かります。では，生徒たちの発達について見ていきましょう。中学校および高等学校の生徒たちは青年期にあたります。青年期に入ってすぐの体の発達の特徴として最も顕著なものは，第二次性徴を迎えるということです。児童期（小学生）までは，シュトラッツの身体的発達の理論によれば，身長が伸びる第1伸長期および体重が増加する第2充実期を経て，筋力なども備わり運動能力が高まっていきます。ただし，そこに生

表2-1：様々な発達の様相

学齢		小学生						
発達段階		児童期						
年齢		～6	7	8	9	10	11	12
生理的変化							第二次性徴	
シュトラッツ	男子	第1伸長期（身長の伸び）			第2充実期（体重の増加）			
	女子				第2充実期		第2伸長期	
エリクソン		自主性VS罪悪感	勤勉性　VS　劣等感					
坂本一郎		昔話期		童話期		物語期		

学齢		中学生				高校生		
発達段階		青年期						
年齢		13	14	15	16	17	18	19～
生理的変化		第二次性徴（初潮・精通・声変わり・体型および顔面の変化）						
シュトラッツ	男子	第2伸長期		第3充実期		第3充実期		成熟期
	女子	第2伸長期		第3充実期		成熟期		
エリクソン		自我同一性　VS　自我同一性拡散（混乱）						
坂本一郎		物語期			文学期			

理的な変化は見られず，身長・体重・筋力などが量的に増えるという変化です。しかし，第二次性徴では，大きな生理的変化が訪れます。多くの場合，女子のほうが早く第二次性徴が始まります。女子の第二次性徴の現れとしては，胸が膨らむ，初経などです。男子の第二次性徴の表れは，喉仏の出現，声変わり，精通などです。

　身体的な変化だけでなく，心理的にも大きな変換点を迎えます。中学校・高等学校の生徒たちの心理面の発達において最も特徴的なのは，エリクソンの発達理論にもとづく，“自我同一性（アイデンティティ）の確立”にあたる点です。自我同一性とは，自分は何者なのか，何に向いていて，どのような方向に進んでいくべきかを理解していくということです。エリクソンの発達理論の特徴は，各段階において心理社会的危機があり，それを乗り越えることが課題であり，その危機を乗り越えるために重要となる対人関係の存在があることを示した点です。青年期の心理社会的危機は，「自我同一性 VS 同一性拡散（混乱）」であり，重要な対人関係は仲間集団です。特別活動では，グループやクラスといった集団での活動が多くあります。自我同一性の確立のためにも，効果的な集団活動が重要になるとも考えられます。

第3節　社会心理学的な視点

1．友人関係

　青年期に入ると，保護者との関係よりも友人との関係を重要視するようにな

表2-2：中学生・高校生・大学生における友人関係の様相

友人関係の視点		中学生	高校生	大学生
友人関係のあり方		浅く広く	深く広く	深く狭く
友人関係の活動的側面	相互理解活動	低い	上昇	ピーク
	親密確認活動	ピーク	下降	低い
	共有活動	高い	高い	下降
	閉鎖的活動	低い	高い	高い
友人関係の感情的側面	信頼・安定	女子は高く、男子は低い	女子は下降、男子は上昇	女子は低く、男子は高い
	不安・懸念	高い	女子は下降、男子は平衡	女子は平衡、男子は下降
	独立	低い	低い	高い
	ライバル意識	高い	下降	低い
	葛藤	低い	男子は平衡、女子は下降	男子は下降、女子は上昇

ります。その中で，特に親しい友人と出会い親友となることもあります。ただし，そのあり方は中学生と高校生では異なりますし，中学生でも高校生でも学年により変化していきます。ここでは，いくつかの視点により中高生の友人関係について見てみましょう。

　まず，交際の深さと広さについては落合・佐藤（1996）において，方向性（広い―浅い）と関与の仕方（深い―浅い）の2軸によって分類し，発達による違いを明らかにしています。表2-2でも示したように，中学生では浅く広く，高校生では深さが増して深く広く，大学生では友人関係が特定され深く狭くなるとされています。つまり，中学生ではいろいろな人と表面的につき合う傾向にあり，高校生になると中学生よりも踏み込んだ友人関係になり，大学生になるとその踏み込んだ関係の上で慎重に友人を選び一定の範囲に狭めていくと考えられます。これらの傾向は，榎本（1999）の研究からも説明できるでしょう。一緒に勉強するといった「親密確認活動」とお互いの家で遊ぶといった「共有活動」は，中学生が最も高く大学生では最も低くなります。つまり，比較的多くの友人とできる行動は，中学生で最も高くなっています。一方，電話で長話をするといった「閉鎖的活動」は高校生から高まり大学生でもほぼ変わりません。また，お互いの長所や短所の話をするといった「相互理解活動」は徐々に上昇し，大学生で最も高くなります。したがって，年齢を経るごとに深い友人関係を作り上げていき，お互いの良いところも悪いところも理解しながら無二の友人関係の構築へとつながっていると考えられ，関係の深さが増し狭まっていくことが理解されます。ただし，その過程における感情的側面は複雑です。

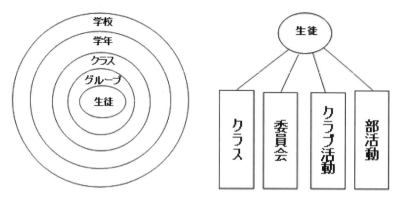

図2-1：学校における集団の包含関係と並列関係

中学生・高校生の時には，友人への「不安・懸念」や「ライバル意識」，自分の意思を伝えきれない「葛藤」を乗り越え，友人といても流されない自分の「独立」を獲得していきます。そして，信頼と安定的な肯定的感情である「信頼・安定」も確立するのです。表中には男子は上昇，女子は下降とありますが，男子が高く女子が低いのではなく，大学生では同じレベルになるため，一定の高さに安定していくことを表しています。

2．日本人の集団行動の特徴

　そもそも学校は，様々なあり様の集団を含んでいます。学校全体，学年，クラス，班（グループ）といった包含関係にある集団だけでなく，生徒会，委員会，部，クラブなどのそれぞれが独立した集団も多く存在します。そして，これらの"集団"に対する指導は特別活動を考えるうえで避けては通れません。また，心理学的にも"集団"には興味深い理論や現象が多く見られます。さらに，日本文化における集団は欧米文化におけるそれとは異なる傾向を示すことが多く，集団に対する理解は重要であると考えられるでしょう。

　昭和の時代までは，「日本人は集団主義である」とされてきました。しかし，平成に入るころからこれらの見方に対する疑問が生じてきました。昭和の時代までの集団主義の考え方は，個人主義 VS 集団主義というものであり，さらに日本人と米国人との比較が中心でした。この考え方では，個人主義と集団主義を併せ持つことを想定できません。また，自分を優先することが個人主義であり，相手に委ねたり立てたりすることは集団主義だと判断されてしまいます。

そこで，さまざまな検証が行われた結果，日本人＝集団主義，日本人は個を大事にしないという考え方は違うのではないかということが明らかになってきました。例えば，平井（1999）では，日本人らしさについて集団主義的傾向を示す集団カテゴリー，日本人の伝統価値や好みを示す価値カテゴリー，日本人のパーソナリティ傾向を示す性格カテゴリーの3カテゴリーからなる尺度を開発し，それらにおいて「一般の日本人」に対してと「自分自身」に対しての評定をしてもらいその比較を試みました。その結果，特に集団カテゴリーの項目において，一般の日本人への評価と自分自身に対する評価とに差が生じており，一般的な日本人には集団カテゴリーへの肯定的評価が高く，自分自身では低い傾向が明らかになりました。つまり，われわれ自身も日本人は集団主義というステレオタイプを持っていますが，自分自身はというとそのステレオタイプに当てはまらないという自覚があるということになります。とはいえ，多くの生徒はそれほど不満をいわず指定された制服を身に着け，運動会や合唱コンクールなどのクラス単位での活動をそれほど苦にしない日本人は，やはり集団行動が得意であることは確かでしょう。では，日本人の集団に対する意識や態度はどのような点で他文化圏の人たちと異なるのでしょうか。

　古家（2018）では，古家（2010）で提唱した「利己的協調主義」をもとに日本人の集団主義説について再考しています。ここで古家は，個人主義・集団主義という概念は一義的ではなく，極めて多層的な概念であると指摘しています。つまり，これまでの研究ではこの多層的な概念の一部（他者へ配慮することや妥協することなど）を取り上げて，測定・調査したために，日本人＝集団主義という見解が多く見られたということになります。古家は，人間が普遍的に持っていると思われる行動原理として「我利追求」があり，それは日本人にもあるということを述べています。結果的に集団主義的行動に見えても，それは「のちのちその方が自分にとって利益がある」という判断によりとられた行動であるとしています。それを「利己的協調主義」と呼んだわけです。つまり，個人の利益よりも集団の利益ではなく，個人の利益のためにも集団の利益ということになります。昔からいわれてきた，「情けは人のためならず」が日本文化の集団行動に根付いているのかもしれません。

3．同調行動

　集団主義の高低に関わらず，人は集団によって影響を受けます。集団で討論

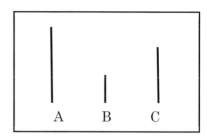

図2-2：同調実験に用いられた刺激の例

して決めると，極端な結論に至ってしまう危険性のある「集団極性化」や，事故や事件に居合わせても自分以外の人がいればいるほど行動を起こさない「傍観者効果」などもその例です。自分の意見があるにもかかわらず，他者の意見を聞いてそれに合わせてしまうという同調も集団から影響を受ける行動の一つです。同調行動は年齢によって変化していくといわれています。

仲間への同調の年齢による変化は，CostanzoとShaw（1966）によれば，もっとも低いのは7〜9歳児，最も高いのは11〜13歳，それ以降は下降していくといいます。つまり，中学1・2年生では仲間への同調が高く，それ以降はだんだん弱くなっていきます。それだけ聞けば，「へー，そうなんだ」という印象かもしれません。しかし，この結果を導いた実験の課題を知ると少し驚くかもしれません。この実験で用いた方法は，印象形成の実験などで知られるアッシュが用いた方法です。図2-2のような線分の図形を用いて，協力者に左の線分と同じ長さの線分はどれかを答えてもらいます。正解はもちろんCです。間違えようのない問題ですが，「ほかの3人は，A（またはB）と回答していましたよ」という情報を与えると，11〜13歳の子どもたちは半分以上の割合で他者の回答に同調してしまうのです。この結果を踏まえて，中学入学間もない生徒たちがいかに周りに流されやすいかの理解につなげることは重要でしょう。

4．道徳性

教科化された「道徳」ですが，道徳の授業の有無にかかわらず，善悪の判断基準は必要であり，道徳性は発達していきます。道徳性の発達理論としてもっとも有名なのは，表2-3に示したコールバーグ（Kohlberg, L., 1969）の道徳性の発達段階でしょう。コールバーグは，道徳性の発達段階を3つの水準に分け，さらに各水準を2つの段階に分けた6段階で説明しました。それぞれの段階に

表2-3：コールバーグによる道徳的判断の発達段階

年齢	～4	5	6	7	8	9	10	11	12	13	14	15	16	18	19	20～	
水準		水準Ⅰ：前道徳的				水準Ⅱ：慣習的な社会的役割に従う										水準Ⅲ：自律的・道徳原則に従う	
段階	段階0	段階1		段階2	段階3					段階4						段階5・6	
	自己中心的判断	他律的道徳性		個人的な道徳性	「良い子」への志向					社会システムに対する責任						規律的な良心・普遍的な倫理原理	

おいて，困っている人を助けるという道徳的判断を例にしてみましょう。

　　　　　段階0：自己中心的判断　　　　助けたいときは助けるかもしれない
　水準Ⅰ　段階1：他律的道徳性　　　　叱られるから助ける
　　　　　段階2：個人的な道徳性　　　　助けたら褒められる
　水準Ⅱ　段階3：「良い子」への志向　　良い子は助けるから
　　　　　段階4：社会システムに対する責任　みんなも助けるだろうから
　水準Ⅲ　段階5：規律的な良心　　　　困っている人を助けるのがルール
　　　　　段階6：普遍的な倫理原理　　　困っている人がいれば助けるのは当たり前

　このように，自己中心的な判断から，他者の目を意識した道徳的判断を経て，普遍的な倫理観にもとづく道徳性を身につけていきます。中学生・高校生は，まだ水準Ⅱの段階にあり，道徳性の発展途上です。道徳の授業だけでなく，特別活動でも道徳性の発達を促されるのではないでしょうか。

第4節　臨床心理学的な視点

1．中1ギャップ

　中学校では，小学校よりもいじめや不登校が増えるといわれています。確かに，文部科学省の統計（平成29年度　児童生徒の問題行動・不登校等生徒指導上の諸課題に関する調査結果）を見てみると，小学6年生の不登校児童数よりも中学校1年生の不登校生徒数が1万人以上多くなっています。このようなことなどから，「中1ギャップ」という言葉が使われ始め，小学校と中学校での接続間に生じる問題に対しこの言葉が使われるようになりました。しかし，国

32

立教育政策研究所ではこの「中1ギャップ」という用語の使用に警鐘を鳴らしています。確かに，中学生になることによって，小学生の時との違いにより様々な問題が生じることはありますが，それら全てが「中学生になったから」とは限りません。そこで，国立教育政策研究所では「生徒指導リーフ『中1ギャップ』の真実」において，客観的事実がないことを示しています。例えば，いじめの認知件数については中学校よりも小学校の方が多いことを明らかにしています。また不登校については，中学生になって急に不登校になったのではなく，小学生の時から不登校の兆候があり，75〜80%近くの生徒は小学生の時から休みがちであった事実を示しています。つまり，中学生になって顕在化する問題の多くは，小学生の時からその兆候が見られることを示唆しています。

　ただし，第2節でも述べたように，中学校に入学するころから発達的には劇的な変化を伴います。また，学校においては教科担任制になり，同じ教師がほぼ1日中指導するのではなくなることで，微妙な変化に気づく機会が減るかもしれません。さらに，校則に関しては，生徒手帳などにより各自が確認・遵守する必要が出てきます。つまり，多くの部分で"自律"が求められるようになります。このような変化が，「中1ギャップ」の原因になっているとは言い切れませんが，自身の体の変化，体の変化に伴う心の変化，さらに環境の変化が重なる中学校への入学年には，様々な面で考慮する必要があることは確かです。

2．性同一性障害

　性には，性染色体にもとづく生物学的な性別を指す Sex（セックス）と，社会や文化において作られた性別を指す Gender（ジェンダー）があります。また，自分自身の性別をどうとらえているかは，Gender Identity（ジェンダー・アイデンティティ）といいます。性同一性障害は，Sex と Gender Identity が異なることを指します。第2節で述べたように，中学生になると第二次性徴が始まり，身体的に Sex に応じた変化が起きます。一方，自我同一性の確立へと向かう中で，自分とは何者かを自問自答し，その中で Gender Identity も確立していきます。従って，中高生の時代に性同一性障害であると気が付くことが多くなります。また，中学生になると制服により Gender が固定されたり，体育が男女で別に指導されることもあり，性同一性障害のある生徒にとっては戸惑う場面が多くなります。近年，メディアなどの影響もあり，性同一性障害のある生徒たちも少しずつ開示できるようになってきました。そこで，文部科

表3-4：性同一性障害のある生徒への支援の例

項目	学校における支援の事例
服装	自認する性別の制服・衣服や，体操着の着用を認める
髪型	標準より長い髪型を一定の範囲で認める（戸籍上男性）
更衣室	保健室・多目的トイレ等の利用を認める
トイレ	職員トイレ・多目的トイレの利用を認める
呼称の工夫	校内文書（通知表を含む）を児童生徒が希望する呼称で記す 自認する性別として名簿上扱う
授業	体育又は保健体育において別メニューを設定する
水泳	上半身が隠れる水着の着用を認める（戸籍上男性） 補習として別日に実施，又はレポート提出で代替する
運動部の活動	自認する性別に係る活動への参加を認める
修学旅行など	1人部屋の使用を認める 入浴時間をずらす

「性同一性障害に係る児童生徒に対するきめ細かな対応の実施等について」（平成27年4月30日児童生徒課長通知）の別紙より

学省でも，平成27年4月30日に「性同一性障害に係る児童生徒に対するきめ細かな対応の実施等について」という通知を出しています。その中で，学校における具体的な支援について紹介しています。特別活動においては，このような支援が必要な場面が多々あると思われます。

　なお，性同一性障害はLGBTといわれる性的少数者（セクシャルマイノリティ）の一つです。LGBTのLGBは性的指向を表し，Lesbian（レズビアン，女性同性愛者），Gay（ゲイ，男性同性愛者），Bisexual（バイセクシュアル，両性愛者）の頭文字をとっています。中学校・高等学校では恋愛の指導はありませんが，集団行動の多い特別活動においては，あてはまる生徒がいる場合には考慮が必要なこともあることを理解してください。また，LGBTQといわれることもあり，このQはQuestioning（クエスチョニング）という意味です。つまり，"わからない"ということです。本章の始めに述べましたが，生徒たちは第二次性徴が始まり，青年期の真っただ中にあります。青年期は，アイデンティティを確立していく時期ですから，当然，自分の性についても自覚していくことになります。その過程において，自分の性別に疑問をもつこともあります。もし，Questioningの生徒がいるのであれば，性別を決めつけず，性別でなく1人の人間として理解し，その生徒の性の自覚を見守ることが大切です。

3．不登校

　不登校は，「何らかの心理的，情緒的，身体的，あるいは社会的要因・背景により，児童生徒が登校しないあるいはしたくてもできない状況にあるために年間30日以上欠席した者のうち，病気や経済的な理由によるものを除いたもの」と定義されます。文部科学省では，小中学校の不登校の実態を1991年度から（高等学校については2004年度から）調査をしています。その結果を見ると，不登校生徒の割合は10年以上にわたって，中学校で全体の３％程度，高等学校で全体の1.5％程度となっています。つまり，中学校ではクラスに１人程度，高等学校では２クラスに１人程度ということになります。では，生徒たちが不登校になるきっかけや原因は何なのでしょうか。2015年度の調査結果を見ると，中学校と高等学校で多少の順位の差はありますが，両校とも上位３位までは「不安などの情緒的混乱」「無気力」「いじめを除く友人関係をめぐる問題」となっています。不登校の生徒たちの心理的な特徴としては，"行きたいけど，行けない"という葛藤，行けないことへの罪悪感，内面の言語化ができないことから生じる焦り，周囲の大人への過敏さなどがあるといわれています。つまり，これらを低減させながら登校を促す支援が必要になります。効果があった働きかけとしては，以下のようなものがあげられています。

　　・登校を促すため，電話をかけたり迎えに行くなどした
　　・家庭訪問を行い，学業や生活面での相談に乗るなど様々な指導・援助を行った
　　・スクールカウンセラーなどが専門的に指導にあたった
　　・保護者の協力を求めて，家族関係や家庭生活の改善を図った

　特別活動は他者との関わりを要することが多い活動ですから，協調性や自主性，積極性などが求められます。従って，そのようなことが不得意であることの多い不登校生徒に対しては，十分に配慮した指導が必要になります。不登校生徒が参加しやすいグループ編成や役割分担を考えましょう。しかしながら，特別活動が不登校生徒の登校を促すきっかけになる可能性も十分にあります。このようなことを踏まえて指導していただきたいです。

4．発達障害

　発達障害とは，発達障害者支援法において，「自閉症，アスペルガー症候群その他の広汎性発達障害，学習障害，注意欠陥多動性障害その他これに類する

脳機能の障害であってその症状が通常低年齢において発現するものとして政令で定めるもの」として定義されています。つまり，脳機能の障害として低年齢で発現する「自閉症スペクトラム」，「学習障害」，「注意欠陥多動性障害（以下AD/HDとする）」のことを指します。自閉症スペクトラムとは，自閉症，高機能自閉症，アスペルガー症候群をまとめて示す時に使われます。なお，広汎性発達障害という言葉も聞いたことがあると思いますが，高機能自閉症とアスペルガー症候群はこれに分類されます。まず，それぞれの障害はどのような特徴があるのかを，文部科学省ホームページの特別支援教育に関するページにある定義をもとに確認しましょう。

自閉症 〈Autistic Disorder〉

　自閉症とは，3歳位までに現れ，①他人との社会的関係の形成の困難さ，②言葉の発達の遅れ，③興味や関心が狭く特定のものにこだわることを特徴とする行動の障害であり，中枢神経系に何らかの要因による機能不全があると推定される。

高機能自閉症 〈High-Functioning Autism〉

　高機能自閉症とは，3歳位までに現れ，①他人との社会的関係の形成の困難さ，②言葉の発達の遅れ，③興味や関心が狭く特定のものにこだわることを特徴とする行動の障害である自閉症のうち，知的発達の遅れを伴わないものをいう。また，中枢神経系に何らかの要因による機能不全があると推定される。

アスペルガー症候群 〈Asperger Syndrome〉

　知的発達の遅れを伴わず，かつ，自閉症の特徴のうち言葉の発達の遅れを伴わないものである。

学習障害 （LD） 〈Learning Disabilities〉

　学習障害とは，基本的には全般的な知的発達に遅れはないが，聞く，話す，読む，書く，計算する又は推論する能力のうち特定のものの習得と使用に著しい困難を示す様々な状態を指すものである。

　学習障害は，その原因として，中枢神経系に何らかの機能障害があると推定されるが，視覚障害，聴覚障害，知的障害，情緒障害などの障害や，環境的な要因が直接の原因となるものではない。

注意欠陥多動性障害 （AD/HD） 〈Attention-Deficit/Hyperactivity Disorder〉

　AD/HDとは，年齢あるいは発達に不釣り合いな注意力，及び／又は衝動性，

多動性を特徴とする行動の障害で，社会的な活動や学業の機能に支障をきたすものである。

　また，7歳以前に現れ，その状態が継続し，中枢神経系に何らかの要因による機能不全があると推定される。

　それぞれの発達障害における症状は様々ですし，同じ発達障害でも個々人で異なることもあります。例えば，AD/HDの場合，不注意・衝動性・多動性が全て現れるとは限らず，そのうちの多動性だけをもつ生徒もいれば，不注意と多動性をもつ生徒もいます。ただし，いずれの発達障害においても，集団行動に困難を覚える生徒が多いことは共通しています。特別活動では，集団での作業や話し合いなどの場面が多くなります。ですから，発達障害のある生徒たちが置き去りにならないように配慮する必要があります。発達障害のある生徒たちが集団行動を苦手とするのは，自閉症スペクトラムにみられるコミュニケーションの困難さや，学習障害やAD/HDに見られる注意を向けることや指示を理解することの困難さなどからです。また，「臨機応変」という行為は苦手で，急な予定変更などに対応することは困難です。ですから，個々の生徒の症状を見つつ，以下のような対応を常に心がけて下さい。

　一つめは伝え方を工夫することです。一般的に，その日の予定や連絡事項をクラスの生徒全員に向かって口頭で伝えることが多いですが，障害のある生徒には理解しにくいことがあります。自閉症スペクトラムの生徒には口頭での連絡が理解しにくかったり，学習障害の生徒には抽象的な表現が理解できなかったりします。ですから，指示は口頭だけでなく文字でも伝えるようにします。また，具体的な表現を用いることも大切です。例えば，「明日は体育祭の練習があるので，準備してきてください」ではなく，「明日は体育祭の練習があるので，体操服をもってきてください」というように，確実に伝わるように言葉を選びます。

　次に，周囲の生徒たちにも理解を促すということです。発達障害はその症状が完治することはありません。ですから，周りからの協力を得ながら，困難な状況を少なくしていくことが大切です。教師が1人で配慮したところで，とてもおいつきません。むしろ，特別活動の目標を考えれば，生徒たちにも何ができるかを考えさせ，発達障害のある生徒の困難さを軽減してあげられるように協力させることは教育的にも意味深いことだと思います。

　最後に，ついつい叱ってしまいがちですが，叱らずに一つひとつ丁寧に説明し，できないこともあることを理解して，先回りして準備をしておくということです。例えば，事前に連絡をしても AD/HD の生徒は忘れ物をしがちです。その時には，予備を用意しておいたり，宿題などは学校でさせるなどの工夫をするということです。

　発達障害のある生徒の“できること”と“できないこと”を理解し，指導することが大切です。このような指導は，発達障害のある生徒だけでなく全生徒にとっても好ましい指導であり，つまりインクルーシブ教育と考えられます。

5．スクールカースト

　スクールカーストとは，特に中高生で発生するもので，鈴木（2010）によれば，「教室内の生徒の人気の高低を要因として，生徒の人間関係に序列構造を生み出し，それが教室内の生徒間で共有されることによって，明確な『身分の差』となって現れる現象」とされています。今や，デジタル大辞泉にも載るほどにメジャーな概念になっています。ちなみにデジタル大辞泉では，「学校のクラス内で，勉強以外の能力や容姿などにより各人が格付けされ，階層が形成された状態。階層間の交流が分断され，上位の者が下位の者を軽んじる傾向があることから，いじめの背景の一つともみなされている。インドのカースト制になぞらえた語。学級階層」と説明されています。第3節で述べたとおり，中高生の友人関係は小学生の時と異なり，変化していきます。だんだんグループが固定され，狭く深い友人関係を築く方向に向かっていきます。その過程において，集団間の比較がなされ，内集団意識（私たちのグループという意識）と外集団意識（私のグループではない人）の差が強調される形で生じているのかもしれません。場合によってはいじめの原因となる可能性もあり，教師としては注意が必要です。石田（2016）によれば，小学生のころからスクールカーストがあったと認識している傾向があるという結果を得ています。しかし，小学生の友人グループは流動性が高いため，カーストの固定性が低いのではないかと考えられます。また，鈴木（2012）によれば小学校でのスクールカーストは，特定の地位の高い児童と，特定の地位の低い児童という構造になっているため，中高のようなグループ構造で決められているものではないといいます。

　それでは，スクールカーストの実態とはどのようなものでしょうか。鈴木（2012）をはじめ多くの著書・論文において，上位層（1軍）・中位層（2軍）・

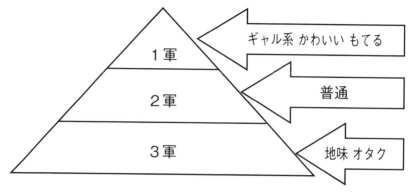

図2-3：スクールカーストの階層図

下位層（3軍）の3段階に分けて説明されています。このカーストを作り出しているのは，学力や成績とはほとんど関係ありません。関係しているのは，自己主張の強さや，華やかさ，異性からの評価であり，女子の場合には“ギャル系”といわれる派手で目立つタイプの生徒が上位である1軍になります。また，部活動なども地位に関連しており，男子の場合は野球やサッカーのような球技系の部活動の生徒が地位が高い傾向にあります。逆に，地位が低いのは男女とも吹奏楽を除く文科系の部活動（美術部や演劇部など）に所属している生徒です。一方で，学業成績は全く関係ありません。まさに独特の視点によって，この階層が作られているのです。

　では，このスクールカーストは何が問題なのでしょうか？　この地位によっていじめが助長されるからでしょうか？　そうではありません。生徒たちは，一人になるくらいならたとえ地位が低くてもグループに所属したいと考えているようです。そして，教室の中ではその地位に見合った態度をとることで平穏な学校生活が送れると理解しています。しかし，所属しているグループではなく，個々の生徒がその生徒らしさを発見し，そして評価されることが，生徒一人ひとりのために必要なことです。ですから，教師は生徒をグループとして見るのではく，“個々の生徒”として見ることが必須でしょう。中には，教師もこのスクールカーストの固定に加担しているケースもあるといいます。特に，特別活動のようなグループでの活動が多い場面での指導では，スクールカーストを助長するようなことが無いようにグループ編成することが必要になってくるでしょう。

【引用・参考文献】

Costanzo, P.R. & Shaw, M.E. (1966). Conformity as a Function of Age Level. Child Development, 37, 967-975

榎本淳子（1999）「青年期における友人との活動と友人に対する感情の発達的変化」『教育心理学研究』47: 180-190

古家聡（2010）「日本的コミュニケーション・スタイルのマクロ的再解釈─日本人集団主義説をもとに」『ヒューマン・コミュニケーション研究』38: 173-192

古家聡（2018）「日本人集団主義説の再解釈：「利己的協調主義」をもとに」『Global Studies』2: 27-36

平井美佳（1999）「『日本人らしさ』についてのステレオタイプ─『一般の日本人』と『自分自身』との差異─」『実験社会心理学研究』39(2): 103-113

井口祥子（2010）「子供の認知発達に応じた道徳判断の育て方─小学校中高学年を中心に─」『日本教材文化研究財団研究紀要』39.　http://www.jfecr.or.jp/publication/pub-data/kiyou/h22_39/t2-4.html　（2019年5月15日取得）

石田靖彦（2016）「各学校段階におけるスクールカーストの認識とその要因─大学生を対象にした回想法による検討─」『愛知教育大学教育臨床総合センター紀要』7: 17-23

『児童生徒の問題行動・不登校等生徒指導上の諸課題に関する調査結果（平成29年度）』https://www.e-stat.go.jp/stat-search/files　（2019年5月15日取得）

Kohlberg, L. (1969). Stage and sequence: The cognitive-developmental approach to socialization. In D. Goslin (ED.) HandBook of socialization theory and research. Chicago: Rand McNally

国立教育政策研究所　「生徒指導リーフ「中1ギャップ」の真実」　http://www.nier.go.jp/shido/leaf/leaf15.pdf　（2019年5月10日取得）

櫛田眞澄（1995）「学級担任教師のみる中学生期の特徴：学習成立のための基礎資料」『日本教科教育学会誌』18: 9-15

文部科学省ホームページ　特別支援教育について「発達要害とは」http://www.mext.go.jp/a_menu/shotou/tokubetu/hattatu.htm（2019年9月10日取得）

落合良行・佐藤有耕　（1996）「青年期における友達とのつきあい方の発達的変化」『教育心理学研究』44: 55-65

鈴木翔　（2010）「『スクールカースト』とは何か？─首都圏の公立中学生を対象とした質問紙調査の分析から─」『日本教育社会学会大会発表要旨集録』62: 196-197

鈴木翔・解説　本田由紀（2012）『教室内カースト』光文社

第3章　学級経営

第1節　学級経営

1．学級

　新学期の子どもたちにとって，自分がどの学級に所属し，どんな先生が担任となり，どんな仲間と一緒になるかということは，自分自身はもちろん，その保護者にとっても大きな関心事ではないでしょうか。ところで，学級の定義とは何でしょうか？　「公立義務教育諸学校の学級編制及び教職員定数の標準に関する法律」（以下標準法）の第三条に「中学校の学級は，同学年の生徒で編制し，学級の生徒数の基準は40人以下を標準とする」と規定されています。多くの学校において，4月当初の学級というものは，各学校の教育目標を達成するために，標準法をもとに各学校の方針によって割り振られた単位集団であり，何よりも教育課程を効率よく実施するための学習集団ともいえます。また，個々の生徒の立場になれば，人間関係もほとんどない，同年齢の仲間たちの集団に偶然所属してしまったと感じるかもしれません。しかし，子どもたちの多くは，その偶然所属した学級で，1年間の様々な学校生活を体験することによ

図3-1：学級の様子（職場体験報告会）

り，学級集団としてのまとまりも徐々に見られるようになり，やがて自分の学
級に愛着を感じるようになるのはなぜでしょうか？ その理由の一つに，学級
担任という存在があります。それぞれの学級担任による特色ある学級経営は，
子ども同士の信頼関係や学級集団としての団結力に大きな影響を与えていくこ
とになるからです。

2．学級経営
1）学級経営とは？

　学級経営とは，一般的に，その担任教師が学校の教育目標や学級の実態を踏
まえて作成した学級経営の目標・方針に即して，必要な諸条件の整備を行い運
営・展開されるものといえます。また，学級経営の充実については，中学校学
習指導要領第1章総則の第4の1の（1）で「学習や生活の基盤として，教師
と生徒との信頼関係及び生徒相互のよりよい人間関係を育てるため，日頃から
学級経営の充実を図ること」と示されています。また，同指導要領解説特別活
動編第4節「特別活動（学級活動）の指導を担当する教師」には，「指導に当
たっては，学級の生徒を最もよく理解できる立場にある学級担任が適しており，
学級経営の充実を図る観点から，適切な学級活動を実施することが重要であ
る」と示されています。こうした教育課程にもとづく特別活動の指導と同じく，
学級担任の仕事としては，特別の教科「道徳」や総合的な学習の時間等，その
効果的な運営とその評価や改善なども含まれます。また，教室環境の整備や学
級事務の処理と管理，保護者・地域との連携なども学級経営に含まれます。

2）めざす学級の姿

　まだ信頼関係が築かれていない学級の生徒たちに対し，学級担任として，ど
のような生徒に育ってほしいのか，自分はどのような学級像を理想としている
のか，「担任としての考えや方針」を明確にしておくことが重要です。そして，
その方針を基本として「学級活動」を中心に学級づくりを次のように展開して
いくことが大切です。
① 一人ひとりが自己存在感をもてるような学級をめざす

　学校生活に意欲的に取り組み，級友を説得して目指す方向に協働できるリー
ダー役は学級には必要です。リーダーに求められる資質・能力は様々な体験
（会議や研修への参加，活動の企画・運営等）を経て育まれていきます。担任

には，多くの生徒にリーダーとしての経験を積ませる機会を設けながら適切な指導や助言をしたり，その成長を認めたりすることが求められます。さらにリーダーを助けるサブリーダー，そして合意形成されたことに協力するフォロアーも学級には欠かせない役どころです。良きリーダーは，同時に良きサブリーダーや良きフォロアーとなれることが理想です。そのためには，生徒の役割を固定化せず，様々な立場で活動に取り組ませることによって，学級の一員としての自覚が深まり，やがて一人ひとりが自己存在感をもてるようになるのです。

② 　生徒が意見を述べ合い，互いに高め合えるような学級をめざす

　特別活動における集団活動の指導において，一見すると学級全体で協力的に実践が進められているように見えても，実際には担任の意向や一部の限られた生徒の考えだけで動かされたり，単なるなれ合いとなっている場合もあります。このような状況は，特別活動の学習過程として望ましいとはいえません。集団における合意形成では，同調圧力に流されることなく，批判的思考力をもち，多様な他者の意見も受け入れつつ，自分の考えも主張できるようにすることが大切です。学級担任として，特別活動における集団活動の指導にあたっては，「いじめ」や「不登校」等の未然防止も踏まえ，生徒一人ひとりを尊重し，生徒が互いのよさや可能性を発揮し，活かし，高め合うなど，よりよく成長し合えるような集団活動を展開する必要があります。

3）学級経営と特別活動との関連

　生徒が自発的，自治的によりよい生活や人間関係を築こうとして様々に展開される特別活動は，結果として生徒が主体的に集団の質を高めたり，よりよい人間関係を築いたりすることになります。学級がよりよい生活集団や学習集団へと変容するためには，担任教師の意図的・計画的な指導とともに生徒の主体的な取り組みが不可欠です。学級経営は，特別活動を要として計画され，特別活動の目標に示された資質・能力を育成することにより，さらなる深化が図られることになります。

3．学級担任に求められる資質・能力と役割

1）学級集団の質を高め，担任と生徒，生徒相互のよりよい関係を構築する

　生徒主体の民主的な運営で，生徒の役割分担を明確にしながら，朝と帰りの「学級の会」を計画的に行うことは，担任としても一人ひとりの生徒を理解す

る上で大変重要です。例えば，日直等を司会に一日の連絡や反省，さらに係活動や生徒のスピーチ，レクリエーション活動やノートの交換等を実施するなど，学級担任として「学級の会」を含めた学級活動を計画的に有効活用することは，学級内のよりよい人間関係を形成することにもつながります。

　学級担任として，生徒との信頼関係を構築するために，あらゆる教育活動の中で，常に生徒理解に努め，一人ひとりの生徒の人格を尊重しながら愛情と情熱をもって接することが大切です。また，生徒たちには学級集団としての目標をもたせ，特別活動・総合的な学習の時間・特別の教科「道徳」の計画と指導を通して生徒相互のよりよい人間関係づくりを構築することが求められます。

2）他の教職員と連携し，協力して取り組む

　教師一人の力で，全ての生徒を把握し，適切な指導をすることは簡単なことではありません。生徒一人ひとりの成長を願い，全教職員と連携し協力する姿勢や態度が，学級担任には求められています。例えば学習面では，各教科指導担当教員との協力と連携を密にし，年間を通じて，生徒たちの学習意欲の向上や学習習慣の形成を図る働きかけを行うことは当然必要です。また，生徒個々が抱える学習及び生活上の悩みや諸問題にも特に学年職員との連携を密にしながら情報交換を行い，その後の教育相談等の個別の指導に繋げていくことが大切です。

3）教室の管理と環境づくりに努める

①　教育環境を整えること

　学級担任は，学級の管理責任者でもあります。教室は学級の生徒の学習の場であり，生活の場として安全（危険個所や破損がない）・快適（採光，換気，清潔等）であることが前提であり，また，学びの場にふさわしい環境になるように努めます。

　　【学級環境づくりの代表ともいえる掲示物・展示物の留意点】
　　　A　掲示・展示の時期や期間をより効果的に計画し実施する
　　　B　誤った記載や落書き及び破損や剥がれなどは放置しない

②　学級事務の効率的な処理と適正な管理を行うこと

　学級担任としての様々な学級事務のうち，学校教育法施行規則で定められた事務の代表的なものとして指導要録の作成があります。法的な公簿である指導

要録は「学籍の記録」（所属学級等を記載：20年保存）と「指導の記録」（各学年における学習等の状況を記載：5年保存）から構成されています。また，生徒の出席状況の確認も大切な学級事務であり，同じく公簿である出席簿（出欠席日数等を記載：5年保存）に整理し管理します。

4）開かれた学校づくりの推進

　学級生徒のよりよい成長を図るためには，学校と車の両輪の関係にあるといわれる家庭（保護者）との連携は欠かせないものです。また，近年は学校だけでは完全な解決に至らないような複雑な課題も多く見受けられます。そこで，専門機関の知見やネットワークを活用してより迅速で的確な課題の解決を図ることも求められます。

① 家庭（保護者）との連携と協力を図ること

　学級経営の充実を図るためには，学校教育に対する保護者の理解と協力を得て，生徒の指導にあたることが必要です。そのための手立てとして授業参観・学級懇談会，家庭訪問・来校要請，電話連絡，学級・学年・学校通信，保護者会等があります。

② 地域・関係諸機関との連携と協力を図ること

　地域には生徒を支える様々な公的な組織・人材（青少年健全育成協議会，自治会，民生児童委員，保護司，PTA役員等）や行政機関（児童相談所，福祉事務所，市町村部局・教育委員会や警察の設置機関等），NPO団体等があります。

　学級担任として，その存在を知りそれらの特性を踏まえながら課題の性質やレベルに応じて連携することが有効となるケースがあります。

第2節　今日的教育課題と学級担任

1．子どもの貧困

1）現状

　2013年「子どもの貧困対策の推進に関する法律」が成立しました。同法は，「子どもの将来がその生まれ育った環境によって左右されることのないよう，貧困の状況にある子どもが健やかに育成される環境を整備するとともに，教育の機会均等を図るため，子どもの貧困対策に関し，基本理念を定め，国等の責

務を明らかにし，及び子どもの貧困対策の基本となる事項を定めることにより，子どもの貧困対策を総合的に推進することを目的とする」ものです。

　それでは，「子どもの貧困」とはそもそもどのような問題なのでしょうか，確認してみましょう。

　厚生労働省の統計によると，「子どもの貧困率※」は，1985年には10.9％であったものが，右肩上がりで，2009年には15.7％となり，2013年で16.3％，2016年はやや持ち直し，13.9％であるとされています。ここで注目したい点は「子どもの貧困」はバブル崩壊やリーマンショックの経済的な問題以前にも存在していたことであり，最新の統計によるとやや持ち直してはいるものの，児童・生徒のおよそ7人に1人が貧困状態であるということです。さらに，OECDやユネスコ等による国際比較においても，日本の貧困率は高位に属しており，深刻な問題です。

　また，「子どもの貧困」は，「大人の貧困」とは違い，自らで改善することが難しい，切実な問題です。このために生じる格差は，日常的な生育環境の違いとなっており，教育の機会や就労の機会などの格差につながってしまっています。さらに問題なのがこの格差が蓄積されて，次世代の貧困の連鎖になっていることです。そのため，目の前にいる子どもたちの将来を保障する教育行政や福祉行政の在り方が喫緊の課題となっています。

　では，現在の福祉関係の制度でどのような支援があるのでしょうか。代表的なものとして就学援助があります。経済的理由により子どもの義務教育就学が困難な世帯に対して，最低限学校生活を送るうえで必要なものなどの就学費を援助する制度で，具体的には給食費や修学旅行費，学用品費，医療費などが支給されます。保護者が，定められた時期に，就学援助費給付申請書を自ら通学先の学校（市区町村の教育委員会）に提出し，認められることで受給開始となります。その他にも児童扶養手当，母子・寡婦福祉資金貸付制度などがあります。自治体によって提供条件や運用方法などに違いがありますので，確認しておく必要があります。

　　※「子どもの貧困率」……子ども全体に占める，その子が属する世帯の可処分所得が所得中央
　　　値の50％に満たない子どもの割合

2）担任として

　そもそも，こうした貧困に関する事柄は福祉の領域で取り扱うべきことだと思っている人もいるかもしれません。しかし，教師としては，目の前の子ども

たちの中に，およそ７人に１人が実際に困窮状態にあることを理解して指導していく必要があります。

　一見して困窮状態で困っているということがわかることもあるかもしれませんが，見た目だけではわかりにくい場合もあります。これは子どもの心理として，そのような状態を友達や大人に悟られないようにして必死で隠していることも多いのです。そのためにまず，教師としては目の前の子どもたちの様子をしっかり観察することが大切です。家庭の状況をつかむという意味では，家庭訪問は絶好のチャンスです。保護者との関係づくりにもなるので，生徒理解の重要な機会と捉えてください。

　家庭の状況が把握でき，収入面で課題があり，適切な支援を受けられていない場合は，学校組織として問題を整理しながら対応をとっていく必要があります。保護者の意向もあるので，子どもの状況を見ながら，慎重に対応し福祉の支援に繋げていってください。問題が難しい場合は，スクールソーシャルワーカーや自治体の福祉関係の組織，児童相談所とも連携していく必要があります。

　では，教師としてできることは何でしょうか。個別の対応としては，子どもの置かれた状態を把握することによって，子どもを指導する際にも何らかの配慮ができるでしょう。例えば，毎回忘れ物をしてしまう子に対しての指導は注意しなければなりません。単なる不注意なのか，忘れたのではなく，もってこれない事情があるのか，その原因によって指導の仕方も変わってくるはずです。子どもにとっては忘れ物をせざるを得ない状況なのかもしれません。それをじっと耐えているのかもしれません。そのことを知った上での指導が必要です。

　全体指導としては，家庭が貧困であるからといった理由によるいじめを生まないような学級集団をつくることが必要です。このことは道徳科や特別活動の指導においても，学級づくりの重要なポイントになります。

２．外国につながりがある児童・生徒
１）現状

　神奈川県教育委員会の平成29年度の調査（表3-1）によると県内の小中学校には74ヶ国，7404人の外国籍の児童・生徒が在籍しています。この子どもたちすべてが日本語指導を必要としているわけではありません。一方，日本国籍でも日本語指導が必要な児童・生徒も存在しています。つまり，外国籍児童・生徒と日本語指導が必要な児童・生徒が同義であるとはいえないという点に留意

48

表3-1：神奈川県公立学校　外国籍児童・生徒数の推移

	H17	H19	H21	H23	H25	H27	H29
小学校	4,001	4,291	4,316	3,981	3,999	4,599	5,191
中学校	1,739	1,779	2,122	2,100	2,071	2,218	2,213
計	5,740	6,070	6,438	6,081	6,070	6,817	7,404

表3-2：神奈川県公立学校　日本語指導が必要な児童・生徒数の推移

	H21	H23	H25	H27	H29
外国籍	2,405	2,390	2,578	3,176	3,578
日本国籍	6957	662	939	905	1,427
計	3,100	3,052	3,517	4,081	5,005

神奈川県教育委員会支援教育部子ども教育支援課平成29年度「公立小・中学校における外国籍児童・生徒の国籍別在籍状況調査のまとめ」より

しておくことが大切です。

　学校としては外国につながりがある児童・生徒の中で，特に日本語指導が必要な児童・生徒をどのように支援していくかに注意して教育活動を行っていく必要があります。この数は（表3-2）を見ても明らかなように年々増加し，平成29年度は，総計で5005人となっています。

２）担任として

① 学級への受け入れ体制

　学級担任として，外国につながりがある生徒を学級に受け入れる際，いろいろな心配から，「面倒で大変だ」などとマイナスに捉えてしまう場合もあるかもしれません。しかし，プラスの見方をすると，外国につながりがある生徒を受け入れるということは，多様な文化や価値観に直接触れることができ，国際理解教育の実践的な推進につながります。また，実際に学級に仲間が増えることは，子どもたちにとって大きなイベントであり，喜びでもあります。プラス面を生かすためには，学級担任として，国際理解教育についての広い視野と見識をもつことが必要です。それぞれの子どもの置かれている状況によって，言葉や文化，習慣の違いなど違いがあるので，十分な理解が求められます。

② 支援の在り方

　適切な支援をしていくには，まず，学級担任として当該生徒の状況を理解することが必要です。国や地域により学校教育の在り方は異なります。授業や部活動，学校行事などの捉えも様々です。就学時期の違いもあります。ですから，支援や指導上の配慮の在り方は一人ひとり異なります。支援は学級担任一人で

できるものではありません。生徒の状況や学校の状況で国際教室や日本語指導教室が開設されたり，日本語指導協力者の派遣を依頼することもできます。管理職と相談しながら，日本語指導体制の整備を進めることが大切です。国際教室などの別の居場所ができてくると，生徒によっては，在籍している学級での姿とは違う姿を見せることもあるので，国際教室の担当者等との情報交換を図ることも必要です。さらに，もう少し慣れてくると，生活習慣の違いなどによって，トラブルが起きることも少なくありません。学級担任は，そのトラブルを，見逃さず，本人に対しても，他の生徒に対しても，異文化をお互いに受け入れる開かれた心が育つよう，丁寧に指導することが必要です。何より，学級担任自身が，指導のまたとないチャンスであると認識し，広い視野をもって，取り組んでいくことが極めて重要です。そして，総合的な学習の時間や特別活動などを使い，計画的に国際理解教育について，学習を深めていくことが，子どもたちの成長に繋がります。もう一つ注意しなければならないことがあります。生徒の状況にもよりますが，日常会話は比較的短時間でできるようになることが多いようです。しかし，日常会話はできても，教科の学習での日本語の理解には時間がかかることがあります。学級担任としては，学習面で，壁にぶつかっていないかどうかの観点で，コミュニケーションを十分にとり，適切な支援をしていくことも必要です。

③　進路指導

　外国につながりがある生徒の進路指導は保護者とともに慎重に行わなければなりません。多くの保護者は，様々な生活場面で，子どもの様子を見て，言語力を含む学力が十分に育っていると認識しがちです。また，発達の段階によって，保護者とのコミュニケーションが難しくなっている場合もあります。このようなことから，進路選択の時期になって初めて，保護者が子どもの実態や考え方を認識し，戸惑うことがあります。さらに，子どもは日本の教育システムを理解していても，保護者が母国の教育システムとの違いを理解しておらず，適切な進路情報が不足している場合が少なくありません。教育委員会，ボランティア団体，卒業生などのあらゆるネットワークを使って，進学や就職など進路に関する情報を収集し，保護者にも，日本の進学や就職について十分に説明する必要があります。保護者が子どもに期待する進路とその子どもの希望する進路は異なることもあるので，保護者と子どもが十分話し合い，両者にとってより良い未来を築けるように，適切な助言をすることが学級担任としては最も

重要なことです。

3．教員による体罰
1）学校教育と体罰

　今，学校では多くの教員が，生徒間のよりよい人間関係の構築をめざし，生徒理解に努めながら，日々生徒との信頼関係づくりに取り組んでいます。しかし，現在の教育現場において「体罰」は依然として後を絶たない深刻な状況にあります。近代日本の学校教育の歴史を紐解くと教員の「体罰」は，1879年（明治12年）の「教育令第46条」に「凡学校ニ於テハ生徒に体罰（殴チ或ハ縛スルノ類）ヲ加フヘカラス」とあり，現在も学校教育法第11条には「校長及び教員は，教育上必要があると認めるときは，文部科学大臣の定めるところにより，児童，生徒及び学生に懲戒を加えることができる。ただし，体罰を加えることはできない。」と明確に規定されています。このように日本教育界における教員の体罰はおよそ140年以上にわたり一貫して禁じられてきました。にもかかわらず教員による「体罰」は，なぜなくならないのでしょうか。筆者は，大学で「教職論」等の授業実践と意識調査を通して『体罰体験のある学生は「体罰容認」の考えをもつ割合が高く，しかもその考え方を容易に変えない傾向にある』（山川，2017）ことに気づき，その後もこの調査を継続しました。

2）教員の「体罰」と「懲戒」と「正当な行為」

　ところで，体罰と懲戒との違いは何でしょうか？　文部科学省は，学校教育法第11条に規定する懲戒と体罰等に関する参考事例を示し「教員が生徒を殴ったりけったりして，身体に対する直接の侵害や長時間の正座をさせるなどの，肉体的苦痛を与えるもの」を「体罰」と定義しています。また，懲戒権の範囲についても次のような具体的な事例を示し，体罰の禁止の指導を徹底するよう全国の教育委員会に通知（2013年3月）しています。

認められる「懲戒」の参考例
通常，懲戒権の範囲内と判断されると考えられる行為（ただし肉体的苦痛を伴わないものに限る。）
ア　放課後等に教室に残留させる。　　イ　授業中，教室内に起立させる。
ウ　学習課題や清掃活動を課す。　　　エ　学校当番を多く割り当てる。
オ　立ち歩きの多い児童生徒を叱って席に着かせる。
カ　練習に遅刻した生徒を試合に出さずに見学させる。

　学級担任として，これらの懲戒を児童・生徒に課す際に留意すべき点があります。特にイは，起立させる状況や時間について，当該児童・生徒の年齢や健康状況等にも十分に配慮し，肉体的苦痛を伴わないようにする必要があります。また，懲戒は生徒の意識を高めることが目的なので，ウの「清掃活動」やエの「学校当番」は罰として課すのではなく，奉仕活動として課すというような教育的な意図や配慮も大切です。では，生徒の暴力行為等に対しては，教員はどう対応すればよいのでしょうか？　文部科学省は，「児童生徒から教員等に対する暴力行為に対して，教員等が防衛のためにやむを得ずした有形力の行使」や「他の児童生徒に被害を及ぼすような暴力行為に対して，これを制止したり，目前の危険を回避するためにやむを得ずした有形力の行使」等は，教員の正当防衛や正当行為と判断される事例として，教員の体罰にあたらない「正当な行為」としています。

3）教員をめざす学生の「体罰意識」

　筆者は，教職をめざす学生に対して授業の中で，「部活動中に体罰を受けた生徒を想定した事例」を示して体罰についてどう考えているのかを調査しました。提示した事例は，「部活動中に気が緩んできた生徒が出てきた場合，指導者が怒鳴りながら生徒の頭を叩くなどして気合を入れることは時には必要ではないか。指導者を信頼していれば，それは生徒を思っての行為であり，自分自身もそれを受け入れてきた。」という内容です。

　授業を始める前に資料を学生に示し，この指導者（教員）の行為は，「教育的指導として場合によっては容認できる」か，「あくまでも容認できない」か，を回答させます。この際，学生に本音をださせるために「体罰に関する関連法規等は，一切考えずに」という条件をつけました。その後，グループ討議と筆者による「体罰否定」の授業を実施し，再び学生に体罰容認か否定かを回答させ，意識の変容を調査しました。調査は，2014年度から2018年度にかけて教職をめざす1176人の学生を対象に実施しました。

　5年間の調査の結果，授業前に教育的指導として「容認できる」とした学生は1176人中42.4％にあたる499人であったが，グループ討議やその後の体罰否定の授業後に，「容認できる」の考えを示した学生は22.7％と約20ポイント減少しました。しかし，依然として267人の学生が「体罰容認」の意志を示しました。また注目すべきは，その267人の「体罰容認」の学生の中で，60.3％，

161人の学生が「過去に何らかの体罰を体験してきた学生」であるという結果でした。もちろん体罰体験者の多くは，自身に体罰を加えた教員に対して悪い印象や感情を抱いたと答えています。しかし，体罰体験のある「体罰容認」の考えをもった学生の中には確実に「尊敬する先生が自分の事を真剣に思ってくれての行為」「厳しく鍛えてくれたおかげで現在の自分がある」等の意見が多くあり，自身が受けた体罰を肯定的に捉え「体罰は効果があった」と考えている学生が多数存在していることがわかります。

4）体罰の根絶へ向けて

　近年，体罰防止の論議は，今や学校だけの問題にとどまらず，家庭においても子どもの人権を守る観点から『保護者の「しつけでの体罰」禁止』の法改正もなされています。そんな状況の中，学校現場においては，未だに「体罰」の根絶に至っていません。その原因の一つとして，これまでの学生の意識調査から，全国の多くの学校の中に「体罰容認の考え方を完全に否定できないまま学校教育に携わっている教員が多く存在している」と推測することができます。幸いなことに，近年「体罰を体験してきた学生」の割合は，表3-3が示すように年度ごとに徐々に減少傾向が見られています。このことは，教育界全体としても徐々に教員の意識改革が進んでいる兆候でもあるといえるでしょう。

表3-3：年度別　体罰を体験してきた学生の割合の推移

年　　度	調査学生数	体罰体験者数	割　　合
2014年度	54	29	53.7%
2015年度	300	132	44.0%
2016年度	311	112	36.0%
2017年度	292	98	33.6%
2018年度	219	69	31.5%
合　　計	1176	440	37.4%

　教職をめざす学生たちには，「どんなに尊敬できる指導力のある先生だとしても，体罰という指導方法は間違っている」ことを理解させながら「意識改革」をめざした粘り強い指導を続けることが大切です。また，教育現場においても，教員の本音が出るような工夫された話し合い活動等，効果的な研修を通して，教員の心の奥底に潜む「体罰容認の考え方」を払拭していく必要があり

ます。学級担任としては，常に生徒理解に努めながら「暴力はいかなる理由があっても許されない行為である」ことを指導し続けることはいうまでもありません。各学校としても「教員による体罰」の根絶を目指し，工夫した研修を繰り返し実施するなど，一人ひとりの教員が，教育のプロフェッショナルとしての自覚と意識改革を進めていくことが極めて重要です。

第3節　学級活動（ホームルーム活動）実践事例

1．学級の目標を定め，その実現をめざす

　人間関係のほとんどない偶然同じ学級に集まった同年齢の「学級集団」が，皆で協力しながら主体的に学校・学級生活を送るためには，一人ひとりが納得できるような共通した学級の目標を定め，その実現をめざすことが有効です。

【実践例1　学級目標を決める】

　学級目標の決め方は，個々の考えを出し合いながらグループ毎や全体で話し合ったり，投票やみんなの考えをつなぎ合わせたり，実に様々な方法で決められています。筆者の経験では，失敗したり，上手くいかなかった例としては，担任としての「学級づくりの考え方」を示すことなく，何でもいいから自分たちで話し合って決めさせるような方法を取ったような場合でした。そのような方法だと結局「明るく楽しい学級」とか「燃えろ！　3組」といったように，一人ひとりがその意味を理解せず，漠然としたイメージだけで決まってしまうことが多くありました。したがって，この方法では，学級の生徒全員が納得して取り組めるような目標は望めない場合が多くありました。一人ひとりが本当に納得できるような「学級目標」を決めるためには，担任として考える「理想とする学級像」を生徒に明確に示した上で，学級で話し合わせることが大切です。生徒の一人ひとりが「こんな学級になれば……」という思いや「本当に目指したい学級の姿」をイメージし，学級内で話し合わせると，最終的には「一人ひとりの考えを尊重し合い，何事にも協力できるクラス」や「笑顔を忘れず，やるべき時は全力で頑張ろう！」（図3-2）や「私たちは常に協力と思いやりの気持ちをもち，何事にも全力を尽くすことを誓います！」というように，学級の一人ひとりがその目標の意味を理解し，納得できるような内容の目標になりました。学級生徒の全員が関わって出来上がった目標は，自分たちがそれぞれ

図3-2：学級目標をかかげた生徒たち

どのような行動をとれば理想の学級集団に変容していくかということが具体的にイメージすることが可能になります。そして，今後の学級づくりに大きく役に立つことになるのです。

2．「学級担任と生徒との信頼関係を築く」ために
1）学級内の組織づくりと活動

　学級担任が生徒一人ひとりを知り，理解するための手立ての一つとしては，1．で記したような学級目標を達成するために生徒たちに仕事を分担させて，その様子を観察することも生徒理解に役立ちます。自分たちで決めた目標をどれだけ意識しているのか，級友との話し合いや協力ができているのか等，学級内の人間関係もおおよそ把握できるようになります。

2）生徒とのふれあいを大切にする

　学級は，担任教師と生徒が互いにふれあい，信頼関係を創り上げていく集団です。担任は，毎日のように学級の生徒を見ているし，会話も交わしています。そうした日々のふれあいの中で，生徒を理解することが重要です。さらに，年間を通した計画的な学級活動や学校行事への取り組みの中で，その絆は徐々に深まっていきます。また，担任による学級通信等の発行や担任と生徒とのノートの交換（グループや個人）の取り組み等も担任教師と生徒との信頼関係を築くための効果的な方法の一つです。

図3-3：担任の思いを伝える学級通信

① 学級通信や学級だよりの発行

　学級通信は，学級担任として，どのような学級を創っていきたいか，そのためにどういう学級経営を行っていくか等の担任としての経営方針（ビジョン）を生徒にも保護者にも伝えることができます。また，学級や学校の様子を保護者へ知らせるとともに家庭への協力の依頼，学校行事等での生徒の活動の様子や見どころなども正確に伝えることができます。しかし，毎回事務連絡のような内容であったり，誤字脱字が多かったり，教師の思いを一方的に伝えるような内容ばかりだと，担任教師の自己満足だけで終わってしまう可能性もあります。

② 生徒理解の方法

　ところで私たち教師は，担任としてどれだけ学級の生徒一人ひとりを理解できているのでしょうか？　一つの例を紹介します。

【実践例2　誕生日のメッセージ】

　筆者が担任時代に，生徒たちに「誕生日のメッセージ」として学校生活の様子や励ましなどを便せん1枚にしたため，誕生日に靴箱や机の中にそっと入れるなど自分なりに楽しんでいました。そんなある日，明日は女子生徒のAさんの誕生日だと確認した私は，メッセージを書こうとペンを持ちましたが，具体的なことが何も書けません。Aさんは，口数も少ないタイプで，図書委員としても真面目に仕事をしているのですが，具体的なエピソード等が全く思い浮かびませんでした。私は，これまで担任として学級の生徒一人ひとりを見ているつもりでしたが，何も見ていなかった自分に気づき，なんてひどい担任なんだ

ろうと反省しました。その瞬間から私は，Ａさんの行動をずっと観察すること
にしました。すると，昼食の時には学級でも時々乱暴な態度をとるＢ君とにこ
にこしながら言葉を交わしているＡさんの姿を見て，まずびっくりしたことを
覚えています。さらに清掃の時間には，黙々と昇降口の靴箱の内側を雑巾がけ
している様子も新発見でした。たった１日観察しただけで，１枚の便せんには
書ききれないほどのメッセージが浮かんできました。私はこの時に担任として，
生徒一人ひとりを，本気で見よう，心から知ろうとしなければ，生徒の本当の
姿は見えてこないし，理解できないことを学びました。学級担任として，日々
の生徒の学校生活の様子をよく観察し，一人ひとりの生徒をより理解しようと
する姿勢が，担任と生徒との信頼関係を築く第一歩ではないかと感じています。

３．生徒相互の「よりよい人間関係」を築くために

　新しい学級において，一番の課題は，学級内の人間関係づくりです。学級の
中には，当然「人間関係づくり」や集団行動が苦手な生徒もいますし，様々な
考えや個性をもった生徒が集まっています。でも，自分を少しでも理解してく
れる友達や一緒に協力できる仲間ができれば，学級は楽しく，安心できる場所
に変わるのです。学級担任として，生徒がよりよい人間関係を築き，生徒一人
ひとりにとって居場所のある学級づくりをするためにはどのようにしたらよい
のでしょうか？

【実践例３　生徒の自己紹介を通して】

　生徒に，学級の中で自己紹介をする機会を与えることはとても有効と考えま
すが，学級の構成人数が40人に近い場合は，１単位時間ではとても終わりませ
ん。したがって，生徒一人ひとりに自己紹介カードを配り，自分の趣味や考え，
目標，仲間へのメッセージ等を記入させ，全員分を教室内に掲示するという方
法が多くの学級で行われています。この方法は，自己表現が苦手な生徒も紹介
項目が全員同じなので，書きやすく，趣味や好きなことが同じ場合など，生徒
も互いに把握でき，話すきっかけにもなり，確かに有効な方法だと感じます。
しかし，これまで私が多くの学校に訪問し，教育実習生の授業参観をした際に，
これらの掲示物を見て感じることがありました。それは，生徒たちは自分自身
のことは，とても細かにユニークに記載している例が多いのですが，「クラス
のみんなにひと言」等の項目には，図3-4のように「よろしく！」というよう

図3-4：自己紹介「クラスのみんなにひと言」の例

な一言での記載が90%以上であったことでした。そして約1割，40人学級です
と4人ほどが，「私は，人見知りなので，なかなか自分から話すことができま
せんが，みんなと仲良くしたいので，話しかけてくれると嬉しいです。1年間
よろしくお願いします。」「私はとても恥ずかしがり屋で，みんなに迷惑をかけ
ることも多いかもしれません。こんな私ですが，クラスの一員として，頑張り
ますのでよろしくお願いします。」等が書かれていました。この自己紹介カー
ド的な方法は，担任としても各自が必ず完成できるであろうと考えていますの
で，特に細かな指示を与えていないのではと推測できます。しかし，担任とし
て受けもった学級で，いじめ等を起こさせない，よりよい人間関係を築かせる
ためにも，一言工夫したアドバイスも与えながら取り組ませることも，学級づ
くりの初期としてとても重要なことではないかと考えます。

【実践例4　グループノートの活用を通して】

　学級の生徒一人ひとりの内面を知るためには，生徒の日頃の表情や言動だけ
では，不十分です。筆者は，生徒をより理解するために，学級の生徒全員にノ
ート1冊ずつを配り，担任との交換ノートを行いました。生徒たちは，日頃の
学校生活で感じたことや考えたことなどを自由に書き，私に提出してきました。
　その内容は，友人関係や部活動の楽しさ，幼い頃の想い出，家族の紹介や家
で飼っているペットのことなど多岐にわたり，個々の生徒を理解する上で本当
に有効でした。しかし，提出は強制ではありませんでしたが，毎日のように何
十冊という個人ノートを読み，翌日までに返事を書くことはとても楽しい反面，
多くの時間を費やさなければなりません。どんな忙しい時でも，いい加減なコ
メントや簡単な返事を書いて翌日に返したりすれば，このノート交換は続きま

せん。また，個人ノートですから私と生徒の一対一のやり取りです。時には，とても素晴らしいことを考えている生徒のノートを他の生徒に紹介したくてもできないというもどかしさもありました。そこで，グループ（班や係）別に1冊ずつノートを配り一人ずつ順番に担任に提出させるようにしました。この「個人ノート」から「グループノート」（図3-5）にシフトしたことにより，「担任と生徒」だけの関係から「生徒相互」の関係づくりへと大きく発展させるきっかけになったのです。生徒の立場で考えると，グループノートには本音は書きにくくなりますが，グループ内の生徒同士の相互理解にはとても有効であり，

図3-5：ノートを活用した人間関係づくり

役立ったと思っています。私のコメントも個人に対してのアドバイスもでき，間接的にグループ全体へメッセージとして意図的に書いたりすることもできました。また，一人の生徒の考えを次の生徒がコメントしたりさらに発展させたり，仲間の意外な一面や趣味を知ったりと生徒たちには好評でした。このグループノートの活用は，担任との関係はもちろん，生徒相互の信頼関係を築く助けにもなり，生徒同士のよりよい人間関係を形成する一つの方法でもあると感じています。大切な事は，生徒が一所懸命に考え書いてきたノートに対して，担任としてどれだけ真摯に向き合い，誠意をもってその返事を書き，それが生徒の心に伝わるかどうかということではないでしょうか。

【参考文献】
文部科学省（2017）『中学校学習指導要領（平成29年告示）』東山書房
文部科学省（2017）『中学校学習指導要領（平成29年告示）解説　特別活動編』東山書房
山川勝久（2017）「体罰防止をめざした教員養成とその課題」東海大学課程資格教育センター論集　第15号
文部科学省通知2013年3月13日付け「体罰の禁止及び児童生徒理解に基づく指導の徹底につ

いて」
神奈川県教育委員会教育局支援教育部子ども教育支援課（2012）『外国につながりがある児
　　童生徒への指導・支援の手引き』
阿部彩（2008）『子どもの貧困—日本の不公平を考える』岩波新書

第4章　特別活動と生徒指導

第1節　特別活動と生徒指導との関連

　特別活動の目標（中学校学習指導要領第5章「特別活動」第1の目標）を確認すると，次のような内容が掲げられています。

　　特別活動の目標
　集団や社会の形成者としての見方・考え方を働かせ，様々な集団活動に自主的，実践的に取り組み，互いのよさや可能性を発揮しながら集団や自己の生活上の課題を解決することを通して，次のとおり資質・能力を育成することを目指す。
（1）多様な他者と協働する様々な集団活動の意義や活動を行う上で必要となることについて理解し，行動の仕方を身に付けるようにする。
（2）集団や自己の生活，人間関係の課題を見いだし，解決するために話し合い，合意形成を図ったり，意思決定したりすることができるようにする。
（3）自主的，実践的な集団活動を通して身に付けたことを生かして，集団や社会における生活及び人間関係をよりよく形成するとともに，人間としての生き方についての考えを深め，自己実現を図ろうとする態度を養う。

　また，同指導要領解説総則編第3章第4の1の（2）「生徒指導の充実」では，

（2）生徒が，自己の存在感を実感しながら，よりよい人間関係を形成し，有意義で充実した学校生活を送る中で，現在及び将来における自己実現を図っていくことができるよう，生徒理解を深め，学習指導と関連付けながら，生徒指導の充実を図ること。

を目標に掲げ，「生徒指導は，学校の教育目標を達成するために，重要な機能

の一つであり，一人一人の生徒の人格を尊重し，個性の伸長を図りながら，社会的資質や行動力を高めるように指導，援助するものである」としています。そして，「学校教育は，集団での活動や生活を基本とするものであり，学級や学校での生徒相互の人間関係の在り方は，生徒の健全な成長と深くかかわっている」，さらに，「生徒一人一人が①自己の存在感を実感しながら，②共感的な人間関係を育み，③自己決定の場を豊かにもち，自己実現を図っていける望ましい集団の実現は極めて重要である」と示し，生徒指導の三つの機能を挙げて解説しています。また『生徒指導提要』（2010年，文部科学省）でも生徒指導の究極の目標として，「＊自己指導能力の育成」を掲げ，生徒指導が，教育課程の内外において一人ひとりの児童生徒の健全な成長を促し，児童生徒自ら現在および将来における自己実現を図っていくために必要な資質・能力としています。これらの生徒指導の機能や目標は，先に示した特別活動の目標との共通点も多く，教育課程の中でも特別活動は，生徒指導が最も有効に「機能する場」であるといえます。

＊自己指導能力：この時この場でどのような行動が適切か自分で判断し決定し，実行する能力

第2節　特別活動における学級担任

1）学級経営と生徒指導

　学校における生徒指導の土台となるものは，学級経営です。学級担任は，日々の学級における指導の積み重ねが，学校全体の生徒指導につながっていくことを理解して，学級経営にあたる必要があります。学校生活において，生徒同士のいじめや人間関係のトラブルは少なくありません。各学校でもそれらの解決に向けて日々適切な指導が行われています。以前は「互いに反省し，これからは仲良くするように」というような指導が一般的でした。その後，不登校が増加した時期には「互いにあまり関わらないように」というような消極的な指導も多く見受けられました。しかし，生徒一人ひとりが生涯にわたってよりよい生き方を目指すためにも，現在及び将来にわたって嫌いな相手や苦手な人とは全く関わらずに避けて生きていくことは，不可能です。これからの学級経営における人間関係づくりで大切なことは，特別活動を中心に，学校生活における共通の目標や課題について話し合い，互いに一致できそうな点を探りながら「折り合い」や「合意形成」を図っていくことです。そのような集団活動が，

今求められています。

2）学級担任としての生徒理解の方法

　学習指導要領第5章の第3の1の（3）では「学級活動における生徒の自発的，自治的な活動を中心として，各活動と学校行事を相互に関連付けながら，個々の生徒についての理解を深め，教師と生徒，生徒相互の信頼関係を育み，学級経営の充実を図ること」と示しています。学級担任として，学級の生徒一人ひとりの状況を把握し，生徒理解に努めることは極めて重要です。

① 学校生活の場面と観察の観点

　生徒理解の方法は，様々な方法がありますが，基本的には下表に即した観察法による学級担任の日常的な観察と時機を捉えたチャンス相談が効果的です。

　学級担任として，生徒個々や集団の微妙な変化に常に気を配り，気づいた時は，できる限り迅速にその原因と今後の状況を予測し，適切な対応を行うことが大切です。

場　　　面	観　　　　点
始業前・朝の会	情緒の安定（表情・態度等），健康や生活習慣，交友関係
授業中	学習意欲や態度（表情，集中度，私語，提出物等）
休み時間・給食	健康状態（食欲等），交友関係，言葉遣いや行動等
放課後（清掃含）	交友関係，係活動等の様子，部活動の状況，家庭訪問から
学校行事等	意欲や取り組みの態度（集団における役割や人間関係）
その他	教育相談や面談，班ノートや個人ノート，作文や作品等

② 他の教職員と連携し，チームとして生徒指導に取り組む

　特に学年職員の連携を密にしながら，チームとして生徒を理解することが大切です。生徒の学級内の活動だけでなく，生徒会活動や学校行事も含め，学校生活全般の様子について，常に情報交換を行い，日々の生徒指導についても客観的な情報を共有しながら指導にあたります。事案によっては，生徒指導担当教員を中心に学校全体で，連携を取りながら進めることも必要です。

第3節　特別活動における生徒指導の実践事例

1） 生徒会活動や学校行事を活用した生徒指導

　教師として，生徒全員が楽しく安全な学校生活を送るために，生徒への生活

64

上の指導は，とても大切であり時には個人的な注意も必要な場合もあります。
例えば，学級担任として努力しながらようやく信頼関係を築けそうな状況にな
った「ある生徒」が自分の目の前で，学級集団を乱すような行為をした場合に，
見て見ぬふりをするわけにはいきません。生徒との信頼関係を崩しかねない
ような注意はできる限り与えたくはないし，避けたい時もあるかもしれません。
学校の規則や個々の服装違反，持ち物や頭髪，などの授業以外の学校生活上の
注意や指導は，できるならば「自分は，注意することは避けて，学年主任の先
生や生徒指導担当教員に任せたい」と思うこともあるでしょう。ここでは，教
師としてこうした生活上の細かな指導や注意をし続けることの意味やどのよう
な効果があるのかを考えてみましょう。

【実践例1　指導し続けることの意味とその効果】

　私が，A中学校の校長として着任した2年目の2007年5月ことでした。ふと
4階の廊下から昇降口のある1階屋上部分を見下ろすと，何やらたくさんの黒
や灰色の小さなシミのようなものが見えました。私は，何だろうと思い2階の
窓から続く昇降口の屋上部分（図4-1）に降り，その物体の正体を確かめてみ
ました。それは，何と生徒が吐き捨てたと思われる無数のガムでした。なかに
は，まだ吐き捨てられたばかりのような柔らかい物もありました。この場所は，
生徒は立ち入り禁止になっており，近くには2階から4階までのトイレの窓も
見えるような場所でした。ガムは，そのトイレのある場所の真下の部分に集中
して落ちていました。もちろんガムやお菓子は学校生活には不要なものであり，
持ち込みは校則でも禁止されていました。おそらく生徒たちは，教師の目を盗
んで休み時間や業間時にガムを噛み，その後に廊下やトイレの窓から外へ向か
って吐き出していたであろうと推測できました。その日は結局100個以上のガ
ムを拾い集めました。私はその日から毎日屋上部分に出てガムを拾い，月ごと
にその数を記録することにしました。表4-1は，そのA中学校での1年間のデ
ータとその3年後の2011年度に赴任したB中学校での3年間に拾い集めたガム
やその他の落下物の推移を示しています。あわせて，特別活動の領域である生
徒会活動（生徒総会・決算総会）や学校行事（文化祭・終業式・全校集会等）
の際に，吐き捨てられたガムについて短く注意を行い，その後のガムの推移も
表記しました。

①　A中学校で5月末までに157個のガムを拾った翌月の6月1日に生徒総会

図4-1：A中学校　昇降口屋上部分　　　　図4-2：B中学校　校舎2階北側部分

表4-1：指導（注意）とガムの増減の推移

	4・5月	6月	7月	9月	10月	11月	12月	1月	2月	3月	合計(個)
2007年度 A中学校	157	16	2	2	11	22	6	3	3	11	233
		生徒総会				全校集会				決算総会	
2011年度 B中学校	45	49	12	14	56	6	13	15	0	6	216
		生徒総会				文化祭		集会1			
2012年度 B中学校	29	13	7	10	4	5		4	5		86
		生徒総会									
2013年度 B中学校	13	7	7	15	19	25	19	19	20	3	147
		生徒総会				タバコ	集会2	変化なし		卒業式	

があり，生徒会長から校長の私に指導講評をしてくれるよう頼まれました。総会では，環境委員長から「このA中学校を全校生徒できれいで過ごしやすい環境にしていきましょう」という趣旨の提案もあり，私は指導講評で次のような話をしました。私は全校生徒の前で，2ヶ月間に拾った157個のガムの入ったビニール袋を演題の上に置き，「例えば3年生の皆さんが，これから自分のめざす憧れの高校の説明会や見学に行った時に，校内にもしこのようなガムやゴミがたくさん落ちていたら，進学したいと思うでしょうか？また，地域の小学生は新入生としてこのA中学校に入学したいと思うでしょうか？」と問いかけ，さらに「先ほど環境委員長が提案したように，全校生徒が心を一つにして，皆さんの力でこの学校をきれいにしてほしいと願っています」と訴えました。

② すると，６月は16個に減り，７月には２個に減ったのです。そこで，７月の夏休み前の全校集会では，全校生徒を前にその数字を伝えながら感謝の気持ちとさらなる努力と期待の言葉を述べました。

③ その後もＢ中学校を含め，通算４年間にわたり同じような取り組みを続けてみました。表4-1の６月頃には生徒総会が開催され，学校長として「ガムの吐き捨て」については，毎回ひと言注意をしました。その結果，指導や注意をすると表のように必ず減少傾向が見られました。しかし，夏季休業が終わりしばらくすると，ガムの数は徐々に増え，再び全校集会や文化祭などの学校行事の際に注意を与えると，減少するという現象が見られました。

④ ただし，例外も見られました。それは，2013年度の12月の集会２で注意をしたにもかかわらず，ガムの数が２月まで減少しなかった点です。実は11月にガムの他にタバコの吸い殻が１本見つかっています。この11月からプールの裏などでも数本のタバコの吸い殻が発見されており，職員の巡回により３年生数名が昼休みに喫煙をし，直後にタバコのにおいを消すためにガムを噛んでいるのではないかと推測できました。卒業式後は，20個から３個に減少していることもそれを裏付ける結果となっています。学級担任として，服装の乱れや不要物の持ち込み等を学級全体に指導しても生徒によっては，なかなか行動を改めてもらえず，無力感を感じる場合もありました。Ａ中学校やＢ中学校の担任の中にも「いくら注意しても生徒たちには伝わらないのでは？」と自信を無くしたり，弱気になったりするような若い教員も多く見受けられました。そこで，このデータを校内の職員研修会で提示してみました。

・教師が指導や注意をした場合，それに従わない生徒もいるかもしれないが，きちんと受け入れ，わかってくれる生徒も多く存在しているということ

・教師が指導や注意をためらったり，チャンスを逃したり，あるいは注意をしても効果は期待できないし無駄ではないかと考えて，注意をしなくなれば，これまで，教師の指導に耳を傾けていた生徒までもが，ガムを噛みだし，学級や学校全体が悪い方向へと向かっていく危険性があること

このような内容を職員にも理解してもらえるように説明しました。教師が生徒理解に努めながら，生徒への工夫した指導や生徒が納得できるような指導や注意をし続けることの大切さと，そうすることの生徒指導上の意味や効果について，学校全体で考える機会をもつことができました。

2）主体的な「家庭学習」と特別活動

　学習指導要領第 5 章の第 2 の〔学級活動〕3 の「内容の取扱い」（2）では，生徒一人一人のキャリア形成と自己実現の指導に当たっては，「学校，家庭及び地域における学習や生活の見通しを立て，学んだことを振り返りながら，新たな学習や意欲につなげたり，将来の生き方を考えたりする活動を行うこと」としています。しかし，この主体的な学習態度を学校だけでなく家庭においても発揮できるようにするためにも生徒に主体的な「家庭学習」の習慣を指導する必要があります。しかし，学級担任として，どこまで「家庭での学習」について指導ができるのでしょうか？

【実践例 2　「家庭学習時間だけ」コンクール】

　学級担任として，家庭学習の必要性については，学級活動を中心に日常の指導はもちろん，家庭訪問や保護者も交えた三者面談や教育相談等でも必ず指導や助言を行っています。しかし，担任が家庭まで出向き，学習状況を調べることなどは不可能です。正直なところ，学級担任として家庭学習の必要性までは指導し，後は本人のやる気と保護者の指導に任せて「おしまい」にしてきたかもしれません。筆者が 2 年生の学級担任だった頃の定期テスト 1 週間前のある日，あまりにも勉強をしないクラスの生徒全員に向かって「今日から 1 週間，とにかく家庭で勉強した学習内容と時間帯を各自レポート用紙に記録し，毎日担任に提出しなさい。ただし，塾や家庭教師や友達と一緒にやった勉強時間は含めないでください」と伝えました。翌日から生徒たちは毎朝提出し，私は一人ひとりのレポートを見ながらアドバイスや励ましのコメントを記入し，毎日返却しました。3 日目の昼休みに刺激を与えるつもりで，「家庭学習時間のベスト 10」を仮名で教室内に掲示すると，生徒たちは食い入るように見つめ，なにやらガヤガヤと話し合っていました。翌日のベスト 10 の結果は，私を驚かせるのに十分な結果でした。定期テストの結果も生徒によっては多少の教科のばらつきはありましたが，ほとんどの生徒がこれまでよりも良い結果を出すことができました。この学級担任時代の実践を学校長の立場で，全校生徒に夏季休業中の課題として与えてみました。内容は夏季休業期間中の 1 日に，どれだけ自分一人で家庭学習ができるか「家庭学習時間だけ」コンクールとして自分の限界に挑戦してもらいました。表4-2はB中学校で 3 年間実践した際の結果です。

68

表4-2：Ｂ中学校　家庭学習　３年間の推移

＊夏季休業中の１日に、どれだけ自分一人で家庭学習ができるか、自分の限界に挑戦させた。

ア　2011年度入学生の３年間の推移

学　年	総学習時間数	提出数	提出率	一人当たりの平均学習時間
１年生	754時間25分	141	77.47%	5時間21分
２年生	753時間55分	135	73.77%	5時間35分
３年生	974時間08分	142	78.89%	6時間52分

イ　2012年度入学生の２年間の推移

学　年	総学習時間数	提出数	提出率	一人当たりの平均学習時間
１年生	853時間03分	160	93.90%	5時間20分
２年生	920時間47分	152	89.94%	6時間04分

ウ　2013年度入学生の１年目の結果

学　年	総学習時間数	提出数	提出率	一人当たりの平均学習時間
１年生	857時間05分	153	83.6%	5時間36分

エ　2011年度から2013年度までの全校生徒の推移

全校生徒	総学習時間数	提出数	提出率	一人当たりの平均学習時間
2011年度	2511時間59分	462	80.91%	5時間26分
2012年度	2521時間18分	438	80.51%	5時間46分
2013年度	2752時間00分	447	84.02%	6時間10分

アは，2011年度に入学した新入生（182名）の３年間を記録したものです。提出された141人のレポートの学習時間を合計し，一人当たりの平均学習時間を計算したものです。２年生になりそして３年時には，平均学習時間も一人当たり１時間41分も増えています。

イは，2012年度に入学した生徒の２年間の推移です。２年目には，前年度より平均で44分も学習時間が増加しています。この学年は，提出率が他学年よりも良く，学級担任の積極的な関りが推測できます。

ウは，2013年度に入学した生徒の結果です。特徴的なのは上級生である２年生，３年生の新入生当時の平均をいずれも上回る学習時間を記録した点です。

エは，全校生徒の３年間を集計した結果です。明らかに「家庭での学習時間」は増加しています。休憩時間を全く入れない生徒や一つの教科だけを長時間学習している生徒へのアドバイスを含めて，400名を超す生徒へのコメントは大変でしたが，生徒一人ひとりの書いた感想を読み，励ますことは，担任時代を思い出し，楽しくもありました。

　これらの結果は，学校だよりや全校集会でも紹介しましたが，当時のB中学校の教育目標にも「目標をもって粘り強く～」という部分があり，それを生徒に身に付けてもらいたいという思いもありました。生徒には「家庭学習時間が多ければよいという訳ではありません。皆さんがこの課題に挑戦することにより，自分の新たな可能性を発見し，最終的には少ない学習時間でより効果的で効率的な自分なりの家庭学習法を見つけるためのステップにしてほしい」と伝えました。実は，こうした指導や取り組みもそれぞれの学級担任が朝や帰りの「学級の時間」等を有効に使って粘り強く指導しなければ，生徒の心に響かず，それなりの結果しか生まれなかったと感じています。こうした学年や全校を挙げての生徒会活動や学校行事（体育祭や文化祭等）の活動や取り組みほど，生徒の意欲や主体性を育てるために学級担任の指導力とその役割は大変重要になってきます。

【実践例3　合唱コンクール】

　合唱コンクールは，現在多くの学校で，学校行事や学年行事として計画され実施されています。文化的行事の中では，生徒たちにとって，文化祭（学校祭，学習発表会）に次いで重要なイベントです。合唱コンクールについて，目的や指導の留意点について考えてみましょう。

1）合唱コンクールの目的

　合唱コンクールを行う目的は次のようなことが考えられます。
・学級の一員としての自覚をもち，合唱を通して，自他のよさや自己の成長について考え，学級内における人間関係を豊かにし，共同して合唱を作り上げる生徒の育成を目指す。
・互いに協力し合い，自主的・自律的に合唱コンクールに取り組ませることで，適度な競い合いの下で切磋琢磨し，互いに向上心や意欲を高め合う学年・学校づくりを目指す。
　1年次では合唱コンクールをやってよかったという成功体験を味わわせ，2年次につなげます。そして，3年次では最終学年として1，2年次に取り組んだ成果をもとに，より高度な芸術性を高めることもでき，最後には保護者とともに感動できる合唱コンクールにつなげることができます。そのためにも，合唱コンクールを実行するにあたり，生徒の実態に応じた3年間を見通した指導

計画が必要となります。

　もちろん，コンクール形式ですから，生徒たちには優勝を目指して取り組むように指導していきます。しかし，担任としてはそれ以上に大切なことがあることをしっかりと意識して指導していかなければなりません。

2）指導のポイント
①　初期の指導

　合唱コンクール指導の成否は学級開きから始まっているといっても過言ではありません。様々な行事に対して，学級が一つになって取り組むという姿勢を持てるかどうかは，生徒たちが「いろいろなことに学級全体で取り組みたい」と思えるような学級への帰属意識を抱いているかどうかに左右されます。特に，合唱コンクールは学級帰属意識の醸成なしではよいものにはならないでしょう。

　合唱コンクールの指導として，まずは役割決めがあります。役割は，指揮者・伴奏者・各パートのリーダー・実行委員などが一般的です。この役割を決める際には，いくつか配慮しなければならないことがあります。

・実行委員は中学校生活3年間を見通した学年学級の牽引役を選びます。

・伴奏者やパートリーダーは，音楽の専門性に秀でた者を選ぶようにします。
　（特に，伴奏者は生演奏を行うことができる者を選出します。）

・指揮者は楽譜通りにタクトを振る能力と，クラスのリーダーとして牽引する能力が求められます。

　各役割を決める一方で，選出されなかった生徒への配慮も忘れてはいけません。それらの生徒が活躍できる場面を，教師が演出することも時には必要になります。

　学級・学年経営の観点から，合唱コンクールでの経験が他の活動でも生かされていくような計画性が必要です。合唱コンクールの指導を通して，学級・学

年のリーダーを養成していくことも大切です。

② 　中期での指導

　合唱コンクールが近づいてくると，音楽の授業でも指導が多くなったり，帰りの学活を利用しての合唱の練習が始まったりします。生徒は自分の学級担任が本気で取り組んでいるかをよく見ています。できれば，学級担任もどこかのパートに入り，生徒と苦労をしながら一緒に合唱をつくっていくぐらいの意気込みが必要です。

　練習に熱が入ってくると，生徒間のトラブルも増えていくことがよく見られます。多くの場合，指揮者やパートリーダーなどのリーダーと合唱を不得意とする生徒の間で生じるものです。しかし，このトラブルはリーダーにとっても合唱に後ろ向きな生徒にとっても，成長の大きなチャンスです。リーダーたちにとって合唱の練習に熱心に取り組まない生徒は，「協力的でない」，「気持ちが入っていない」などと非難し，問題解決に至らないことが多いです。そんな時にはリーダーに合唱が苦手な生徒の立場になって考えさせ，合唱が楽しいと感じるような雰囲気づくりを提案させてみましょう。リーダーたちから合唱を不得意とする生徒たちをしっかりフォローし，元気づけるような言葉が自然に出てくるようになれば，学級の雰囲気も改善していきます。この経験はリーダーたちを大きく成長させることにもつながります。

③ 　終期の指導

　コンクール形式で実施するのですから，あくまで優勝を目指すという姿勢を貫き通すことは重要です。しかし，合唱コンクールを学級づくりの過程としてとらえた場合，その目的は「学級に一体感をつくる」ということになります。合唱に取り組んで楽しかったという雰囲気が醸成され，「一体感」を感じることができればよいという考え方も大切です。一体感を得るというこの目的をそれぞれの学級で達成でき，この雰囲気が1年次から3年次へ，さらに他の行事へとつながっていくことが最も重要なことです。「またみんなで合唱をしてみたいな」という合唱コンクールを楽しみにするような雰囲気が醸成できれば学校としてもよい集団に成長していくことができます。

3）実施要項について

　実際の合唱コンクールの例を実施要項で見てみましょう。この例は合唱コンクールを学年の行事として，実施しているものです。

```
　　　　　○○中学校　□学年合唱コンクール実施要項（例）
1　目的
　　・合唱の楽しさや喜び美しいハーモニーによる感動味わうことにより，
　　　心の豊かさを養う。
　　・気持ちを一つにして，合唱を創り上げていくことにより，学級・学年
　　　の連帯感を味わい，責任感と協力の態度を養う。
　　・自分が何をやりたいかよりも，自分はクラスのために何ができるかを
　　　考え，実践することを通し，互いに高め合う実践力を養う。
2　日時　　△△年　月　日（　）リハーサルは　　　月　日（　）
3　場所　　　体育館
4　生徒組織　1　審査員　各クラス2名
　　　　　　　2　合唱コンクール実行委員　　各クラス2〜4名
　　　　　　　3　指揮者，伴奏者（7月までに選出）
5　当日までの計画
　　　　　　　5月　合唱コンクール実行委員会組織編制
　　　　　　　6月　課題曲，自由曲の決定
　　　　　　　7月　指揮者，伴奏者の決定
　　　　　　　10月　放課後学級練習
6　当日のプログラム
　　　　　　　①　はじめの言葉　　　実行委員長
　　　　　　　②　学年全体合唱　　　課題曲
　　　　　　　③　諸注意　　　　　　実行委員代表
　　　　　　　④　各クラスの発表　　課題曲，自由曲
　　　　　　　⑤　指導・講評
　　　　　　　⑥　審査発表・表彰
　　　　　　　⑦　終わりの言葉　　　副実行委員長
　　　　　　　以下　審査方法，教員役割分担，注意事項，会場図等　省略
```

【実践例4　文化祭における学級展示発表】

　文化的行事の文化祭（学校祭，学習発表会等）での学級展示発表について考えてみましょう。

1）展示発表の目的

　そもそも，文化的行事の目標は望ましい人間関係を形成し，集団への帰属意

識や連帯感を深め，協力してより良い学校生活を築こうとする自主的，実践的態度を育てることです。文化的行事の中で展示発表は，様々な役割を与えながら，その活動を通して生徒に達成感や成就感を味わわせ，学級集団への帰属意識や連帯感を醸成し，協力してより良い学校生活を築こうとする態度を育てることができる活動といえます。

○展示発表は，次のようなよい点があります。

・小さなグループを作り，役割分担を適切にすることで，多くの生徒に活躍のチャンスを与えることができる。

・普段前に出て発表することが得意な生徒でなくてもできる。

・グループの活動をまとめる役割を作ることによって，リーダー養成につながる。

・展示場さえ確保できれば，役割がほぼクラス内で完結するので，他の団体との調整に気を使わなくてすむ。

●反面，次のようなことは注意しなければならない点です。

・地味なことや細かいことが多く，意義を感じない生徒も出てきてしまう恐れもある。

・中学校の段階では，経験や知識の不足で，行き詰ってしまうこともある。

・来客数が少ないと達成感や成就感につながりにくくなってしまう。

・派手なステージ発表などに目が行きがちで，目立ちにくい。

・当日だけの展示になることが多く，生徒の心にとどまりにくい。

　学級担任としては，クラスの実態が展示発表に向いているのかどうかを十分見極めながら進めていく必要があります。初めの段階での活動としては，生徒のアイデアを十分引き出し，どのような展示にするのかを生徒一人ひとりが納得して決めていくことになります。この活動が成功への引き金になるので，時間をかけてみんなで決めていくステップを大切にしてください。指導の中盤では，グループ間や個人間での意見の相違などでトラブルになることも多くあります。担任としては，全体を見渡しながら，適切なアドバイスをしていく必要があります。個別指導をしていかなければならない場面もありますが，最終的には，学級の問題として話し合い，合意形成をしていくことが重要になってきます。

　終盤（当日）の注意としては，終わったら終わりでなく，生徒の達成感や成就感につなげるためにも，次のような指導をしていくことが大切です。

・記録（写真や動画）を残す。

・来客者の記録（学年，保護者，教師などの種別など）を残す。

・来客者の感想や意見を残す。

・展示の一部や記録をしばらくの間，掲示する。など

2）展示発表の例

① 学習発表

　日頃の学習の成果を展示発表します。年度当初から計画的に作品を集めて，工夫して展示していく必要があります。学習発表は展示の仕方によって地味になりがちなので，モチベーション維持が課題となります。生徒の様子を見ながら，必要に応じて，クラス全員の目的意識の確認が必要です。また，展示の方法も教室内の配置順路を工夫したり，立体物を作ったりして，多くの来客者に興味をもってもらうようにしましょう。

　　例）詩や短歌の展示，地理や歴史で学習したことを模造紙や立体物にまとめて展示，理科の自由研究の展示，英語で書いた日記の展示，美術の作品の展示，技術の作品の展示，家庭科で作った絵本や幼児玩具の展示，創意工夫作品の展示など

② お祭り，縁日，人形劇

　地域で行われているお祭りなどの行事を調査・研究する。当日は各ブースで展示発表をし，来客者にも参加してもらう。小学生や幼稚園児などが多く参加する場合は，盛り上がり，充実する可能性がありますが，来客の実態に合わせて内容を考える必要があります。

③ 科学実験ショー，マジックショー

　理科室などが利用できる場合には，科学実験などをショーとして発表することができます。ただし，安全面に配慮することや費用面での工夫は必要で難しさもあります。しかし，「各班で１つ以上の実験を行うことで，一人一役を分担することができる」「色の変化や不思議な現象を体験してもらうことで，来客の感動につながり，生徒たちの充実感や達成感につながりやすい」など，工夫次第でよい発表になります。

　マジックショーは一人一役で行うことができますが，成功するには十分な練習や効果的な演出が必要です。子どもたちと十分に話し合い，進めていきましょう。

④　宇宙博物館

　地球，惑星，太陽系，恒星，銀河系とグループ分けをし，研究して，展示発表をします。来客者が，地球から出発して宇宙の果てまで旅行していくようなイメージで展示することもできます。また，ビックバンから始まった宇宙を時系列順に展示し，過去から未来へと展開することも考えられます。工夫次第で夢のある展示物になります。そのためにも生徒の興味関心と理解が重要になってきます。

⑤　環境問題研究発表

　環境問題については様々なところで，話題になったり，多くの博物館などで研究をしたりしています。それらを参考にしながら「総合的な学習（探究）の時間」で研究をした内容を発表することもできます。調査するだけでなく，実際に植物の栽培をしたり，実験をしたり，研究機関を訪れて調査・研究することによって，厚みを増す展示になります。

⑥　人体博物館

　2000年10月まで静岡県清水市（現静岡市清水区）美保にあった「東海大学人体科学博物館」を再現した展示をします。この博物館のコンセプトは「口から入ってミクロの世界　体内めぐり」でした。

　まず，クラスをグループに分け，各消化器官の研究と展示物の作成をさせます。そして，展示場を「食道」「胃」「十二指腸」「小腸（柔毛）」「大腸」「直腸」とつなげていきます。入り口を「口」にし，出口を「肛門」にします。また，余裕があれば「心臓」「肺」「腎臓」「肝臓」「膵臓」なども作ります。それぞれの臓器の場所で掲示物や模型，音，実験，ビデオなど見たり体験したりしながら，「人体」を学習してもらえるような展示を工夫します。来客者に食べ物になってもらい，歩きながら食べ物の行方を体験し，最後に「肛門」から出るようなイメージです。

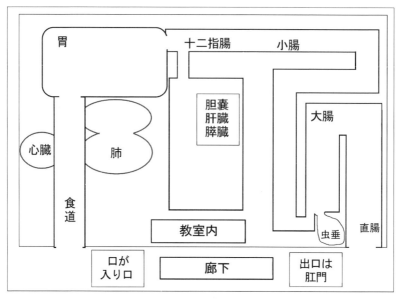

図4-3：展示例（教室配置図）

【参考文献】
文部科学省（2017）『中学校学習指導要領（平成29年告示）』東山書房
文部科学省（2017）『中学校学習指導要領（平成29年告示）解説　総則編』東山書房
文部科学省（2010）『生徒指導提要』教育図書
文部科学省国立教育政策研究所教育課程研究センター（2016）『学級・学校文化を創る特別
　　活動（中学校編）』東京書籍

第5章　進路指導とキャリア教育

第1節　今なぜ進路指導・キャリア教育なのか？

　キャリア教育という言葉を教育の場で耳にするようになってから，既に20年が経とうとしています。キャリア教育は学校教育全般で行われるものですが，特別活動には，学級活動やホームルーム活動（以下「学級（HR）活動」という）などでこれを統合し深化させる，重要な役割が期待されています。ここでは，その意義やねらいについて考え，進路指導との関係や実践事例について学んでいきましょう。

1．進路指導とは

　学校教育での進路指導の指針となっているのは，文部省が1961（昭和36）年に作成した「中学校・高等学校進路指導の手引 - 中学校学級担任編」です（藤田，2014）。これは，1958（昭和33）年の学習指導要領の改訂を受けたものですが，この改訂では，それまで職業・家庭科の一分野として扱われていた職業指導が，進路指導という呼称に改められ，教科から独立した特別教育活動に位置付けられました（吉田，2006）。その「手引」（1974）には，進路指導の定義は1961年から変わらず，次のようであるとされています。

　　進路指導とは，「生徒の個人資料，進路情報，啓発的経験および相談を通じて，生徒がみずから，将来の進路の選択，計画をし，就職または進学して，さらにその後の生活によりよく適応し，進歩する能力を伸長するように，教師が組織的，継続的に援助する過程」を言うものである。（文部省，1974）

　これにより中学校や高等学校では，学級（HR）活動は，学校のすべての教育活動・教育課程で行われる生徒指導と進路指導を，「補充し，深化し，統合する指導の場」であるとされましたので（吉田，2006），全国いずれの学校でも教員はこれにもとづき，生徒や保護者に面談その他の指導により，就職や進

78

学及びその後の職業や生活への円滑な移行に心を砕いてきたのです。

　その後，計画的・組織的に進路指導を進めること，生徒理解や進路に関する知識の整理・統合・深化に努めること，時代が平成になると，業者テスト禁止を受けた「生き方」指導，中央教育審議会（以下「中教審」という）答申（1996）を受けた「生きる力」を育む進路指導など，その都度修正を求められながらも，基本的な考え方は引き継がれてきました。

　こうして，進路指導は今日に至るまで，中学・高校生にとって「進学・就職をした後の生活（とりわけ職業的な側面の生活）での適応・成長に必要な能力や態度の育成をするための教育活動」であり続けてきたのです（藤田，2014）。

２．キャリア教育とは

　一方，わが国でキャリア教育という言葉が広く使われるようになったのは，1999（平成11）年の中教審答申「初等中等教育と高等教育との接続の改善について」以降のことになります。この答申には次のように述べられています。

　　学校と社会および学校間の円滑な接続を図るためのキャリア教育（望ましい職業観・勤労観および職業に関する知識や技能を身に付けさせるとともに，自己の個性を理解し，主体的に進路を選択する能力・態度を育てる教育）を小学校段階から発達段階に応じて実施する必要がある。（文部省，1999）

　当時は，学業から就労・雇用への移行という課題が前面に出されていましたので，文部省や厚生労働省は，この答申を受けて「キャリア体験等進路指導改善事業」等をスタートさせ，インターンシップ制度の導入など対策を進めていきました。

　しかしながら，キャリア教育に関する研究の進展に伴い，徐々にキャリアの形成や発達という概念に軸足が移り，その結果，キャリア教育の捉えかたにも変化が見られるようになります。こうして，2011（平成23）年の中教審答申「今後の学校におけるキャリア教育・職業教育の在り方について」では，次のような問題意識が述べられるようになりました。

　　コミュニケーション能力など職業人としての基本的な能力の低下や，職業意識・職業観の未熟さ，身体的な成熟傾向にもかかわらず精神的・社会的自立が遅れる傾向，進路意識や目的意識が希薄なまま進学する者の増加など，「社会的・職業的自立」

に向けて，様々な課題が見受けられる。(文部科学省（以下「文科省」という），2011)

そして，社会的・職業的自立に向けて，生涯にわたってキャリア形成を支援していく重要性について言及されています。

　人が，生涯の中で様々な役割を果たす過程で，自らの役割の価値や自分と役割との関係を見いだしていく連なりや積み重ねが，「キャリア」の意味するところである。このキャリアは，ある年齢に達すると自然に獲得されるものではなく，子ども・若者の発達の段階や発達課題の達成と深くかかわりながら段階を追って発達していくものである。また，その発達を促すには，外部からの組織的・体系的な働きかけが不可欠であり，学校教育では，社会人・職業人として自立していくために必要な基盤となる能力や態度を育成することを通じて，一人一人の発達を促していくことが必要である。
　このような，一人一人の社会的・職業的自立に向け，必要な基盤となる能力や態度を育てることを通して，キャリア発達を促す教育が「キャリア教育」である。(文科省，2011)

その上で，この自立に必要な「基盤となる能力や態度」が「基礎的・汎用的能力」と名付けられ，それを構成するものとして，「人間関係形成・社会形成能力」「自己理解・自己管理能力」「課題対応能力」「キャリアプランニング能力」という四つの能力が示されました。

こうして現在では，キャリアあるいはキャリア形成という言葉は，一人の人間が人生において，社会の中で自分の役割を果たしながら，自分らしい生き方を実現するために働きかけを積み重ねていくこととされ，働くことは，職業選択に止まらず，家事や学校での係活動やボランティア活動など，社会の中で果たす様々な役割も含めて幅広く捉えるべきであるとされているのです（藤田，2014）。

3．キャリア教育が求められる背景
　それでは，今日こうしたキャリア教育がなぜ必要とされるのでしょうか。2003（平成15）年に内閣府の『国民生活白書』が，わが国のフリーターが417万人に達したという数字を公表すると，社会全体に大きな衝撃が走りました。

そして，このことが経済成長の阻害や社会不安の議論と結びつき，その改善策の一つとしてキャリア教育に注目が集まるようになりました（三村，2004）。

『白書』と同年に政府の打ち出した「若者自立・挑戦プラン」（文科省等，2003）では，当時の日本の「深刻な現状」と題して，若者たちの失業率・離職率の高さや，無業者やフリーターの増加が危機感をもって語られ，若者の職業能力が蓄積されなければ不安定就労が増大し，社会保障システムの脆弱化といった社会問題を惹起しかねないとしています。

その上で，若年者問題の主な原因は，需給のミスマッチという問題以外に，将来の目標が立てられない，目標実現のための実行力が不足する若年者の増加や，社会や労働市場の複雑化に伴う職業能力の質的変化といった構造的変化に，従来の教育・人材育成・雇用のシステムが十分対応できていないことにあるとしています（三村，2004）。

このように，キャリア教育登場の背景には，①フリーター志向，ニートの増加，就職難，新規学卒者の早期離転職，②学校教育と職業生活の接続の課題，③不登校，高校中途退学など学校不適応の問題，④未成熟な職業観，勤労観，職業意識の揺らぎ，といった認識があったのです（吉田，2006）。

4．進路指導とキャリア教育

次に，キャリア教育と進路指導との関係について考えてみましょう。教員の中には，この二つの言葉の併用への戸惑いもあるようです。

このことについて，中教審答申（2011）は，「進路指導のねらいは，キャリア教育の目指すところとほぼ同じである」と述べています。これをどう考えるべきでしょう。

藤田（2014）によれば，進路指導は中学校・高等学校の教育活動として位置付けられてきましたが，キャリア教育というのは，当初から，幼児教育から初等教育・中等教育・高等教育を貫いて，生涯を通して学び成長し続ける活動として構想されています。したがって，キャリア教育という系統的な流れの中の，中等教育（中学校・高等学校）段階を進路指導と呼んでいるというのです（藤田，2014）。これは，初等教育や高等教育で，進路指導というものが不要であるか当事者に委ねておけばよいものとして，その必要性に目を向けてこなかったことの証左でもあります。

1970年代までのわが国は，どう生きていくのかを一人ひとりが考える必要は

ありませんでした。皆が同じ目標をもち同じ方向に進んでいけばよいとされ，良い学校から良い会社に入れば安泰といった神話が通用していた時代です。そこにキャリア教育の発想が入り込む余地はなかったのです（諸富，2007）。

　こうしたことが，進路指導が「少しでも社会評価の高い企業の就職試験や上級学校の入試を突破させるための指導」であることを求められ，いわゆる出口指導で十分だという意識を生み，それが今なお根強く残る理由なのでしょう（藤田，2014）。このため，実際に学校で行われてきた指導は，学業成績やランキングといったデータにより生徒をどこかに当て嵌める，という形が中心となり，計画性や教員間の連携にも不十分な面がありました。

　それならば，いっそのこと進路指導という呼称を止めてしまうという意見もあるでしょうが，長年に亘って中学校・高等学校教育に定着し，一定の社会的役割を果たしてきたことも考えると，むしろ名称を残しつつ，実践の中身をキャリア教育の視点から見直し改善していこうというのが，両者を併用する意味であろうと思います。

　今回の学習指導要領改訂では，キャリア教育の視点からの小・中・高のつながりが強調されていますので，中等教育段階でも，系統性を十分押さえながら，いわゆる生徒を育てる進路指導を行っていくことが必要でしょう。

第2節　学習指導要領における進路指導・キャリア教育

1．学級活動におけるキャリア形成の内容

　それでは，実際に学校教育の中で，進路指導・キャリア教育をどのように行っていけばよいのでしょうか。順を追って具体的に見ていきましょう。

　これについては，2017（平成29）年3月に改訂された中学校学習指導要領の，第5章「特別活動」の学級活動で扱う「内容」の項目に，次のように記されていますので，まず，これを実施の指針とすることが必要です。

（3）一人一人のキャリア形成と自己実現
　ア　社会生活，職業生活との接続を踏まえた主体的な学習態度の形成と学校図書館等の活用
　　　　現在および将来の学習と自己実現とのつながりを考えたり，自主的に学習する場としての学校図書館等を活用したりしながら，学ぶことと働くこ

との意義を意識して学習の見通しを立て，振り返ること。
　イ　社会参画意識の醸成や勤労観・職業観の形成
　　　社会の一員としての自覚や責任をもち，社会生活を営む上で必要なマナーやルール，働くことや社会に貢献することについて考えて行動すること。
　ウ　主体的な進路の選択と将来設計
　　　目標をもって，生き方や進路に関する適切な情報を収集・整理し，自己の個性や興味・関心と照らして考えること。（文科省，2017）

　そして，2018（平成30）年の中学校学習指導要領解説（以下『解説』と呼ぶ）では，この「内容」を実施することで育成すべき資質・能力には，次のようなものが考えられるとしています。

　　○　社会の中で自分の役割を果たしながら，自分らしい生き方を実現していくことの意義や，現在の学習と将来の社会・職業生活とのつながりを考えるために，必要な知識及び技能を身に付けるようにする。
　　○　現在の自己の学習と将来の生き方や進路についての課題を見いだし，主体的に学習に取り組み，働くことや社会に貢献することについて，適切な情報を得ながら考え，自己の将来像を描くことができるようにする。
　　○　将来の生き方を描き，現在の生活や学習の在り方を振り返るとともに，働くことと学ぶことの意義を意識し，社会的・職業的自立に向けて自己実現を図ろうとする態度を養う。（文科省，2018）

2．活動工夫の具体例

　その上で，『解説』のこれに続く説明には，こうしたことのために学級（HR）活動の中で，各学校で工夫して取り組むことが考えられる具体的活動例が示されています。次の表5-1は，その例示の部分を，中学校に関するものを中心に，高等学校に関する内容も加味して，筆者がまとめたものです。

表5-1：『解説』に示された具体的活動事例

囲 ア　社会生活，職業生活との接続を踏まえた主体的な学習態度の形成と学校図書館等の活用
・充実した人生と学習，学ぶことや働くことの楽しさと価値，学ぶことと職業などについての題材を設定し，保護者や卒業生など自分の身の回りの人，地域の職業人などの体験談などを取り入れながら，自分なりの考えをまとめ，発表したり，互いに話し合ったりする活動。
・学習意欲と学習習慣，自ら学ぶ意義や方法などについて題材を設定するとともに，小学校から現在までのキャリア教育に関わる諸活動について，学びの過程を記述し振り返ることができるポートフォリオの作成と活用を通して，自身の成長や変容を自己評価したり，将来の社会生活や職業生活を展望したりする活動。
囲 イ　社会参画意識の醸成や勤労観・職業観の形成
・自分の役割と生きがい，働く目的と意義，身近な職業と職業選択などの題材を設定し，調査やインタビューを基に話し合ったり，発表や討論・ディベートを行ったりする活動。
・学校行事として実施する職場体験活動，介護体験，あるいは職業人や福祉団体関係者を招いての講話等の事前，事後の指導として，調査や体験の振り返りをもとに話し合い，感想文の作成，発表などの活動。
高 エ　主体的な進路の選択決定と将来設計（囲　ウ　主体的な進路の選択と将来設計）
・就職や進学などに関する情報だけでなく，人生と生きがい，30年後の私など，人生100年時代における学び直しを含めた自己の将来について題材を設定し，地域の職業人や福祉団体関係者等の講話とその感想文の作成，発表，話合いといった活動の展開，ライフプランの作成や進路計画の立案を行い，発表する活動。
・志望校や希望職業の選択について，進路目的の明確化，目的実現のための選択肢（各学部・学科や各企業の特質など）の理解，各選択肢で求められる選択の条件や必要な努力についての理解，選択理由の明確化，選択の結果とその受け止め方など，選択のためのスキルを学ぶ学習。
・選択教科・科目の理解と私の選択，先輩に学ぶ類型やコースの選択などについて題材を設定し，選択教科・科目をどのような視点で選択したらよいかを話し合ったり，どの様な理由で，どの様な類型，コースを選択しようとしているかを互いに発表し合ったりする活動。

（筆者が下線を加筆し，編集して作成。囲：中学校，高：高等学校，____：主題（題材），====：活動1（中心的な活動），____：活動2（生徒の活動）を示す。）

第3節　進路指導・キャリア教育実施の留意点

　続いて本節では，前節の『解説』で示された具体的活動事例を整理しながら，進路指導・キャリア教育をどのように学級（HR）活動で行えば，これを有意義かつ円滑に進めることができるのか，そのポイントと留意点について考えてみたいと思います。

表5-2：『解説』における内容と主題，活動事例の関連（筆者が作成。）

学級活動での進路指導・キャリア教育に関する「内容」	「主題（題材）」設定例	「中心的な活動（活動１）」例	（活動２）例
社会生活・職業生活と主体的学習態度	充実した人生と学習 学ぶことと職業	<u>ポートフォリオ</u>	話し合い・感想文・立案・ディベート・発表・自己評価・まとめ 等
社会参画意識の醸成や勤労観・職業観の形成	働く目的と意義 働くことと生きがい 身近な職業と職業選択	**職業人の体験談** **職業人・福祉関係団体関係者の講話**	
		職場・就業体験活動 介護・ボランティア体験	
主体的な進路選択と将来設計	人生と生きがい 30年後の私	調査・インタビュー	
	選択教科・科目の理解 先輩に学ぶコース選択	進路選択スキル学習	

１．題材と活動のつながり

　『解説』に示された，内容・題材・活動の工夫事例の関連についてまとめてみると，上の表5-2のようになります。

　活動は，表の左から右に向かって順次進められていきます。最初に「内容」の各項目に対応した活動の「主題（題材）」が設定され，次に，その中心（柱）となる活動「（活動１）」が実施され，これを受けて生徒は，感想文の作成や話し合い，発表といった「（活動２）」を行います。

　表5-2からも明らかなように，学級（HR）活動を中心とした進路指導・キャリア教育では，各「内容」と幅広く関係する主要な活動として，「ポートフォリオ」「職業人等の体験談・講話」「職場・就業体験活動」の三つを挙げることができます。そこで次に，この三つを実施する際のポイントを確認し，次節では，これに関連する実践例を具体的に見ていきましょう。

２．実施上の留意点

　まず，活動全般の指導について，『解説』が特に求めているのは次の３点です。即ち，①特別活動を要としながらも学校の教育活動全体で行う，②小・中・高のつながりが明確になるようにする，③職場・就業体験活動や進学・就

職に向けた指導などの固定的な活動だけにならないようにする，ということです。これを頭に留めた上で，柱となる活動の実施の際の留意点は，次のように考えられます。

1) ポートフォリオ

　学習指導要領でも『解説』においても，生徒のキャリア形成のために学びや活動の過程を記述し振り返る教材が欠かせないと，繰り返し語られています。これを具現化するツールがポートフォリオです。今回の改訂の眼目が小・中・高のつながりであることを考えると，記録を作成し保管するだけでなく，それが学年や校種を超えて活用されることを目指すべきでしょう。

2) 職業人等の体験談・講話

　職業人の体験談や講話は，幅広く行われている取り組みですが，円滑な実施に欠かせないのが，活動趣旨に沿った人選と，講話内容等の丁寧な打ち合わせです。漫然と実施するのではなく，主催者としての要望は講話者等にきちんと伝え意見交換をしておくことが大切です。

　また，実務家を招いて学校の学習内容と実務との関係について語ってもらうような場合に，ある職業に就くために特定の知識やスキルが必要で，それが仕事上役立つといった話は，時として，その職に就かないのならそれらは必要ないという「負のメッセージ」も同時に発してしまうことがあります。学びと職業との対応関係には過度に固執しないことが必要でしょう（藤田，2014）。

3) 職場・就業体験活動

　職場における体験活動は，キャリア教育では，草創期から最も重視されてきましたし，現在でもその重要性は変わっていません。

　実施の成否は，何といっても生徒への事前・事後の指導に掛かっています。教員の心構えとして注意したいのは，活動に慣れ過ぎてしまって，大過なく終わらせることばかり考えてしまう「恒例行事（ノルマ）化」や，事後の成果公表の巧拙にばかり目が行ってしまう「目的のすり替わり」に陥らないということです（藤田，2014）。

　ルーティン化して深く考えずに行うのなら，実施する意味はありません。あくまでも体験の「内容」を中心に据えて，生徒に何のために，何を学ぼうとして（学ばせようとして）行く（行かせる）のかという，活動の意図や動機付けを明確化して行うことが大切でしょう。

第4節　進路指導・キャリア教育の実践事例

1．実践事例1：ポートフォリオの作成と活用

1）ポートフォリオとは

　キャリア・ポートフォリオと呼ばれる取り組みは，既に多くの学校で実践されています。ポートフォリオとは一般的には「紙ばさみ式のファイリングケース」のことですが，キャリア教育では，様々な学習経験や活動の記録，特技や資格，免許などをファイリングしたものを指しています。

　具体的にファイルされるのは，「各学年でのキャリア教育の概要の記録と本人の感想」「将来に関する作文やライフプラン」「体験的活動やボランティア活動の記録」「職業適性検査等の結果」「各種免許状や合格証の写し」などです。

　これらは，生徒が自らの学習活動の過程や成果を振り返るという意味でも，教職員が，その生徒のキャリア発達について把握・評価して，指導・支援に役立てるためにも大切な資料です。そして，このポートフォリオが，クラス，学年，学校内に止まらず学校や校種を超えて引き継がれることで，キャリア教育の体系的な実施と深まりが可能となります（文科省，2011）。

2）活用の取り組み

　全国に先駆けてこの取り組みで成果を挙げているのが，広島県教育委員会です。同県では，ポートフォリオを「キャリアノート」と呼び，小・中・高の様式を統一し，各学年1シートで生徒の記録を作成し保管して，上の学年・上の学校へともち上がるシステムにしています。次の図5-1のように，生徒が自らの力や考えを振り返って行動を記録し，教員が助言する形となっており，HPに公開されている「教員用」シートには，指導のポイントも示されています。

2．実践事例2：映像（映画）の活用

1）映画の概要

　次に，筆者が大学の授業のために開発した教材を紹介します。映像を通して「働くことの目的と意義」「学ぶことと職業」「人生と生きがい」といった題材を扱っており，職業人を招いて行う体験談や講話といった取り組みと，併用したり代替したりすることで，生徒の思考や気付きを深めることができると思います。

　ここで活用するのは，矢口史靖監督の「WOOD JOB（神去なあなあ日常）」

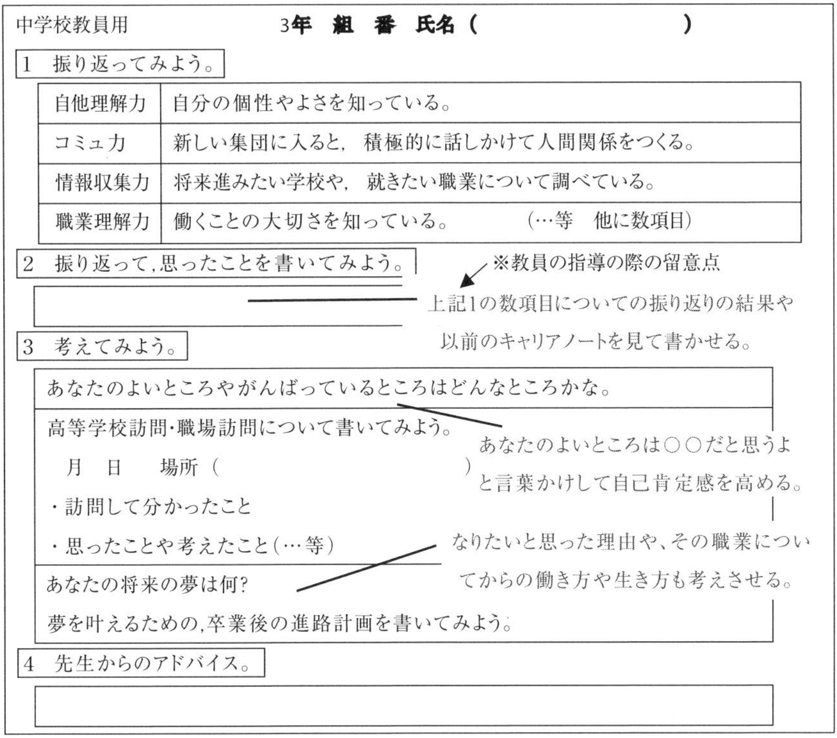

中学校教員用　　　　　**3年　組　番　氏名（　　　　　　　　）**

1	振り返ってみよう。	
	自他理解力	自分の個性やよさを知っている。
	コミュ力	新しい集団に入ると，積極的に話しかけて人間関係をつくる。
	情報収集力	将来進みたい学校や，就きたい職業について調べている。
	職業理解力	働くことの大切さを知っている。　　　（…等　他に数項目）

2　振り返って，思ったことを書いてみよう。　　※教員の指導の際の留意点

上記1の数項目についての振り返りの結果や
以前のキャリアノートを見て書かせる。

3　考えてみよう。

あなたのよいところやがんばっているところはどんなところかな。

高等学校訪問・職場訪問について書いてみよう。

あなたのよいところは○○だと思うよ
と言葉かけして自己肯定感を高める。

　月　日　　場所（　　　　　　　　　）

・訪問して分かったこと

・思ったことや考えたこと（…等）

なりたいと思った理由や，その職業につい
てからの働き方や生き方も考えさせる。

あなたの将来の夢は何?

夢を叶えるための,卒業後の進路計画を書いてみよう。

4　先生からのアドバイス。

図5-1：広島県教育委員会のキャリアノート（中学3年生・教員用）のイメージ

（https://www.pref.hiroshima.lg.jp/site/kyouiku/06senior-2nd-career-sketchbook-sketch20top.html
を参照し，筆者が編集して作成。）

（2014）です。高校を卒業したばかりの都会育ちの若者が主人公で，若い世代のキャリア形成・発達について考えさせるのに適した作品です。

　あらすじは次の通りです。大学受験に失敗し目標を失っていた主人公が，林業研修生に応募し，山深い神去（かむさり）村の林業会社で1年間の訓練を受けます。最初は働くことにも林業にも及び腰だったのですが，同僚や村人の温かさや厳しさ，誇りをもって働く職人たちの姿に触発され，次第にその生活に喜びを感じるようになっていく……というものです。

2）ワークシート

　併せて，授業用に筆者が作成したワークシートの一部も示します。視聴後に利用することで，主人公の心情や言動を跡付けて考えさせ，生徒が自らの職業観・勤労観を深めていく手助けになるのではないでしょうか。

Q1　映画とは設定が異なる部分がありますが，原作には，研修応募前の
　　主人公の気持ちが次のように書かれています。これを読んでどう思い
　　ますか？

　　「高校を出たら，まあ適当にフリーターで食っていこうと思っていた。
　……（中略）……ちゃんと会社に就職するのも気が進まない。この若さで人
　生決まっちゃうのかと思うと，なんつうか暗い気持ちになる。それで俺は，
　高校の卒業式当日まで，コンビニでバイトしながらだらだら過ごしていたん
　だ。このままじゃまずいよなあとか，ちゃんと働かないで将来どうすんだと
　か，自分でも思ったしまわりにも言われた。でもさ，何十年もさきの「将
　来」なんて，全然ピンとこないじゃん。だから，なるべく考えないようにし
　てた。そのときの俺には，やりたいことなんかなかったし，やりたいことが
　見つかるとも思えなかった。」（三浦，2009）

Q2　この映画では，仕事をもって働くうえで大切なことは何だと言って
　　いるのでしょう？　原作の次の記述も参考にしながら考えてみてくだ
　　さい。

　　「俺はたぶん，このまま神去村にいると思う。林業が向いているかどうか，
　まだわからない。若いひとがほとんどいない村にいて，このさきの展望が開
　けるかどうかも，はっきりしない。……（中略）……それでも，まだまだ神
　去村のこと，ここに住む人たちのこと，山のことを，知りたいって思うん
　だ。」（同前）

3．実践事例3：職場・就業体験活動の実施

1）キャリア・スタート・ウィーク

　職場における就業体験活動は，キャリア教育の中でも最も効果が大きいとし
て，これまで取り組みの中核を担ってきました。文科省がこれを全国的に展開
したのは，2006（平成18）年に始まった「キャリア・スタート・ウィーク」で
すが，これはそもそも，兵庫県や富山県の中学2年生への体験活動の成功を受
けたものでした（渡辺，2008）。

　キャリア・スタート・ウィークとは，「子どもたちの勤労観・職業観を育て
るために，中学校において5日間以上の職場体験を行う学習活動」のことで，
「大人へ一歩，社会に挑む」をスローガンとしています。体験の場は企業や商

店に止まらず，農林漁業，文化・芸術・郷土芸能活動，教育・福祉体験活動など様々です（文科省，2005）。

2）トライやる・ウィーク（兵庫県）の始まり

　兵庫県教育委員会が「社会に学ぶトライやる・ウィーク」を始めたのは，1997（平成9）年の神戸市連続児童殺傷事件の翌年のことです。この事件は，大震災の記憶も生々しい県民に大きな危機感を抱かせました。大人たちが，家族や学校を批判するだけでなく自分たちに何ができるかを真剣に考えた，一つの答えがこの取り組みでした。

　「トライやる」の「トライ」には，14歳（中学2年生）が地域の活動に積極的に挑戦していくという try の意味に加えて，生徒たちの興味や関心を大切にした体験活動を，学校，家庭，地域社会の三者が連携して支援していく「トライアングル」という意味が込められています。

　同教委は，受け入れ先や指導協力者の確保に大きな不安を抱えていましたが，蓋を開けてみると予想以上の協力が得られ，「それぞれの地域の中で大人たち一人ひとりが真剣に，自分の子どもでも，弟，妹でもない他人の14歳を，叱り，励まして」くれていました（玄田・曲沼，2004）。

　文科省は，体験学習について5日間以上の実施を推奨しています。それは，こうした先行事例から，「緊張の1日目，仕事を覚える2日目，仕事に慣れる3日目，仕事を創意工夫する4日目，感動の5日目」といわれるように，5日間という時間の中で生徒の心に変化が生まれ，人と触れ合う時間の長さが生徒一人ひとりの様々な気付きや成長を促す，と考えているからです（文科省，2010）。

3）トライやる・ウィークの現在

　「トライやる・ウィーク」は，開始から20年を経た現在も続いています。同教委によれば，2016（平成28）年度には，359校の4万6000人余りの中学生が，約1万7000ヶ所で体験活動を行いました。実施後のアンケートの回答は，「（生徒）働くことの大切さ，厳しさ，楽しさを感じた91％，（保護者）機会があればまた参加させたい91％，（受け入れ先等）中学生の取組みは意欲的だった82％，（教職員）生徒の新たな側面の発見があった79％」などとなっており，この活動が強い支持を受けていることが分かります（兵庫県教委，2017）。

4）事前指導・事後指導

　こうした体験活動を意味あるものとする鍵は，何といっても事前・事後の指

90

導です。これをどう行うべきでしょうか。

　事前指導のポイントは、「何のために、何を学びに行くのか」を明確にし、そのうえで、その目標を果たすために必要な事前の学習をすることです。教員はこのために、「何を見て何を聞くべきか」ということに、生徒の関心・意欲を集中させておかねばなりません。

　これが適切に行われれば、事後指導の効果も連動して高まりますので、事後には、事前のねらいを振り返り、自分が見聞きしてきたことが何で、何に気付きそれをどう考えるのかを共有し深めることができます。さらに、これをベースに追加的な学習の機会を設けることも可能です。

　また、体験活動の訪問先について、生徒の希望を必ずしも聴取する必要はないという意見もあります。中学生は狭い視野から体験先を選ぶこともあり、それに沿おうとすることで、却って体験の意味が損なわれる場合もあるというのです。一考に値するのではないでしょうか（藤田、2014）。

第5節　おわりに

　最後に、一冊の本を紹介して本章のまとめとしたいと思います。先頃、『高校生の経営学』（洞口・小池他、2018）という本が出されました。これは、これまで述べてきた進路指導・キャリア教育の趣旨を具現化した一つの成果だと思います。同書は、中学・高校・大学の教員が協力して、生徒の進路選択に役立てようと作り上げたもので、大学で何を学ぶべきか迷っている高校生たちに、経営学を例に、大学の講義内容の基礎部分を高校の授業内容と関連させて学ばせようと試みています。具体的には歴史や英語、数学等の科目の5日間集中講義という形をとりながら、ホームルームにも全体の要として重要な役割が与えられています。その「はしがき」には次のような一節があります。

　　高校生の進路相談を受ける高校教員や大学教授に対しては、「経営学部と経済学部のどちらを志望したら良いでしょうか」という質問を投げかけられることがあります。そのような時に、その質問に丁寧に答えている書籍を探してみると、極めて少ないのが現状です。「経営学部と経済学部のどちらを志望したら良いか」という質問に丁寧に答えようとすれば、一冊の本が必要となります。つまり、大学進学を希望する高校生から「経営学とは何ですか」と尋ねられたときに、その答えを提示した書籍が本書なのです。（洞口・小池他、2018）

　中学生や高校生の求めに誠実に応え，日頃の学習を上級学校やその先の学問や仕事・職業へと橋渡しする，このような丁寧で整理された情報を，私たちはこれまでどれ程提供できてきたでしょうか。

　キャリア教育に対しては，「夢や自己実現」ばかり強調している，といった批判の声もあります。子どもたちに，自分らしさの追求や自己実現を強く求めても，それを実現する手段を具体的に提供しないならば，進路選択の責任を彼らに押し付け，不安に陥れているだけになってしまいます（本田，2009）。

　こうした声にしっかりと応えていくためにも，教員はその職務において，安易な物差しやデータに頼ることなく，生徒個々に必要な知識や情報を適切に与え，事実や現実の厳しさに向き合わせながら，そのキャリア意識を育てていかなければなりません。私たちには，社会全体を構成する様々な仕事や役割について，次代を担う子どもたちに，丁寧に根気強く伝えていく責務があると思うのです。

【引用・参考文献】

玄田有史・曲沼美恵（2004）『ニート』幻冬舎

兵庫県教育委員会「平成28年度　地域に学ぶ「トライやる・ウィーク」のまとめ」http://www.hyogo-c.ed.jp/~gimu-bo/tryyaru/29/H28matome. pdf（2019.11.24取得）

広島県教育委員会「私のキャリアノート～夢のスケッチブック～」https://www.pref.hiroshima.lg.jp/site/kyouiku/06senior-2nd-career-sketchbook-sketch20top.html（2019.11.24取得）

藤田晃之（2014）『キャリア教育基礎論』実業之日本社

洞口治夫・小池祐二他（2018）『高校生の経営学』文眞堂

本田由紀（2009）『教育の職業的意義』筑摩書房

三浦しおん（2009）『神去なあなあ日常』』徳間書店

三上隆男（2004）『キャリア教育入門』実業之日本社

諸富祥彦（2007）『7つの力を育てるキャリア教育』図書文化

文部省（1974）「中学校・高等学校進路指導の手引－中学校学級担任編」

文部省（1999）中央教育審議会答申「初等中等教育と高等教育との接続の改善について」

文部科学省（2005）『キャリア・スタート・ウィークの更なる推進に向けて』

文部科学省　国立教育政策研究所生徒指導・進路指導研究センター（2010）『キャリア教育のススメ』東京書籍

文部科学省（2011）中央教育審議会答申「今後の学校におけるキャリア教育・職業教育の在り方について」

文部科学省，国立教育政策研究所生徒指導研究センター（2011）「キャリア発達にかかわる諸能力の育成に関する調査研究報告書」http://www.nier.go.jp/shido/centerhp/22career_shiryou/pdf/career hattatsu_all.pdf（2019.11.24取得）

文部科学省，国立教育政策研究所教育課程研究センター（2016）『学級・学校文化を創る特

　　別活動（中学校編）』（東京書籍）

文部科学省 (2018)「中学校学習指導要領（平成29年度告示）解説特別活動編」東山書房

文部科学省（2019）「高等学校学習指導要領（平成30年度告示）解説特別活動編」東京書籍

矢口史靖（2014）『WOOD　JOB（神去なあなあ日常）』」TBS

吉田辰雄（2006）『最新　生徒指導・進路指導論』図書文化

渡辺三枝子（2008）『キャリア教育』東京図書

第6章　生徒会活動

　本章の第1節では，生徒会活動の全体像と指導上の配慮事項を確認します。次に第2節では，中学校及び生徒会本部役員を対象にした質問紙調査（2018年12月実施）から生徒会活動の現状と課題を探ります。そして第3節では，生徒会活動の実践事例から生徒会活動の在り方について考えを深めましょう。

第1節　生徒会活動の全体像と指導上の配慮事項

1．生徒会活動の目標

　生徒会活動は，全校の生徒をもって組織する生徒会において，学校における自分たちの生活の充実・発展や学校生活の改善・向上を目指すために，生徒の立場から自発的，自治的に行われる活動です。また，生徒会活動は学級や学年を越えて全ての生徒による集団活動であり，異年齢の生徒同士で協力したり，交流したりして目標の実現を図る活動でもあります。

　2017（平成29）年3月に告示された中学校学習指導要領（以下「中学校学習指導要領」とします）では，生徒会活動の目標を次のように示しています。

【中学校学習指導要領　第5章の第2　生徒会活動の目標】
　異年齢の生徒同士で協力し，学校生活の充実と向上を図るための諸問題の解決に向けて，計画を立て役割を分担し，協力して運営することに自主的，実践的に取り組むことを通して，第1の目標に掲げる資質・能力を育成することを目指す。
【参考　特別活動　第1の目標に掲げられた資質・能力】
（1）　多様な他者と協働する様々な集団活動の意義や活動を行う上で必要となることについて理解し，行動の仕方を身に付けるようにする。
（2）　集団や自己の生活，人間関係の課題を見いだし，解決するために話し合い，合意形成を図ったり，意思決定したりすることができるようにする。
（3）　自主的，実践的な集団活動を通して身に付けたことを生かして，集団や社会における生活及び人間関係をよりよく形成するとともに，人間としての生き方についての考えを深め，自己実現を図ろうとする態度を養う。

94

２．生徒会活動の内容と組織

中学校学習指導要領は，生徒会活動の内容として３つのことがらを次のように示しています。

内容（１）　生徒会の組織づくりと生徒会活動の計画や運営
　生徒が主体的に組織をつくり，役割を分担し，計画を立て，学校生活の課題を見いだし解決するために話し合い，合意形成を図り実践すること。
内容（２）　学校行事への協力
　学校行事の特質に応じて，生徒会の組織を活用して，計画の一部を担当したり，運営に主体的に協力したりすること。
内容（３）　ボランティア活動などの社会参画
　地域や社会の課題を見いだし，具体的な方策を考え，実践し，地域や社会に参画できるようにすること。

一般的な生徒会組織は，次のとおりです。
生徒総会 ‥‥‥‥‥ 年１〜２回程度開催される全校生徒による生徒会の最高
　　　　　　　　　　審議機関
評議会 ‥‥‥‥‥‥ 生徒総会に次ぐ審議機関
生徒会役員会 ‥‥‥ 生徒会全体の運営や執行に当たる機関
各種専門委員会 ‥‥ 生徒会活動を推進する運営機関
各種実行委員会 ‥‥ 生徒会主催行事の企画・運営や学校行事に協力する機関

３．指導計画の作成と活動時間の設定
１）生徒意見を組み込むことができる柔軟な指導計画づくり

　年間指導計画の作成に当たっては，学校としての生徒会活動にかかわる指導方針を明確にし，全教職員の共通理解と協力を基盤とした各種の指導計画をつくることが求められます。
　また，生徒の希望や関心を知り，彼らの自主的・実践的な活動を盛り込むことができる柔軟な指導計画とすることが大切です。
２）特色ある生徒会活動とその活動時間の設定

　中学校における特別活動のうちの学級活動には，年間35時間を当てることが定められていますが，生徒会活動及び学校行事については，学校ごとの特色に応じて年間，学期ごと，月ごと等に適切な授業時数を充てるとされています。
　実際の各中学校における教育課程編成作業では，標準授業時数が決まっている教科等を週時間割に優先的に組み込み，学校の裁量とされる生徒会活動は放

課後に設定されることが多いです。このことから指導時間や活動時間の確保が，生徒会活動の大きな課題となってきています。☞**参照 P.217質問紙調査**

4．指導上の配慮事項

中学校学習指導要領では，生徒会活動の各内容を教育活動として取り扱う際の配慮事項を次のように示しています。

> 【中学校学習指導要領　第5章の第3の2の（1）】
> 　学級活動及び生徒会活動の指導については，指導内容の特質に応じて，1）教師の適切な指導の下に，2）生徒の自発的，自治的な活動が効果的に展開されるようにすること。
> 　その際，よりよい生活を築くために3）自分たちできまりをつくって守る活動などを充実するよう工夫すること。
> 【中学校学習指導要領　第5章の第3の2の（4）】
> 　4）異年齢集団による交流を重視するとともに，幼児，高齢者，障害のある人々などとの交流や対話，障害のある幼児児童生徒との交流及び共同学習の機会を通して，協働することや，他者の役に立ったり社会に貢献したりすることの喜びを得られる活動を充実すること。

これらの配慮事項には，生徒会活動の特質とも言える4つのことがら（下線部）が示されています。以下，順を追って，それらについて考えを深めていきましょう。

1）「教師の適切な指導」とは？

① 指導に当たる教師の基本的なスタンス

生徒会活動における「適切な指導」とは，生徒の自発的，自治的な活動を助長する指導です。生徒の自主的な活動を側面から援助することが大切であり，失敗を恐れて過度に干渉したり，成果主義に偏り，指導を強化したりすることは自戒すべきことです。

しかし，すべてを生徒に委ねるわけではありません。自発的，自治的な活動は特別活動の目標の達成のために必要な学習活動の形態の一つであり，その活動には，一定の制限や範囲があること，さらには生徒による自発的，自治的な活動における「自治的」と「自治」との違いやその活動の最終的な責任者は校長であることを理解させることが大切です。

【教師が積極的に介入するべき事態】
○　危険が予見できる活動
○　法・規則・条例などに抵触するおそれがある活動
○　人権上の配慮を欠く活動
○　学校の指導方針などから乖離した活動など

② 生徒会活動で，適切な指導をするための５つのヒント

ア 「自分たちの力でやりとげた」という達成感等を抱かせること

生徒会活動で得た達成感等は，生徒のよりよい成長を促すとともに学校生活への意欲づけになります。そのために教師には，生徒の自主的な活動の支え役になることが求められます。☞参照 P.99コラム２

イ 全生徒に「生徒会の一員」との自覚を深めさせること

一部の生徒だけではなく，全生徒が積極的に生徒会活動に参画するように教師がはたらきかけることが重要です。そのために教師には，事前の学級討議の充実，生徒会役員とのきめ細かな意見交換，事後反省等を大切にすることが求められます。

ウ 活動の成果を知らせ，生徒の自己有用感を高めること

生徒会活動が学校の課題解決に貢献したとの実感を抱かせたり，生徒のボランティア活動を称賛する地域の声を取り上げたりして生徒の自己有用感を高めることは，次の活動に向けた意欲づけ等につながります。そのために教師には，生徒の活動やその成果をよく把握し，生徒を励まし続けることが求められます。☞参照 P.103実践事例１

エ 効率的に生徒会関連会議を進めるように工夫すること

放課後の限られた時間に生徒会関連会議が開かれ，生徒総会・生徒会主催行事等の準備や反省，学校行事への協力等が討議されます。そのために教師には，生徒意見を大切にしながら工夫して効率的に会議を運営させることが求められます。

オ 教師の職務（役割）と生徒の取り組みの範囲を明らかにすること

予算や対外的な調整等が必要になる学校行事の企画・運営に当たって，教師には生徒に生徒会として協力できる範囲や事柄を明確化することが求められます。☞参照 P.215質問紙調査

２) 「自発的，自治的な生徒会活動」と「政治的教養を育む教育」

生徒が生徒会活動をとおして，望ましい人間関係を形成し，集団や社会の一

員としてよりよい学校生活づくりに参画し，協力して諸問題を解決しようとする自主的・実践的な態度を形成することは，将来，生徒たちが地域や社会に主権者として積極的に関わっていくために必要な資質・能力を身に付けることにつながります。神奈川県教育委員会では，小・中学校で学ぶ児童・生徒が，「政治的教養を育む教育」をとおして，主体的に社会参画できる力を育成することを目指して，「小・中学校における政治的教養を育む教育」指導資料2017年３月を作成しました。この指導資料では，指導事例の一つに生徒総会が取り上げられており，これを通じて政治的教養を育むためのポイントが次のように示されています。

ポイント１　学校の取組のなかで「民主制」を学びましょう

　学校の生徒活動は，現在の行政の仕組みと類似しています。生徒会執行部＝「政府」，各種委員会＝「各省庁」，生徒が過ごす学校＝「国」。このため学級の代表である学級委員会は議決機関「国会」であり，執行機関である他の委員会とは性質が異なるという認識が必要になります。また，委員会活動は学校生活を充実するために重要な役割を担っているという認識も必要です。

　本来なら全員が一堂に会し，「話し合う」ことが基本です。国の政治等ではできないことですが，中学校では「生徒総会」でできます。民主主義を考える上で大切な体験となります。社会では自分の意見を反映してくれる議員を選ぶことで政治に参加していきます。中学校では学級，学校の代表である委員や役員がそれにあたります。自分たちの代表は，民主的な手続きのもと，公平な選挙によって選ばれることの必要性を，体験を通して学びます。

ポイント２　生徒総会での話し合いには当事者意識をもたせましょう

　話し合いの結果が，学校生活に反映されるようなテーマを設定することで，生徒はより身近な問題として当事者意識をもって取り組むことができます。その成果や効果として次のようなことが考えられます。

　　○　一人ひとりの意見が反映され，お互いの考えを理解することができます。

　　○　様々な発想に触れ，自分の考えを再構築することができます。

　　○　生徒の様々なアイデアを生み出すことができます。

　全校生徒の前で発言する機会は生徒にとって貴重な経験になります。話す内容，話し方等を工夫し，伝えやすい方法を考えることで，聞き手にとっても人の心を動かすプレゼンテーションの方法を学ぶ場となります。

　また，一人一票を投じる機会も貴重な体験です。多数で可決される場合もあれば，数票差で可決されるといった場合もあるので，目前で物事が決まる緊張した雰囲気は心に残ります。また，このとき，採決までのプロセスが大切になります。十分に意見を出し合い，採決をすることで決まったことに対する当事者意識が高まります。充実した生徒総会が行われた後の生徒は，「今，自分は何をすべきか」が自然と理解され，実行されていきます。

神奈川県教育委員会がとらえる「政治的教養」
　政治そのものの仕組みや政策について学ぶだけではなく，児童・生徒の発達の段階に応じて，自分の身の周りや住んでいるまち等の身近な問題から現実社会における社会的な諸問題まで，それらを自分のこととしてとらえ，話し合い，相手を尊重し，様々な意見を自分の中で考え合わせながら，合意形成のかたちを想定し，意思を決定するに至る過程を大切にして，社会参画につなげていくこと。
【神奈川県教育委員会「小・中学校における政治的教養を育む教育」指導資料　2017.3】

3）　自分たちできまりをつくり，守る活動の推進

　学校生活上の問題の解決や学校生活を充実・改善するためには，きまりをつくることが大切です。自分たちが，学校や学年のきまりをつくって守る活動を行うことで，自発的，自治的に活動に取り組む態度が育ち，次の活動への意欲づけとなります。☞**参照 P.102コラム３，P.105実践事例２**

4）　異年齢集団による交流と人間関係を形成する力を養う

　生徒会活動では，生徒総会や各種委員会などで他学年の生徒とかかわる活動やボランティア活動などで学校外の人とかかわる活動が展開されます。この活動を通じて人間関係の構築や自主性，自発性の伸長を図り，豊かな人間性を育むことが期待できます。☞**参照 P.107実践事例３**

　そのために生徒会の活動においては，日常の活動に加えてリーダー研修会や生徒会長会議（生徒会サミット）を設けることも考えられます。☞**参照 P.99コラム１**

コラム1　生徒会長会議（生徒会サミット）

　他校の生徒会の取り組みを知ったり，生徒会の課題をともに考えたりしながら生徒会活動の活発化を図る生徒会長会議（生徒サミット）等が，多くの地域で開催されています。

　ここでは，神奈川県秦野市が取り組んでいる生徒会意見交換会の概要を紹介します。

1　開　　催　年1回（例年，12月上旬に開催）

2　参加者　秦野市立中学校生徒会現・新本部役員生徒

3　日　　程

　　半日日程で，レクレーションやグループ
　　討議に取り組みます。

☆　グループ討議の主題

　　生徒会が取り組む学校行事，ボランティアや
　　地域交流活動，各種専門委員会と本部との連
　　携，いじめ対策や学校生活の諸問題への対応
　　など

生徒会意見交換会でのグループ討議

コラム2　大学生が自己の生徒会活動を振り返る

　教職課程を受講する学生が自己の中学校・高校時代の生徒会本部役員としての活動を振り返りましたので，その一部を紹介します。

○　男性　21歳　公立中学校で副会長・会長を経験

　中学校第2学年の時に「生徒会に立候補してみたら」との先生の声かけで生徒会役員選挙に臨みました。クラスのみんなの応援を受けての選挙活動でしたが，これによって仲間との関係が一層強まるとともに人前で話すことに少し慣れることができました。

　本部役員としての活動で印象に残っているのは，生徒による生徒のための生徒会憲章づくりに先輩や仲間と衝突しながら取り組んだことです。何を憲章として宣言するのか，どのように表現するのかという検討を重ねながら中学校生活の意義について考えました。

○　女性　21歳　公立高校で会長を経験

　ゆるい生徒会ではありましたが，学校行事の際には人前で話したり，裏方を務めたりしました。その中で会長としての発言には責任が伴うことや本部役員によい雰囲気が醸し出されないと活動が停滞することを実感し，声掛けや心が通い合うコミュニケーションに努めてきました。生徒会担当の先生は，基本的には私たちの活動を見守るスタンスであり，相談した際には快く助けてくれました。そのおかげで認められているという安心感とさらに頑張ろうという意欲が生じたように思います。

第2節　生徒会活動の現状と課題
～学校・生徒会本部役員生徒への質問紙調査から読み解く～

　各中学校における生徒会活動の現状と課題を知り，生徒会活動についての認識をより深めるために質問紙調査を2018（平成30）年12月に次のように実施しました。

[学校質問紙]
相模原・平塚・秦野市立中学校の校長または生徒会担当教師を対象とし，60校が回答
[生徒会本部役員生徒質問紙]
上記3市立中学校の生徒会本部役員生徒を対象とし，会長60名・副会長108名・書記135名・会計49名，計352名が回答

調査結果から読み解けること　☞詳細は，P.214を参照ください

1．生徒会本部役員は，「学校行事への協力」に注力している

　校長・教師に「生徒会本部役員はどのような活動に力を注いでいるのか」と尋ねました。その回答を平均すると「学校行事への協力」が役員の全活動の約3割を占めており，以下，「各種委員会との調整や協力（約2割）」，「学校生活の改善（約1割）」，「生徒意見を吸い上げた自主的活動（約1割）」と続きます。

　また，同役員生徒に役員就任時の抱負を複数回答方式で尋ねたところ，最上位は「学校行事への協力（79.8％）」であり，前述の活動実態と適合しています。次に多い抱負は「学校生活の改善（62.4％）」，「生徒意見を吸い上げた自主的活動（59.9％）」と続きます。しかし，実態は，それぞれ全活動の約1割程度の活動量に留まっており，役員生徒の抱負を生かす活動の創出が期待されます。

2．教師は，行事や活動の性質に応じてかかわり方に濃淡をつけている

　生徒総会，生徒会役員選挙，体育祭，小学校や地域との交流活動，ボランティア活動の運営を生徒に委ねている学校が多数ですが，その企画は，「教師が中心となっている」と回答した学校が40％を超えています。生徒会活動の中核である生徒総会や生徒会役員選挙の企画になぜ教師がかかわるのか？　との疑問が生じます。しかし，中核だからこそ，教師のかかわりが濃いとも解釈できます。これらの行事や活動を成功させるためには，生徒会の基礎的単位である学級や学年での着実な討議の積み上げと生徒の自治的意識の醸成を図る教師の

意図的・計画的なはたらきかけが不可欠であり，それが調査結果に反映したものと考えられます。

　次に体育祭や各種の交流活動，ボランティア活動は，安全配慮が最優先されることに加えて，対外的な調整事項が多いことから，企画段階では教師のかかわりが濃くならざるを得ない行事や活動であるととらえています。

3．校長・教員がとらえる課題は，生徒会活動に当てる時間の不足

　校長・教師に生徒会活動の課題を尋ねたところ，75％の学校から「活動時間確保」との回答がありました。生徒会活動の主な活動時間帯は放課後であり，そこでは学級活動や学校行事の準備・反省，部活動等が実施されています。多くの学校では，活動優先日や優先時間帯を設定して，生徒会活動に専念できる環境を整えていますが，十分な時間を確保することは容易ではありません。このことから企画の大枠を教師が整える傾向が生じがちですが，生徒が"やらされ感"を抱くような取り組みは，生徒会活動にとって禁物であり，活動や行事を精選したうえで，生徒意見を反映した生徒会活動を目指したいと考えます。

4．生徒がとらえる課題は，一般生徒の生徒会に関する関心の薄さ

　生徒会本部役員に活動上の課題を複数回答方式で尋ねたところ，役員生徒の65.3％が「一般生徒（会員）の生徒会に関する関心の薄さ」と回答しました。次に「部活動や習い事で忙しく，活動の両立が難しい（53.4％）」，「生徒会活動に新たな取組みが不足し，マンネリ化している（24.3％）」と続きます。

　一般生徒（会員）の関心の薄さと活動のマンネリ化は関連することであり，これらの解決に向けては，広報活動の充実と生徒にとって切実感のある課題の解決につながる生徒会活動の展開が求められます。

5．生徒・教師・保護者の三者協議による校則改正に注目

　2014（平成26）年度〜2018（平成30）年度の間に68.8％の中学校が校則改正を実施しました（改正予定を含みます）。校則改正への生徒意見の反映については「改正案の大枠を教員が整え，その中で生徒意見を反映させた（53.1％）」，「改正案件の一部を生徒意見に委ねた（12.5％）」という状況ですが，「生徒・教員・保護者による三者協議で話し合った」との回答が2校からありました。将来，生徒たちに主権者として地域や社会に係わっていく資質・能力を育てることに視点を当てると，この三者協議による校則改正は注目すべき実践と考えますので，その一つを次ページのコラム3で紹介します。

コラム3　三者協議による校則改正　～相模原市立相武台中学校の実践～

【学校紹介】相武台中学校（13学級）は，1976（昭和51）年に相模原市南端の住宅街に開校し，学校教育目標である「自己を高め，思いやりの心を持ち，創造する生徒」を育成する教育活動が推進されています。

1）相武台中学校の実践

① 三者協議による校則改正のねらい

校則改正活動を通して，生徒自身が学校生活を振り返るとともによりよい学校づくりに参画・実践しようとする自主的・自発的な気持ちを醸成する。

② 校則改正のための組織の設置と活動

担当教師の他に生徒代表9名（生徒会本部及び関係委員会生徒）と保護者代表5名による校則検討委員会が組織され，全校生徒からの意見聴取・調整，改正案作成に当たります。

③ 校則改正のあゆみ

1996（平成8）年度の通学カバンの規制緩和から始まり，その後，服装・頭髪・体育着等の見直しを重ねてきました。

2）三者協議による校則改正の教育的な意義

この取り組みを通じて，生徒が学校生活を自ら見直し，より良い学校をつくろうとする態度が形成されます。さらに，このことは主権者としての資質・能力の形成につながるものであるととらえています。

また，三者で協議することを通じて，保護者の学校教育への理解をより深めるとともに教育活動への一層の支援や協力を得ることが期待できる実践と考えます。

相模原市立相武台中学校

第3節　生徒会活動の実践事例に学ぶ

　本節では，生徒指導上の諸課題の解決に向けて，学校運営の柱に生徒会活動を据えて生徒に自己肯定感（自己有用感）を高めることを図った事例，制服（標準服）自由化の理念を語り継ぐ生徒会活動の事例，生徒会と小学校児童との交流（宿題お助け隊活動）を推進した事例を紹介します。そして，それらの実践事例が示唆することを見出して，生徒会活動の在り方についてより深く考えていきましょう。

実践事例1　自己肯定感を育む生徒会活動を中核にした学校づくり
～相模原市立中央中学校　2013(平成25)年度～2015(平成27)年度の実践～

【学校紹介】中央中学校は，1978（昭和53）年に相模原市の官公庁や公共機関が集まる地区に開校した学級数21の中学校であり，学校教育目標である「気力あふれる生徒・自ら学ぶ生徒・認めあい，高めあう生徒」の育成に努めています。

1．実践の概要
　これは，筆者の校長職当時の実践事例であり，自己肯定感（自己有用感）を醸成することに重点をおいた生徒会活動を展開することによって生徒指導上の諸課題の解決を図ることを目指した実践です。

【注】以下の記述は，日本特別活動学会による第1回推奨実践事例（2015年）に選考された中央中学校の実践事例の一部を引用・加筆したものです。

2．中央中学校がとらえた"自己肯定感を醸成すること"の教育効果
　自己肯定感を醸成することによって，困難に直面しても，そこから逃げない粘り強さや勇気が発揮されると考えました。また，その姿は，生徒集団に伝播し，よりよい学校づくりにつながるものととらえました。

【注】本来は「自己肯定感」ではなく「自己有用感」とすることが適当ですが，保護者等に「自己肯定感」との用語を用いて各種説明をしてきた経過があったことから，引き続き，「自己肯定感」としました。

3．実　践
1）中央ツイート（生徒による生徒のよいところ探し）の試み
① ねらい
　生徒会活動・行事への思いや仲間へのメッセージを交換し，活動の改善や意欲向上につなげます。

② 方　法

　年間を通じて，中央ツイートコーナー（左下写真）に備えた付箋大サイズの
ツイート用紙（右下写真）に生徒個々が自己の思いや意見を書き込み，該当コー
ナーに貼付します。生徒会本部は貼付されたツイート用紙をストックし，年
間ベストツイートを選んだり，多くの共感を得た生徒にその旨を知らせたりし
ます。

ツイートコーナー

生徒会長に寄せられた応援のツイート

2）生徒が自主的に活動する場面の拡大

　生徒総会や学年生徒集会では，生徒
会担当教師の指導のもとに生徒の自主
的な運営に委ねる場面を徐々に広げま
した。これによって，生徒会本部及び
生徒会各委員会の活動はアイデアに溢
れたものとなり，生徒会活動への共感
をよび，連帯感をさらに深めることに
つながりました。

生徒総会での活動アピール

3）教師の指導姿勢の確認

　生徒会活動の指導に当たっての姿勢を全教職員で次のように確認しました。

　　○　肯定的表現を多くする

　　「ダメだ」等の否定的な言葉よりも生徒の僅かな成長・変容を認め，褒め
る。

○　結果のみの評価ではなく，経過（取り組み）を評価する。

「あの場面は良かった」「あそこは頑張ったね」等の声かけを大切にする。

○　周囲の声を届ける

「上級生が褒めていたよ」「Aさんが喜んでいたよ」等の情報を提供する。

【相模原市立中央中学校の実践事例が示唆すること】

生徒に適切な判断力や行動力を育むためには生徒指導の3機能（自己存在感を味合わせる・共感的人間関係づくりに努める・自己決定の場の確保）を生かした教育活動が求められます。生徒会活動においても，これらの3機能を生かした取り組みを進めることの大切さを本事例が示しています。

なお，生徒による生徒のよいところ探しである中央ツイートの活動は，現在も継続されており，同校の特色ある教育活動の一つとなっています。

実践事例2　制服（標準服）自由化の理念を語り継ぐ生徒会活動
**　～秦野市立南が丘中学校　1994（平成7）～2019（平成31年，令和元）年度の実践～**

【学校紹介】 1982（昭和57）年に秦野市の新興住宅街に開校し，「自他の生命と人権を尊重し，ねばり強くたくましい，心豊かな生徒の育成」を学校教育目標とする，学級数13の中学校です。

1．実践の概要

南が丘中学校は制服（標準服）を定めておらず，生徒は私服で学校生活に取り組んでいます。同校では1994（平成6）年から制服（標準服）自由化の議論が本格化され，4年後の1998（平成10）年4月から自由化されました。その討議には生徒会が深くかかわってきました。また，その時に掲げられた制服（標準服）自由化の理念は歴代の生徒会本部役員によって語り継がれています。

南が丘中学校　教室の様子

２．制服（標準服）自由化と生徒会活動

それでは，どのような背景・理念から自由化のうごきが始まり，学校の主役ともいえる生徒がこれにどのようにかかわってきたのかを，当時の校内資料から探っていきましょう。

１）制服（標準服）自由化の背景と基本的理念

1994（平成６）年は，子どもの最善の利益や子どもの意見の尊重を柱とする子どもの権利条約にわが国が批准したことなどによって，子どもの人権に対する関心が高まるとともにそれにかかわるさまざまな論議が行われた時期でした。また，それまでに南が丘中学校が積み上げてきた人権教育の実践研究では，生徒の人権や個性を尊重することに力点がおかれました。

これらの背景のもと，同年に同校は，生徒の人権尊重・個性や自己表現の尊重・学校教育の国際化（異文化理解と受容）を基本的理念として，４年間にわたる制服（標準服）自由化への取り組みを始めました。

また，自由化の議論を開始するに当たって，同校は，生徒意見の取り扱いや保護者・地域との連携の在り方を，制服（標準服）自由化への具体的方策の中で次のように示しています。

○　基本的な考え方を職員で共通理解し，〜中略〜，制服（標準服）の自由化にむけて地域・保護者の支持のもとでともに学校体制を確立する。

○　生徒からの意見・要望を基本とするが，学級等での討議は，真剣にかつ十分に行わせ，責任ある態度で意見をのべてもらう。その際，教師の配慮によって基本的なねらいを生徒に浸透・理解させていく。

２）制服（標準服）自由化を考える校則検討委員会の設置と活動

校内には，担当教師と生徒会本部役員，さらには各種委員会生徒によって校則検討委員会が組織され，次の活動が展開されました。

○　服装や校則の改善原案の提示とそれについての学級意見の吸い上げを繰り返して，改善策を作成する。

○　改善策を生徒総会等に諮り，承認を得てそれを実施する。

３．制服（標準服）自由化の理念を語り継ぐ活動

制服（標準服）自由化から20年以上の歳月が経ちました。同校生徒会本部は毎年４月に開催される生徒会オリエンテーションの場で，制服（標準服）自由化は，生徒それぞれが場面に応じた服装を自ら考え，良識をもって行動できる

ようにすることを目指したものであることを強調し，自由化の理念が形骸化しないように語り継いでいます。

> 【秦野市立南が丘中学校の実践事例が示唆すること】
> 　本書の趣旨から制服（標準服）自由化について紙幅を割くことは出来ませんが，このようなとても重要な議論を進めるにあたって，生徒意見を反映させるために校則検討委員会を組織したことは意義ある取り組みです。
> 　これによって，関係生徒に推進役としての自覚が深まることに加え，長期にわたる議論の積み上げが可能になるからです。意図的・計画的に生徒会活動を推進するためには目的達成に資する効果的な組織づくりとその適切な運営が欠かせないことを，この実践事例が示唆しています。
> 　また，生徒会による学校生活改善策は，その時は光を放っても年を重ねることによって活動の形骸化やマンネリ化に陥ることもあります。それを防ぐための同校の制服（標準服）自由化の理念を語り継ぐ活動は，貴重な取り組みととらえています。

実践事例3　中学校生徒会による小学校児童への宿題お助け隊活動
～相模原市立田名中学校　2012（平成24）～2019（平成31年，令和元）年度の実践～

> 【学校紹介】戦後間もない昭和22年に新制中学校として開校された相模原市の伝統校であり，学校教育目標の「心豊かに主体的に生きる生徒」を育成する教育活動を展開している，学級数24の中学校です。

1．実践の概要

　田名中学校は，近隣の神奈川県立相模田名高校や3つの小学校との間で，「絆」プロジェクトと名付けた連携活動を展開しており，その一環として同校生徒会は小・中・高によるあいさつ運動を実施しています。また，夏休みを活用した中・高校生による小学校児童向けの宿題お助け隊活動を実施しています。

　このような実績をもとに同校は2014（平成26）・2015（平成27）年度に国立教育政策研究所から「魅力ある学校づくり調査研究事業」を委嘱され，不登校やいじめ等の今日的教育課題の解決に向けて取り組んだ経過があります。

宿題お助け隊　メンバー紹介

2．宿題お助け隊活動の実践

　児童・生徒の発達段階が異なることから，小学校・中学校・高校にはそれぞれの学校文化が形成されており，それはともすると子どもたちにとっては大きな段差になるおそれも指摘されてきました。そこで，児童・生徒の交流場面を増やすことによって段差を適度なものにする試みとして次のような宿題お助け隊の活動が展開されました。

　　1）ねらい　　　田名中学校区に在籍する児童と中・高校生との交流を深めながら児童の学習を充実させる。
　　2）内　容　　　宿題に取り組む児童の学習を支援したり，紙芝居を通じて社会生活上のマナー等を伝えたりする。
　　3）主　催　　　田名中学校生徒会
　　4）参加者　　　田名中学校及び相模田名高校のボランティア生徒
　　5）期間等　　　地域の子どもセンター等で夏休み中の3日間（各半日）

【相模原市立田名中学校の実践事例が示唆すること】
　宿題お助け隊活動によって，中・高校生とかかわりをもった小学校児童は，優しく接してくれた彼らに親しみとあこがれを抱くことでしょう。また，これにより中・高校生は，自己有用感を抱くことが期待できます。さらに，この取り組みでは小・中学校教師による合同研修会が開催され，義務教育9年間を見通した指導や小・中連携教育等の在り方，地域における子どもたちのボランティア活動の推進方策等についての研鑽を深めました。異校種の教育活動や子どもたちの成長過程を知り，それにふさわしい指導の在り方を考えることは，生徒会活動のみならず学校教育をすすめる上で大切な視点やヒントを得ることに繋がります。

【引用文献】
文部科学省（2017）「中学校学習指導要領解説　特別活動編」東山書房
神奈川県教育委員会（2017）「小中学校における政治的教養を育む教育指導資料」www.pref.
　　kanagawa.jp/uploaded/attachment/874100.pdf（2019年12月8日取得）

第7章 学校行事（儀式・文化・健康安全・体育）

はじめに

　この章では1年を通じて学校現場で行われる学校行事について実践的な事例を提示し，議論を進めていきます。特に，学習指導要領の目標・ねらい・内容が学校現場の実践の中で，どのように活かされ進められているかに重点をおいて書かれています。学校現場の個々の教員が学習指導要領の内容を完全に把握することは困難ですが，組織として長年培われてきた学校現場での教育活動は，学習指導要領で示されていることが日々実践されています。実践事例を学習することで，学校現場での学校行事の意義の理解がさらに深まり，またそれを再度学習指導要領の目標・ねらい・内容と照らし合わすことで，より良い学校行事の在り方が見えてくると考えます。

第1節　学校行事の目標と内容

　中学校の学校行事の目標は，中学校学習指導要領（平成29年告示，以下同じ）第5章第2の〔学校行事〕の1「目標」で次のとおり示されています。

　　『全校又は学年の生徒で協力し，より良い学校生活を築くための体験的な活動を通して，集団への所属感や連帯感を深め，公共の精神を養いながら，第1の目標に掲げる資質・能力を育成することを目指す。』

　ここで記述されている第1の目標とは中学校学習指導要領第5章〔特別活動〕の第1「目標」で示されているもので，以下の内容となります。

　　『集団や社会の形成者としての見方・考え方を働かせ，様々な集団活動に自主的，実践的に取り組み，互いのよさや可能性を発揮しながら集団や自己の生活上の課題を解決することを通して，次のとおり資質・能力を育成することを目指す。』

（1）多様な他者と協働する様々な集団活動の意義や活動を行う上で必要となることについて理解し，行動の仕方を身に付けるようにする。
（2）集団や自己の生活，人間関係の課題を見いだし，解決するために話し合い，合意形成を図ったり，意思決定したりすることができるようにする。
（3）自主的，実践的な集団活動を通して身に付けたことを生かして，集団や社会における生活及び人間関係をよりよく形成するとともに，人間としての生き方について考えを深め，自己実現を図ろうとする態度を養う。』

高等学校の学校行事の目標は，高等学校学習指導要領（平成30年告示，以下同じ）第5章第2の〔学校行事〕の1「目標」で次のとおり示されています。

『全校若しくは学年又はそれらに準じる集団で協力し，よりよい学校生活を築くための体験的な活動を通して，集団への所属感や連帯感を深め，公共の精神を養いながら，第1の目標に掲げる資質・能力を育成することを目指す。』

この目標の中に記述されている第1の目標とは高等学校学習指導要領第5章〔特別活動〕の第1「目標」で示されており，内容は中学校学習指導要領とほとんど同じです。
学校行事の内容としては中学校・高等学校とも同じであり，学習指導要領第5章第2の〔学校行事〕の2「内容」で次のとおり示されています。

『1の資質・能力を育成するため，全校若しくは学年又はそれらに準じる集団を単位【中学校学習指導要領ではこの部分が（全ての学年において，全校又は学年を単位）となっています】として，次の各行事において，学校生活に秩序と変化を与え，学校生活の充実と発展に資する体験的な活動を行うことを通して，それぞれの学校行事の意義及び活動を行う上で必要となることについて理解し，主体的に考えて実践できるよう指導する。
（1）儀式的行事
　学校生活に有意義な変化や折り目を付け，厳粛で清新な気分を味わい，新しい生活の展開への動機付けとなるようにすること。
（2）文化的行事
　平素の学習活動の成果を発表し，自己の向上の意欲を一層高めたり，文化や芸術に親しんだりするようにすること。
（3）健康安全・体育的行事
　心身の健全な発達や健康の保持増進，事件や事故，災害等から身を守る安全

な行動や規律ある集団行動の体得，運動に親しむ態度の育成，責任感や連帯
感の涵養，体力の向上などに資するようにすること。
（4）旅行・集団宿泊的行事
　　　平素と異なる生活環境にあって，見聞を広め，自然や文化などに親しむとと
　　もに，よりよい人間関係を築くなどの集団生活の在り方や公衆道徳などにつ
　　いての体験を積むことができるようにすること。
（5）勤労生産・奉仕的行事
　　　勤労の尊さや創造することの喜びを体得し，就業体験活動などの勤労観・職
　　業観の形成や進路の選択決定などに関する体験が得られるようにするととも
　　に，共に助け合って生きることの喜びを体得し，ボランティア活動などの社
　　会奉仕の精神を養う体験が得られるようにすること。』

　以上に示されているように，学校行事の内容は大きく五つの行事の領域に分
類されています。次節以降では，学校の年間行事の重要な部分を占める儀式的
行事，そして生徒の資質・能力の育成に大きな教育的効果のある文化的行事と
体育的行事，また東日本大震災以降さらに重要度が増した健康安全行事から実
践事例を示していきます。

第2節　儀式的行事

　儀式的行事は，一般的に全校の生徒及び教職員が一堂に会して行う教育活動
であり，その内容には，入学式，卒業式，始業式，終業式，修了式，開校記念
に関する儀式，新任式，離任式などが考えられます。校務分掌としての担当は
総務等の名称で設置されているグループが主に担当しますが，儀式的行事は学
校全体が係わるので，すべての先生が前日・当日を含め何らかの役割を担うこ
とが多く，また生徒会の生徒，各生徒委員会の生徒も役割を担います。さらに，
行事中の校歌の演奏を行う際は吹奏楽部の生徒が協力し，校歌披露や会場準備
のためには各運動部の生徒の力を借りるなどします。儀式的行事は学校が計画
し実施するものであるとともに，各種類の行事に生徒が積極的に参加し協力す
ることによって充実した教育活動となります。
　高等学校学習指導要領（平成30年告示）解説特別活動編第3章第3節2の
（1）儀式的行事のねらいと内容において，次のとおりの資質・能力を育成す
ることが示されています。

○ 『儀式的行事の意義や，場面にふさわしい参加の仕方について理解し，厳粛な
　場における儀礼やマナー等の規律や気品のある行動の仕方などを身に付ける
　ようにする。』

○ 『学校生活の節目の場において将来を見通したり，これまでの生活を振り返っ
　たりしながら，新たな生活への自覚を高め，気品ある行動を取ることができ
　るようにする。』

○ 『厳粛で清新な気分を味わい，行事を節目としてこれまでの生活を振り返り，
　新たな生活への希望や意欲につなげようとする態度を養う。』

1．始業式・終業式・修了式と新任式・離任式[1]

　始業式は年間指導計画（各学校では年間行事日程等という）の中の３月末か
ら４月当初にある春休み（学年末休業と学年始休業）が終了し，新学年になる
最初の日に全生徒と全職員が体育館等に集まり行われます。学校現場では暦の
中でいう元旦に当たるような意味合いもあり，「さあこれから，上級学年にひ
とつ進み，新しいクラスで気持ちも新たに学校生活を始めよう。」という儀式
的行事です。上記に示した，儀式的行事の資質・能力の育成の狙いである
『……これまでの生活を振り返ったりしながら，新たな生活への自覚を高め
……』『……行事を節目としてこれまでの生活を振り返り，新たな生活への希
望や意欲につなげようとする態度を養う』を意識した行事となります。したが
って，校長の話の内容も生徒の新たな学校生活と教育活動に対する意識を高め
るような話をすることが多いです。生徒たちは新しいクラスの仲間と伴に，新
しい先生を迎え旧学年の生活を振り返りながら，新学年となり新たな目標を胸
に抱きながら臨めるような雰囲気づくりが大切であると同時に，式に臨む服
装・態度・姿勢に注意を配ることも重要です。ここでは，年度初めの始業式に
ついて実践事例を示しましたが，この他にも３学期制では夏休み（夏季休業）
と冬休み（冬季休業）明けの初日に各学期の始業式を実施します。２学期制の
場合は後期の始まりの初日（10月１日付近）に始業式を行います。どの始業式
も学校生活の節目を生徒に意識させる儀式的行事となります。

　終業式は各学期の最終日に行われます。３学期制の学校では夏休み（夏季休
業）に入る直前と冬休み（冬季休業）に入る直前の日に行われ，２学期制の学
校では前期の最終日９月末に設定されます。３学期制の場合，内容として重要
なことは，長期休業期間に入るので，生徒の健康安全についての話に重きをお

図7-1：始業式

図7-2：部活動生徒表彰

く事になり，校長からは，当該学期を振り返りながら，普段学校がある生活と違い，長期休業期間を利用してどのような目標を立てどのような生活を過ごすかの意識付けをする話が多いです。また，この式を利用して，各学期間中に行われた部活動等の公式戦等で優秀な成績をおさめた生徒と部に対して全校生徒の前で表彰を行うことは大切です。この表彰式等は中学校学習指導要領第 1 章「総則」の第 5「学校運営上の留意事項」のウ『……特に，生徒の自主的，自発的な参加により行われる部活動については，（中略）学校教育が目指す資質・能力の育成に資するものであり，学校教育の一環として，教育課程との関連が図られるよう留意すること』（高等学校学習指導要領では第 1 章「総則」第 6 款のウ）に示されている教育課程外の学校教育活動と教育課程の関連が図れる実践例の一つです。

　修了式は 2 学期制と 3 学期制の学校ともその年度の最終日である春休み（年度末休業）の直前に行われることが多いです。その年度の最終日であり 4 月からは学年が一つ進行し，学校での立場や新しい環境になることから「これまでの生活を振り返り，新たな生活への希望や意欲につなげようとする態度を養う。」ことを目的とした内容とすることが重要です。具体的な話の内容も，2年生には来年度最上級生となる立場，そして 1 年生には 4 月より新入生が入学してきて自身は先輩になるという立場を自覚させ，自分自身の生活態度も含め，立場が違った学校生活をいかに過ごすのかという問いかけを行うこと等が考えられます。

　新任式は今年度から新たに学校に着任した先生を一人ひとり校長から生徒に紹介する形式をとることが多いです。内容としては，氏名・担当教科・担当学

図7-3：入学式

図7-4：離任式

年・担当部活動等です。全員を紹介した最後に着任者の（代表）教員のあいさ
つがあります。

　離任式は今年度限りで学校を退任または離任される先生方を校長から紹介し，
各先生から全校生徒に挨拶があります。それぞれの先生は各自の学校生活を振
り返り，在校生に対して感謝の言葉を述べ，今後期待することや激励をする話
が多いです。最後に生徒代表が花束を贈呈し，生徒たちの真ん中に花道をつく
り拍手で送り出します。この式は，離退任する教員と生徒との日ごろの人間的
な触れ合いや，授業等の日々の教育活動で築かれた信頼関係の濃淡によって，
生徒の心情に響く学校行事となります。

　1)「新任式」を着任式ということもある。また「離任式」を同時に定年退職する先生を送ること
　も含め離退任式という場合も多い。

２．入学式

　入学式は学校の儀式的な行事の中でも卒業式と同じように重要な儀式となり
ます。新しい年度初めにいよいよ新入生が新しい学校生活を始める第一歩とな
る重要な儀式です。式場は緊張感の
ある厳粛で清新な雰囲気となります。

　入学式の次第は概ね右のようにな
っています。

　次第二の「国歌斉唱」については，
中学校学習指導要領第５章の第３の
３（高等学校学習指導要領について

十	九	八	七	六	五	四	三	二	一
閉会の言葉	校歌披露	新入生の言葉	祝電披露	来賓紹介	来賓の挨拶	学校長の言葉	入学許可	国歌斉唱	開会の言葉

も同じ）『入学式や卒業式などにおいては，その意義を踏まえ，国旗を掲揚するとともに，国歌を斉唱するよう指導するものとする』で示されています。式場正面には国旗が掲揚されており，式場の全員が起立し国歌を斉唱します。多くの学校では入学式と卒業式，周年行事等で主に実施し，他の学校行事で実施するかは，おのおのの校長がその実施する行事の意義を踏まえて判断しています。

　次第3の「入学許可」は，高等学校の入学式で行われています[2]。入学者の呼名をすべて行い，それが終わった後に校長が「ただいま呼名のありました○○○名の入学を許可する。」ということになります。

　　[2] 学校教育法施行規則第90条の第1項「高等学校の入学は，（中略）校長が許可する」

3．卒業式

　卒業式は学校の儀式的な行事の中で最も重要な行事と位置づけられ，高等学校学習指導要領解説特別活動編第3章第3節2の（1）に示されている，儀式的行事において育成される資質・能力の育成が最も期待される学校行事です。

　また，それと伴に3年間活動した母校への思いや一緒に卒業するクラスの仲間や同期生と先生たちへの思いを改めて感じる，情緒的な気持ちが高まる場でもあります。

　卒業式の次第は概ね以下のようになっています。

　卒業式で儀式的に一番重要なのは次第三の「卒業証書授与」になります。各クラス担任が卒業生を呼名し，学校によっては一人ひとり，クラス代表または学年代表に校長から卒業証書を授与します[3]。情緒的な場として

　一　開会の言葉
　二　国歌斉唱
　三　卒業証書授与
　四　学校長の言葉
　五　来賓の挨拶
　六　来賓紹介
　七　祝電披露
　八　在校生の言葉
　九　卒業生の言葉
　十　校歌斉唱
　十一　閉会の言葉

全出席者が心を動かされるのは次第八と次第九の「在校生の言葉」と「卒業生の言葉」です。「在校生の言葉」では先輩たちへの感謝と惜別の思い，そして先輩たちの母校への思いを在校生が引き継いでいくことの要旨を，「卒業生の言葉」では，これまで過ごしてきた学校生活の思い出を振り返りながら保護者，教員への感謝，ともに過ごした友人への思い，そして後輩たちへ託す気持ちを伝えることを要旨に，それぞれの代表の個性を活かしながら話します。

　まさに卒業式は生徒にとっての人生においても大きな節目であり，新たな気持ちで次のステージに進む重要な儀式であるので，生徒にその意義を十分に自覚させ，厳粛な雰囲気の中で実施することが重要です。

　学校によっては，卒業式全体が終了してから同じ場所で生徒主体の「卒業を祝う会」等が行われる場合もあります。内容としては卒業生の合唱や保護者・教員に対する感謝の言葉を卒業生のパフォーマンスも交えながら和やかな雰囲気の中で行うこともありますが，卒業式の厳粛で清新な気分を壊さないためにも儀式と明確に区別することが肝要です。

　　³）学校教育法施行規則第58条の「校長は，小学校の全課程を修了したと認めた者には，卒業証書を授与しなければならない」（中学校と高等学校はこの規定を準用する）

第3節　文化的行事

　高等学校学習指導要領解説特別活動編第3章第3節の2の（2）で文化的行事のねらいと内容が示されています。

　ここでは，そこで示されている資質・能力の『他の生徒と協力し』『美しいものや優れたもの創り出し』『自ら発表し合ったり』『自他の個性を認め，互いに高め合う』をキーワードにして，高校の文化祭（学校祭）の具体的事例を取り上げ，そのことを通しての資質・能力や教育的効果について示します。

　神奈川県の西部に位置する，ある神奈川県立高等学校の文化祭について実践的事例を示します。創立100年を超えるこの高校では，毎年6月に文化祭が開催されます。1年間の暦の上では11月3日が「文化の日」ですが，この時期に文化祭を実施すると大学受験を控えた3年生に影響があるということで6月に実施にしています。また，この学校では3年生が文化祭を節目にして大学受験体制に入るという生徒の学校文化が根付いています。

　この文化祭が他校のそれと異なっているのは，学校を挙げて「演劇」だけしか行わないというところです。全ての生徒がクラス単位で劇を上演し，いわゆる模擬店の類いの飲食店企画は一つも存在しないことです。

　ただし，細かく言えば1年生は入学して日も浅いため，上級生の演劇を観る側に回ります。これは学校の意図的な仕組みで，翌年度以降の2年生そして3年生になった時に，自らが上演する準備として舞台の様子や上演までの手順，過程をじっくりと観察させるための狙いがあります。2年生と3年生は全てクラス単位での劇の上演が課せられています。毎年変わらず，2年生の劇のテー

マは「笑い」，3年生の劇のテーマは「感動」という枠組みが設定されているので，2年生は喜劇を，3年生はシリアスなストーリー展開の作品を演じます。この文化祭の形式がこの高校の伝統となり保護者・地域・中学生・小学生にも評判を呼び，毎年度約6000名の来場者を迎える地域的な文化的行事となっています。

　文化的行事を実施する際の留意点として，高等学校学習指導要領解説特別活動編第3章「各活動・学校行事の目標と内容」第3節「学校行事」2「学校行事の内容」（2）「文化的行事」②「実施上の留意点」のイには，以下のように示されています。

　　『様々な文化的な活動を通して個性を伸ばし，自主性，創造性を高めるとともに，目的に向かい協力してやり遂げることにより成就感や連帯感を味わい，責任感と協力の態度を養うこと。また，異学年相互の交流を図りながら，学校独自の文化と伝統を継承し，特質ある学校づくりを推進するとともに，生徒の学習活動の成果を学校の内外で発表することにより，家庭や地域の人々との交流を深め，学校への理解と協力を促進する機会とすること。』

　この文化祭は上記の留意点を具現化している一つの好例と考えられます。いわゆる模擬店を中心とした学校文化際も成就感や連帯感を育成することを否定はしませんが，その教育的効果を比較したとき若干の物足りなさを感じます。劇を文化祭の2日間に亘って8回程度上演するために，生徒たちは4月のクラス結成当初から準備を始め，シナリオ作成から監督，配役，舞台，衣装，大小道具，照明，音響，装飾，広報宣伝，練習日程調整その他一切の業務を分担して進めていきます。途中定期テスト期間もあり実質1ヶ月を切る限られた時間で，1クラス36名という人員，数万円という少額の予算を駆使し，知恵と体力を振り絞って，協力し時に衝突しながら，文字通り主体的・対話的に活動し深い学びを通して，特別活動で育成する資質・能力を身に付けていくことになります。教職員は決して前面に出ず，あくまでも黒子に徹して動きます。一方で1年生は，文化祭当日に上級学年の劇の観客となりながら，当日の文化祭の展示物として，例年一つのテーマのもとでクラスごとに「折り鶴アート」というものを作成します。例えばテーマが「わ」であると，これを「和」にするか「輪」とするかなどクラスで話し合ってデザインを決め，協力して様々な色の折り紙で約1万羽の折り鶴を折って1枚の折り鶴アートにまとめ上げます。文

図7-5：文化祭（劇の会場）

図7-6：文化祭（折鶴アート）

化祭当日にはこの作品を展示して来校者の眼を楽しませます。

　それでは，この文化祭はどのような教育効果を生み出しているのでしょうか。終了後にこの高校の PTA 役員が生徒たちにインタビューした記録を振り返りながら考えてみます。（※  の囲いの中の「　　」内は生徒の発言）

（1）集団の目的を達成するための人間関係能力の向上

　所属する集団が一定の目的・目標をもっているときには，それを成し遂げるために互いに協力する態度が必要です。目的を達成する方法には個々による考え方の相違があるので，自らの意見を他者に伝えるには，論理的な思考にもとづいた説得力・対人交渉力・調整力が必要です。また，議論の過程で相手の考えや感情を理解し共感する力，議論の際に自分の感情をコントロールする能力も欠かせません。こうして，他者と人間関係を円滑に進めながら何かを成し遂げていく生きる力が育成されます。これらを包括して人間関係能力と考えることができます。

> ・「劇を通して人の意見をどういう具合に処理して，聞き入れればいいか，その方法が分かったのが良かった。」
> ・「脚本って一人で書くものでないと気付かされた。いろんな人が読んでくれたり，言ってくれたりして，創られていくんだと分かった。」
> ・「文章から気持ちを考えることに熱心に取り組んで，読解が得意になった。」

　上記は生徒のインタビューの一部ですが，インタビューの言葉から目的に向かい協力してやり遂げることで成就感と連帯感を生徒が感じ，そして生徒が責任感と協力する態度を育成していくことがわかります。そしてこの学校行事における学習過程である「計画や目標についての話し合い」「活動目標や活動内

容の決定」「体験的な活動の実践」の場面を通して，生徒の人間関係能力の確実な育成につながっています。

（2）集団の目的を達成した後の自己有用感の形成

目的を成し遂げた生徒の，正の方向性をもった内面の変化から集団としての達成感が得られたことで，さらに次へと向かう意欲が喚起され，自己肯定感や自己有用感が高まります。特に自分が誰かの役に立つという気持ちは困難を乗り超える際の一層強いモチベーションとなります。

- 「私ってこんなにやればできる，本気で頑張れると思いました。」
- 「まわりの人に支えられるのってすごく大事だと思いました。一人でやっているではないと実感しました。」
- 「監督と1対1で泣きながら練習して，みんなが一生懸命バックで支えてくれたから頑張れた。」

上記の生徒へのインタビューから，生徒たちはこの文化的行事を通して自己の個性を認め，他者とのかかわりの中で他者のために，そして，これからの自己への向上の意欲を高めていくことが見て取れます。

（3）学校生活における節目と学校文化の形成

学校には入学式や卒業式といった儀式的行事による節目がありますが，文化祭のような行事も，生徒はこれを目標や目安としてそれに向け計画し努力することで，高校生活の大切な節目，成長の里程標となっています。一つの舞台という共同作品を作り上げるために，限られた時間や資源で最大限の効果を上げようと，段取りを組み協力・分担していく。そしてこれが，引き継がれて独自の伝統として積み重なっていきます。

1年生には，この文化祭を経験することで名実ともにその学校の生徒，そして高校生になったという節目，2年生には先輩から伝統を受け継ぎ学校の中心集団となった自覚を生む節目，そして3年生には卒業後の進路に向けた，高校生活最後のイベントという節目になっていることが，下記の生徒のインタビューから汲み取れます。

図7-7：文化祭（劇の宣伝垂れ幕）

図8-8：文化祭（劇の看板）

- 「1年の時から，絶対3年になったら演出したいって思っていた。」
- 「劇で人を感動させようとか笑わせようっていう方がいい。今やっている劇はこの学校の今しか出来ないものだと思うから。」

　以上一つの高校の文化的行事（文化祭）の具体例を取り上げて，そこから期待される教育効果等を学習指導要領と照らし合わせながら示してきました。また，ある高校の実践例で示した劇を中心とした文化祭を行うことによって，生徒の資質・能力を育成することが大いに期待できます。このことから，前例主義に陥らずに常に文化的行事（文化祭）を生徒がこれからの社会で生きていく上でどのような能力の育成が重要かを常に考え，そのためにはどのような文化祭の在り方が良いのかを模索し実践していくことが重要となります。

第4節　健康安全行事

　健康安全行事としては，健康診断，疾病予防，薬物乱用防止指導，防犯指導，交通安全指導，避難訓練や防災訓練等があります。これらの行事の中には学校保健安全法[4]や消防法等[5][6]の規定に従って実施されるものもあります。

　ここでは，2011年3月11日に発生した東日本大震災の教訓をもとに，学校現場で実施されている防災訓練についての具体例を示します。この防災訓練に係わる記述を学習指導要領等で調べてみました。中学校・高校とも前述した学習指導要領第5章第2の2「内容」の中に次のとおり示されています。『心身の健全な発達や健康の保持増進（中略）災害等から身を守る安全な行動や規律ある集団行動の体得，（略）』さらに学習指導要領解説の健康安全・体育的行事によって育成されると考える資質・能力の中に次のように示されています。

『○心身の健全な発達や健康の保持増進，事件や事故，災害等の非常時から身を守ることの意義を理解し，必要な行動の仕方などを身に付ける。（略）』『○自己の生活を振り返り，健康，安全，防災，運動や体力の向上に関する課題と解決策について考え，他者と協力して，適切に判断し行動することができるようにする。（略）』学校現場で実施される防災訓練もこの趣旨に沿って実施されることになります。東日本大震災を境にして学校での防災訓練も変わりました。特に津波被害が心配される場所に立地している学校では，まず揺れが始まったら自分の身を守る姿勢をとり，揺れが収まったら津波から身を守るため校舎内であれば最上階に避難します。校舎外であれば高台に避難する訓練が実施されるようになりました。この際に，避難後担任の仕事として重要なことは人員点呼です。本日出席している生徒が全員その場所にいるかどうかを確認します。次にその結果を学年ごとに学年主任等に報告し，そして学年ごとに校長に報告することになります。また，津波の被害が心配されない学校では，校庭や体育館（体育館に避難させる場合は，耐震強度を十分に把握しておくことが重要になります。）に避難することになり，同じように人員点呼が行われます。この人員点呼を迅速に確実に行う訓練を生徒に体得させることは大変重要です。

　さらに，生徒の居住地域ごとの班編成訓練があります。東日本大震災以前はこのあと先生が引率し地域ごとに集団下校を想定していましたが，震災後は基本的には直接保護者に学校に迎えに来てもらう方向になっています。そのために，保護者が学校に迎えに来る間，生徒・職員が学校に滞留することを想定し最低３日分の非常食や防災備品（簡易トイレ，発電機，毛布等）の備蓄に取り組んでいます。防災訓練の最後には校長から講評がありますが，この講評では生徒の防災意識を高める話の内容となります。例えば東日本大震災の教訓から「津波てんでんこ」の意味，釜石中学校・小学校の児童と生徒が大きな地震の揺れの後に取った行動の話等は，生徒の防災意識を高める上で大変有効です。火災に対する避難訓練と大きな地震に対する避難訓練は適切な時期に定期的に実施する必要があります。その際には，毎回同じような状況で訓練するのではなく，訓練時間を授業中や休み時間を想定して変える等，また予告なしで行うなど工夫を加え，より実践的な訓練をすることが必要と考えます。

4)　学校保健安全法第5条「学校においては，児童生徒等及び職員の心身の健康の保持増進を図るため，児童生徒等及び職員の健康診断（中略）計画を策定し，これを実施しなければならない」

5)　消防法第8条　1「学校，病院，工場，（中略）政令で定める資格を有する者のうちから防火

図7-9：体育祭（応援合戦）

管理者を定め，（中略）避難の訓練の実施（中略）を行わせなければならない」

6) 消防法施行令第4条　3「防火管理者は，総務省令で定めるところにより，防火管理に係る消防計画を作成し，これに基づいて消化，通報及び避難の訓練を定期的に実施しなければならない」

第5節　体育的行事

　体育的行事としては，体育祭（運動会），球技大会，競技会（マラソン大会）などがあります。その中でも，各学校の年間行事の中でも大きな位置づけになる行事は，体育祭（運動会）です。準備期間だけでも2〜3日を費やし，体育祭の中で色別等の応援合戦や色別のマスコットの製作がある場合には，生徒は1ヶ月以上前から放課後を利用して準備を行います。当日は一般公開されることが多く，学校と家庭や地域の結びつきを強くする行事の一つでもあります。また，学年を超えてグループ（色別や組別）を結成し競技を競わせることが多く，このことが学校行事の目標に示されている『全校もしくは学年の生徒で協力し，（中略）体験的な活動を通して，集団への所属感や連帯感を深め（略）』ということをまさに具体的に実践している行事です。さらに，学年を超えたグループ（色別や組別）のまとめ役は上級生が務めることになります。普段あまり接することない他学年の後輩をまとめ一つの目標に向かっていく過程で，人間関係能力やリーダーシップの能力を高めていくことが期待されます。また，後輩は先輩のリードの下で協働することを学び，先輩の姿を身近にみることで，自分たちが上級学年になった時の役割を自覚することになり，この流れがそれぞれの学校の特色ある伝統を生んでいく原動力になります。また，体

育祭の運営には生徒会活動が大きな役割を担う場でもあります。生徒会活動の内容に示されている『学校行事の特質に応じて，生徒会の組織を活用して，計画の一部を担当したり，運営に主体的に協力したりすること。』ことを実践する行事です。生徒会本部役員の生徒と体育祭実行委員会[7]の生徒が協力し，計画から運営までを主体的に運営していきます。一方，近年では生徒の安全を考え，競技種目の見直しや廃止（棒倒し，騎馬戦，組体操等）を各学校や各地方自治体の判断で行われているところもあります[8]。

[7] 多くの中学校・高校には生徒会活動を支える中心的な組織として生徒会本部が設置されている。その組織の長として，生徒総会によって選出された生徒会長がいる。また，各行事を運営していく組織として，各クラスから選ばれた生徒によって実行委員会が設置されることが多い。

[8] 平成28年3月25日にスポーツ庁政策課学校体育室より各都道府県・指定都市教育委員会学校体育主管課等の関係機関に「組体操等による事故の防止について」の事務連絡通知が出る。

まとめ

　以上，学校行事の中の儀式的行事・文化的行事と健康安全・体育的行事について，学校の実践例をもとにそれぞれの行事で育成を期待される生徒の資質・能力について述べてきました。もちろん，ここで提示した実践例はあくまで一例であり，個々の学校によってその内容や進行，組織的な取り組みなどの違いはあるはずです。また，その違いが各学校の創意工夫となります。ただし，学校現場での留意したい点として，学校行事は前例主義に陥り易い傾向があります。なぜなら，学校の教育活動は正規の教育課程内の活動として教科指導，総合的な学習（探求）の時間，特別活動のホームルーム活動・生徒会活動，またここで取り上げていない学校行事として旅行・集団宿泊的行事・奉仕的行事等があります。さらに，部活動等の課外活動も含めて様々な教育活動があります。そのために教員と学校組織が時間的・物理的・精神的余裕がなくなり一つひとつの教育活動をこなすだけになっていくと，毎年度実施される学校行事は検証・検討・改善がされなくなり前年度通りとなることが多いのです。

　しかし，学校行事等で育成される生徒の資質・能力は教科活動等では育成されにくい資質・能力を多く含んでいます。そのためにも，各行事の意義に照らし合わせ変えないところ，そして変えて創意工夫を活かすべきところを検討し，生徒の資質・能力の育成に対して教育的効果が上がるように，振り返りの充実を行う必要が求められます。

　学校行事は，生徒と教職員双方にとって学校生活の中で大きな節目となりま

126

す。その実施は，学校集団としての活力を高め，生徒の学校生活に潤いと張り
をもたせることができます。さらには，学校の文化や伝統及びより良い校風を
つくり，愛校心を高めることにもつながります。全校や学年などの大きな集団
による「なすことによって学ぶ」を方法原理とする自主的，実践的な取り組み
を通して，自他のよさに気付き，認め合ったり，新たな課題を見いだしたりす
るなど，人間としての生き方についての自覚を深め，学校生活の更なる向上を
目指す大変重要な教育活動です。

【参考文献】
・高等学校学習指導要領（平成30年告示）　文部科学省
・中学校学習指導要領（平成29年告示）　　文部科学省
・高等学校学習指導要領（平成30年告示）解説　特別活動編　文部科学省
・中学校学習指導要領（平成29年告示）解説　特別活動編　　文部科学省
・高等学校学習指導要領（平成30年告示）解説　総則編　文部科学省
・中学校学習指導要領（平成29年告示）解説　総則編　　文部科学省
・東海大学課程資格センター論集　第17号　2018　「高等学校における特別活動の意義と問
　　題点」〜二つの事例から学校行事等の改善を考える〜　荒木高司，反町聡之

第8章　学校行事（旅行・集団宿泊的行事）

　本章では，2017（平成29）年3月に告示された中学校学習指導要領（以下，「中学校学習指導要領」とします）にもとづいて，特別活動を構成している学校行事の一つである「旅行・集団宿泊的行事」について，その位置づけや特質，意義等を確認します。さらに「修学旅行」の企画・運営・評価等について公立中学校の実践事例をまじえ，述べていくこととします。

第1節　旅行・集団宿泊的行事と修学旅行

1．旅行・集団宿泊的行事の学習指導要領上の位置付け及び特質と意義

　小・中学校，高等学校で経験した「遠足」や「移動教室」，「修学旅行」などの行事は，児童・生徒にとって，それが待ち遠しく楽しみなことであるばかりではなく，卒業後も長く心に残る思い出となります。中学校学習指導要領では，これらの行事を特別活動の学校行事の内容の一つである「旅行・集団宿泊的行事」に位置付けており，その内容を次のように示しています。

> 中学校学習指導要領　第5章　特別活動　第2　[学校行事]　2　内容
> （4）旅行・集団宿泊的行事
> 　平素と異なる生活環境にあって，見聞を広め，自然や文化などに親しむとともに，よりよい人間関係を築くなどの集団生活の在り方や公衆道徳などについての体験を積むことができるようにすること。

　ここから，「旅行・集団宿泊的行事」の特質を「平素と異なる生活環境」の中で行われる「体験的な活動」と読み取ることができます。
　また，生徒が日常の学校生活から離れ，校外で学習することの意義は次のように考えることができます。
○　ともすると単調となりがちな学校生活に望ましい秩序と変化を与える。
○　豊かな自然や文化・社会について，体験活動をとおして親しむことができる。
○　実社会の中で，公衆道徳を実践的に学ぶ機会となる。

128

○　学年，学級，班などのグループでの協働的な取り組みにより，集団への所属感や連帯感を深めることができる。

○　日頃見ることのない個人や集団の新たな一面の発見は，人間的な触れ合いを深め，楽しい思い出をつくることができる。

○　日頃の学習の成果を，実践をとおして，活用したり，深化させたりできる。

２．データから見る中学校の修学旅行

　公益財団法人日本修学旅行協会では，毎年，中学校や高等学校が実施する修学旅行の実態をまとめた「教育旅行年報データブック」を発行しています。2017年度実施のデータ（全国の国・公・私立の中学校からの抽出調査。2017年度実施分については，988校（全国の9.6％）の回答結果をまとめたもの）から，中学校修学旅行の概要を見ていきましょう。

　はじめに，図8-1〜3では，「実施時期」「実施学年」「旅行日数」について示しています。中学校では，3年生の4月から6月の時期に，3日間をかけて実施している学校が多いことがわかります。

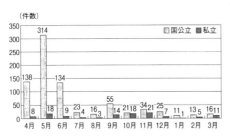

図8-1：実施時期 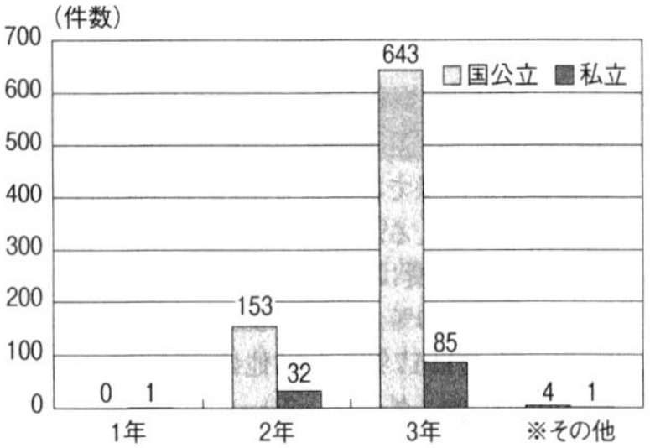　　　　　　　　　図8-2：実施学年

（単位：件・日）

設置者＼日数	2日	3日	4日	5日	6日	合計	平均日数
国　　立	0	5	11	0	1	17	3.8
公　　立	2	699	78	3	1	783	3.1
私　　立	1	32	74	10	2	119	3.8
全　　体	3	736	163	13	4	919	3.2
構成比	0.3	80.2	17.7	1.4	0.4	100.0	

図8-3：旅行日数

　次に，「旅行先」については，都道府県別の上位は表8-1のとおりで，第1位は連続して京都府となっています。

　図8-4では，「修学旅行で重点を置いた活動の分類別件数・比率」を表しており，その内訳を見ると，史跡・町並み・産業遺産・博物館等の見学などの「歴史学習」に重点を置くものが45.0%であり，これは毎年1位をしめています。

（単位：件・%）

順位			旅行先	件数	構成比
今回	前回	前々回			
1	1	1	京都	413	20.7
2	2	2	奈良	370	18.5
3	3	3	東京	216	10.8
4	4	4	千葉	181	9.1
5	5	5	大阪	157	7.9
6	6	6	沖縄	92	4.6
7	7	7	神奈川	74	3.7
8	10	11	広島	71	3.6
9	9	8	長崎	59	3.0
10	8	9	福岡	56	2.8
11	11	10	兵庫	35	1.8
12	12	13	北海道	27	1.4
13	16	12	熊本	24	1.2
14	17	20	滋賀	19	1.0
15	18	18	岩手	17	0.9
16	23	17	鹿児島	16	0.8
17	19	19	佐賀	14	0.7
18	15	15	長野	12	0.6
19	20	24	青森	11	0.6
20	18	28	秋田	10	0.5

※総件数は1,997件
※滞在時間に関係なく行った旅行先をカウント「1」とした。（同じ場所に午前午後滞在した場合は1）

表8-1：旅行先上位20

130

続いて，ミュージカル・演劇・古典芸能等などの「芸術鑑賞・体験」が11.0%，「平和学習」が10.5％となっています。

さらに，図8-5・6では，班別自主行動と体験学習の実施率を示しています。班別自主行動については87.4％，体験学習については58.4％と，どちらも高い実施率です。

各学校において，学習指導要領が重視する「主体的・対話的で深い学び」の実現が求められており，多くの中学校では，それに迫るための工夫した取り組みが行われています。

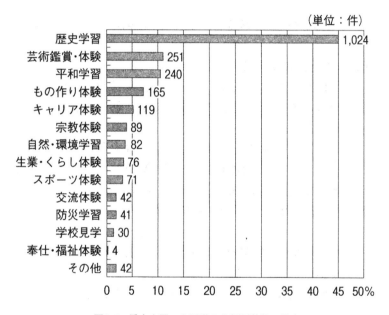

図8-4：重点を置いた活動の分類別件数・比率

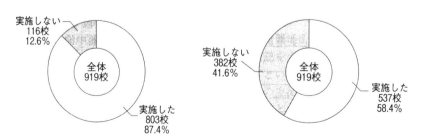

図8-5：班別自主行動実施率　　　図8-6：体験学習実施率

第2節　「修学旅行」の企画・運営・事後反省

　教師は，修学旅行当日（2泊3日間）だけではなく，事前準備から事後反省までの相当な期間を意図的・計画的・組織的に指導・支援します。この節では，修学旅行の企画・運営・事後反省に至る手順とその要点を記します。

ステップ1　修学旅行のねらいを設定する

　はじめに旅行のねらいを設定します。この行事を通して，「生徒の何をどう育てたいのか」等をはじめとする育成すべき資質・能力を明確にしておくことが大切です。

　実際の計画作成や指導にあたるのは，修学旅行を担当する学年団の教師となりますが，この行事の「ねらい」「活動内容」「指導上の留意事項」などを教師集団が十分に共通理解しておく必要があります。このことは，行事を安全に実施し，生徒の主体的な取り組みを最大限に引き出すためにも欠かせないものであり，行事の成否をわける鍵といえるでしょう。

　中学校学習指導要領解説・特別活動編（平成29年7月）では，特別活動の目標をふまえ，旅行・集団宿泊的行事で育成する資質・能力を次のとおり例示しています。

> ○　豊かな自然や文化・社会に親しむことの意義を理解するとともに，校外における集団生活の在り方，公衆道徳などについて理解し，必要な行動の仕方を身に付けるようにする。
> ○　日常とは異なる生活環境の中での集団生活の在り方や公衆道徳について考え，学校生活や学習活動の成果を活用するように考えることができるようにする。
> ○　日常とは異なる環境や集団生活において，自然や文化・社会に親しみ，新たな視点から学校生活や学習活動の意義を考えようとする態度を養う。

　実際に旅行・集団宿泊的行事を計画するにあたっては，これらのことをふまえるとともに，学校教育目標や学年指導目標等との関連を図ることや生徒や学校，地域の実態に応じて育成すべき資質・能力を明らかにすることが大切です。

ステップ2　基本方針の決定と組織づくり

　次に，設定したねらいにそって，指導をすすめる上で大切にしたいことや安全配慮事項などの指導上の基本方針を決定します。また，当日の活動日程を含

む，準備から事後の取り組みにいたるスケジュールや生徒の係組織を決定します。

【修学旅行における生徒の自主性尊重と教師の適切な指導】

　修学旅行の企画・運営にあたっては，教師全員が，生徒の自主的な活動に委ねる範囲についての共通認識をすることが大切です。たとえば，「起床時間や就寝時間の決定は誰が行うのか」「持ち物，特にみやげ代等の金銭上のルールはどうするか」「グループ別の行動範囲をどこまで広げるか」などをあいまいなままにしておくと，生徒の安全を脅かす事態に発展しないとも限りません。

　生徒の自主性を重んじるということは，何でも生徒が決めてよいということではありません。生徒の主体性を引き出し，生徒自身がやりがいと充実感を伴った行事にしていくためにも，教師側が基本的な枠組みを事前にしっかりと確認した上で，生徒に示すことが重要です。

ステップ3　具体的な指導計画（事前指導・当日・事後反省）を作成する

1.「主体的・対話的で深い学び」と「カリキュラム・マネジメント」の推進

　修学旅行の実施に向けた指導計画を作成するにあたり，中学校学習指導要領が重視する「主体的・対話的で深い学び」の実現や「カリキュラム・マネジメント」を十分に意識して推進することが大切です。

1）「主体的・対話的で深い学び」の実現に向けた指導計画づくり

　特別活動の特質でもある「集団活動に自主的，実践的に取り組む」「互いのよさや個性，多様な考え方を認め合う」「等しく合意形成に関わる」等は，「主体的・対話的で深い学び」の実現につながるものです。

　その具体的な方策として，中学校学習指導要領解説・特別活動編（平成29年7月）は，次のことがらを示しています。

① 活動内容を生徒が選択・決定すること

② 活動に必要な資料や情報等を生徒が集めること

③ 活動の成果について生徒自らが評価すること

④ 課題を解決するための話し合いを行うこと

⑤ 他者の考え方を認め，自他の考えをつなぎながら，新たなものを構成員全員で生み出していけるようにすること

⑥ 学級全員で役割を担い，決めたことを実践できるようにすることなど，様々な活動の過程で，生徒の主体的な活動を可能にすること

　また，こうした方策は，各活動過程における教師側の評価の視点と重なるものです。例えば，小グループでの話し合い活動においても，互いの意見を尊重

し合っているか，一部の意見だけで決めようとしていないか，合意形成に向けて構成員が平等に参画しているかなど，その都度，教師側が活動の様子を評価し，きめ細かな指導をしていきます。この積み重ねにより，「主体的・対話的で深い学び」が実現されていくのです。

２）「カリキュラム・マネジメント」の視点に立った指導計画づくり

旅行・集団宿泊的行事の指導にあたっては，カリキュラム・マネジメントの視点に立ち，各教科，道徳，総合的な学習の時間などの指導との関連を図った資質・能力の育成が大切です。具体的には，各教科等で育成された能力が特別活動で十分に活用できるようにするとともに，特別活動で培われた協力的で実践的な資質・能力が各教科等の学習に生かされるようにすることです。例えば，修学旅行の取り組みでは，社会科や美術科の学習内容と深い関わりがありますし，体験したことや調べたことをまとめたり発表したりする学習活動は，国語科における「話すこと・聞くことの能力」「書くことの能力」を養うための学習にも生かされることになります。

【カリキュラム・マネジメント】
　生徒や学校，地域の実態を適切に把握し，教育の目的や目標の実現に必要な教育の内容等を教科等横断的な視点で組み立てていくこと，教育課程の実施状況を評価してその改善を図っていくこと，教育課程の実施に必要な人的又は物的な体制を確保するとともにその改善を図っていくことなどを通して，教育課程に基づき組織的かつ計画的に各学校の教育活動の質の向上を図っていくこと。

２．綿密な安全対策をほどこした計画とする

学校の教育活動全般において，安全対策の重要性は，近年の大規模な自然災害の発生にともなう事故事例により，特に注目されるようになっています。教師には「安全配慮義務」が課せられており，事故を未然に防ぐため，その対策を十分に講じなければなりません。

【修学旅行で想定される事故や危険】
　自然災害（地震，大雨大雪，河川氾濫，竜巻，洪水等），交通機関のトラブル，突然の病気やケガ，食事にともなうアレルギー，他校生徒や観光客とのトラブル，不審者への対応など

これらの災害等の多くは突発的に起こることや教師の目の行き届かない場所で起こる可能性もあります。これらのことに留意して，十分に対策を講じると

ともに，日頃より，危機管理に対する意識を高め，組織的な対応がとれるように準備しておくことが大切です。また，生徒に日常の学校生活の中で，安全教育を実施することにより，事故や危険に対する対処の仕方等について，身につけさせておく必要があります。

さらに，修学旅行の実施にあたっては，事前に下検分を十分に行い，注意個所や引率教師の行動や配置について，繰り返し確認しあうことが大切です。

【下検分のポイント】
　○　乗降駅やバスターミナルなど
　　生徒の動線，緊急誘導の経路，トイレの位置や数，混雑状況や引率教師の配置場所等
　○　宿舎となる旅館（ホテル）
　　避難経路，災害発生時の誘導経路，放送システム，食事内容，各部屋，風呂の様子等
　○　現地の病院や警察の位置や連携，観光バス乗降車場所，昼食会場等
　○　行程上の引率教師配置場所等

ステップ４　当日の指導計画づくり

旅行日程に即した生徒活動や教師のうごきを時系列に整理して，それを引率教師全員が共通理解します。**（第3節　実践事例「3．当日の活動」を参照）**

ステップ５　事後の取り組みと反省・評価

修学旅行をとおして，個々の生徒や学年集団はどのように成長・変容したのでしょうか。事後の取り組みとして，それらを多面的に把握し，評価につなげていくことは，大変重要なことであり，そのことをとおして，生徒が自己の成長を実感したり，自己肯定感を高めたりして，次の活動への意欲づけになります。

具体的な方法については，教師の観察による評価だけではなく，生徒自身が自らを振り返ったりすることのできるような「活動シート」を活用することや生徒間での相互評価を取り入れることも有効です。

また，生徒の活動場面が学級の枠を超えることもあるため，学級担任がすべてを掌握しようとするのではなく，学年の教師間の連携により，生徒の努力や意欲を積極的に評価していくことも大切です。

第3節　中学校における実践事例の紹介

【事例】生徒の主体的な活動を重視し，平和学習に重点を置いた修学旅行

　前節では，修学旅行の企画・運営・事後反省について理論的に整理しました。本節では，それらが具現化されていく過程を知るために実践事例を紹介します。

　筆者が校長職を務めている神奈川県相模原市立大野南中学校では，総合的な学習の時間のテーマに「平和学習」をかかげ，中学校3年間で実施する旅行・集団宿泊的行事の計画にも，これを系統的に位置づけています。3年生の修学旅行では，これまでの学習のまとめとして被爆地広島を実際に訪れ，人権を尊び平和を希求する気持ちをさらに育てたいと考えています。

　また，年度当初に行われる修学旅行という一大行事をとおして，最上級生としての自覚を高め，学校のリーダーとしての自信をもたせたいと願っています。

1．ねらいや基本方針の設定

　はじめに，この行事のねらいや指導上の基本方針を定め，教師間で十分に共通理解を図ります。

1　ねらい
1）　宿泊を伴う校外学習の取り組みをとおして，自己の責任と集団のきまり，公衆道徳を身につけさせるとともに，集団活動の楽しさを味わい，学年の一体感や学級への所属感を深める。
2）　広島での平和学習や京都での歴史遺産等に触れ，その価値の重さに気づき，広い視野から平和，環境，伝統文化の尊重について考えることのできる態度を育てる。
2　基本方針
1）　事前・当日・事後の活動をとおして学級や各係会での話し合いを充実させるとともに生徒の主体的な活動を引き出し，自主性やリーダーの育成に努める。
2）　調査活動は，総合的な学習の時間のテーマに沿って調査・学習させる。
3）　関連する教科の学習においても，意図的に見学先に関係する自然・歴史・伝統にふれ，興味・関心を高める等。

2．事前の取り組み

　他の行事などの予定も考慮し，修学旅行実施の半年以前から生徒の事前活動が始まります。

　① **生徒の実行委員会を組織します。**

　　・修学旅行の意義を実行委員生徒が理解します。

136

・目標や係組織についての話し合いを行います。

② **行事の概要を理解します。**

・全生徒がこの行事に対して，見通しをもちます。

・学級内で必要な係決めが行われます。

【例】班長，コース係，保健係，学習係等

・学級担任の支援により，物見遊山ではなく，自らの主体的な取り組みや学習活動が重要であることを理解します。

③ **係の代表が集まり，学年の目標や約束事を話し合います。**

・決定事項を学級に伝えたり，懸案事項を再度学級で話し合ったりする中で，生徒の自主性を引き出し，自らが行事の主役という意識を育てていきます。

④ **班別自主活動のコースの検討が始まります。**

・行動範囲や基本的な班移動のルールを押さえた上で，見学個所や移動ルートを作成していきます。最近では，旅行ガイドブックやHP上の情報も充実しており，主体的な取り組みを支える学習環境も整っています。

⑤ **学習テーマにもとづき，事前学習を行います。**

・総合的な学習の時間で取り組んでいる学習テーマにもとづき，当日の調査計画を作成します。

⑥ **学年集会でこれまで話し合ってきたことの最終確認を行います。**

・行事の成功のために，各自がしっかり役割を果たすことや決めたことをしっかり守ろうとする態度を育成します。

3．当日の活動

　いよいよ当日を迎えます。ここまで準備をすすめてきた実行委員会を中心とした生徒の主体的な活動が展開できるよう，教師側はそれを支援する側に徹します。旅行中に教師が大声で行動を指示することのないようにしたいものです。そして，生徒の頑張っているところを，その都度，褒めたり，認めたりすることが大切です。

　また，この間，もっとも重要なのは，生徒の安全です。前節で述べたとおり，旅行中は，常に危機管理の視点をもち，生徒の行動観察にあたり，教師間の連絡を密に行い，緊急時の備えを万全にしておく心構えが必要です。

　では，旅行日程と引率教師の動きから，旅行当日の流れを見ていきましょう。

時　間	旅行日程	引率教師の動き
【1日目】 7:35	小田原駅集合 ・生徒は小グループごとに最寄り駅から電車で集合する。	・生徒が乗車する最寄り駅の「改札口付近」や「電車ホーム」に引率教師を配置し，生徒の安全確認を行う。 ・集合途中でのトラブル発生などの生徒からの緊急連絡を受ける体制を整える。 ・小田原駅構内各所に引率教師を配置する。 <u>7:40引率教師打合せ</u> ・出席状況と健康状況等を引率責任者（校長）と学年主任・担当教師に報告する。
7:45	出発式 ・生徒代表の言葉 ・添乗員紹介	・一般客の迷惑にならないよう集合スペースや音量等に配慮する。
8:10	新幹線ホームへ移動	・一般客への配慮と安全確認を欠かさない。 ・生徒が集団から離れないように注意し，引率教師は全員の乗車確認後に乗車する。 ・速やかに乗車させる（生徒に「自分の座席を探すのは発車以降とする」と指導する）。
8:24	小田原駅　発 新幹線車内	・乗車生徒数を確認する。 <u>9:00引率教師打合せ</u> ・生徒の様子や健康観察結果等の情報交換をする。体調不調生徒は養護教諭が対応する。
10:14	京都駅　着 新幹線乗り換え	・一般客への配慮と安全確認を欠かさない。
10:24	京都駅　発	

11:15	弁当配付・昼食	・配付やゴミ回収にあたる生徒を支援する。 ・アレルギー配慮が必要な生徒の再確認と個に応じた対応をする。
11:50	下車準備	・トイレを済ませておくように指示する。
12:05	広島駅　着 広電乗り換え	・一般乗降客に注意しながら，列を崩さず，速やかに誘導する。
12:50	原爆ドーム前　着	
13:00	平和記念公園，資料館見学(学級別行動)	・学級単位での行動とし，緊急時には本部に連絡し，複数の引率教師で対応する。
16:30	原爆の子の像前集合 ①折り鶴献納 ②被爆ピアノでの合唱	・他の観光客に配慮しつつ，生徒を誘導する。 ・係生徒の動きを支援する。厳粛な雰囲気の中で，事前準備してきた左記のセレモニーを行う。
17:30	学級写真撮影後，徒歩で旅館へ移動	
18:00	旅館　着	・係活動を支援する。 ・避難経路について，部屋ごとに全生徒に確認する。 ・貴重品の管理を徹底する。
18:30	夕食（大広間）	・生徒の健康観察 ・アレルギー配慮生徒の再確認と個に応じた対応をする。
～21:30	入浴・学級反省	・引率教師は分担して，「入浴指導」「館内巡回」「係活動支援」「学級反省」等にあたる。
21:40	実行委員会・係長会	・各係の反省と今後の予定を確認する。 ・生徒の良かった点を中心に評価する。
22:10	就寝準備	・係活動を支援する。 ・生徒の健康観察，各部屋の整理状況を確認。

| 22:30 | 消灯・就寝 | ・旅館内を巡回しながら，各部屋の人員確認や就寝指導をする。
23:15引率教師打合わせ
・生徒の健康状況の報告や明日の予定（変更点）等を全引率教師が共有する。
・その後，状況に応じて安全確認や就寝指導にあたる。 |

翌日は京都に移動です。以下，【2日目】【3日目】も同様に指導・支援が続きます。

4　事後の取り組みと評価

修学旅行を終えてから，行事の反省を行います。学級では「振り返りカード（自己評価・相互評価）」に記入し，班ごとや係ごとに話し合い活動を行い，旅行を振り返ります。実行委員会では，各学級での反省や係会議の反省をまとめ，学年集会で成果やこの旅行で学んだことを発表し，学年全体で共有します。

ある生徒は「広島や京都での見学や活動をとおして感じたこと，学んだことは何ですか」との問いに次のように答えています。

> 広島での活動の中では，やはりメインである「平和学習」についての印象が大きかった。原爆ドームを間近でこの目で見た時，まず言葉にできない衝撃を受けたことは忘れないだろう。あんなに多くのものを壊し，およそ14万という人々の命を奪った原子爆弾が確かに落とされたのだ。当時を生きていない私でも，実物や写真を見るだけで戦慄した。それならば私たち以降の世代でも戦争の恐ろしさを知り，平和について深く考えることができるだろう。
> 京都では，歴史的な建造物を多く見ることができた。清水寺，北野天満宮，金閣寺，二条城などの有名どころをまわることができた。どれも実物を見たことがなかったので，その場所を歩いていることに感動した。また，ガイドさんや運転手さん，土産物店など，旅先で出会った方々の優しさに触れることができ，とても充実した時間を過ごせた。

この生徒の振り返りから，修学旅行のねらいとしてきた態度の育成につながっていることが読み取れます。

学習のまとめは，各自が学んだことを小冊子（右写真）にまとめ，各学級で発表します。その後，1・2年生が見ることができるように共有廊下スペースに展示しました。これにより，

「平和学習」が次の学年にも引き継がれ，学校の特色ある取り組みとして定着していきます。

【参考・引用文献】

文部科学省（2017）「中学校学習指導要領解説　特別活動編」
文部科学省国立教育政策研究所教育課程研究センター（2016）「学級・学校文化を創る特別活動（中学校編）」
公益財団法人日本修学旅行協会（2018）「教育旅行年報　データブック2018」

第9章　主体的・対話的で深い学びと特別活動

　小学校と中学校は2016年，高等学校は2017年に新しい学習指導要領が告示されました。移行期間を経たのち，小学校は2020年，中学校では2021年に，そして高等学校は2022年から年次進行で，新学習指導要領が全面実施されることになりました。新学習指導要領の目玉として注目されているキーワードの一つが，本章のテーマである主体的・対話的で深い学びです。

　この章では，主体的・対話的で深い学びとはなにかを明らかにしたうえで，新しい時代の特別活動はこれまでとはなにが異なり，どのような姿に変わっていくのかを展望し，主体的・対話的で深い学びを実現するための特別活動のあり方を論じます。

第1節　主体的・対話的で深い学びが登場した背景

1．主体的・対話的で深い学びが求められる社会的背景

　一連の教育改革のなかで，主体的・対話的で深い学びという理念はどのような位置づけにあるのでしょうか。また，どういった背景から出てきた理念なのでしょうか。本節では，主体的・対話的で深い学びの位置づけとそれが登場した背景について論じます。

　日本の教育を改革する必要性の論拠として，学習指導要領では急速に変化する社会，具体的には人工知能の社会への普及，ますます進展していく情報化やグローバル化といったことが指摘されています。その変化はあまりにも急激であり，現時点では予測できないような社会を，いまの生徒は将来生きていくことになるでしょう。このような未来が予期されているのです。そうした予測不可能な社会を力強く生き抜くには，従来型の正解が決まっている知識を暗記するような学習によって身につく学力や資質・能力では不十分です。習得した知識・技能を活用して，未知の問題や正解のない問題に対して粘り強く取り組んでいく力が，予測不可能な社会を生きぬく力として必要だと考えられているのです。

142

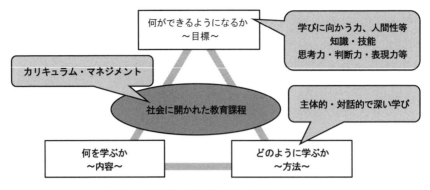

図9-1：主体的・対話的で深い学びの位置づけ

2．目標，内容，方法の関係性と主体的・対話的で深い学び

　教育や授業について考える際，よく用いられるのは目標，内容，方法という視点です。学習指導要領には「何ができるようになるか」，「何を学ぶか」，「どのように学ぶか」という表現がでてきますが，これはそれぞれ目標，内容，方法に対応し，その各々に関して，目指される教育のあり方を表現しています。

　「何ができるようになるか」は育成を目指す資質・能力に相当します。具体的には，①学びに向かう力，人間性等（どのように社会・世界と関わり，よりよい人生を送るか），②知識・技能（何を理解しているか，何ができるか），③思考力・判断力・表現力等（理解していること・できることをどう使うか）が育成すべき資質・能力の3つの柱として示されています。①は学んだことを人生や社会で活かそうとする態度や姿勢のことです。そのため，②として，すぐに忘れてしまうような知識・技能ではなく，学校内外の他の学びに活用される，生きて働く知識・技能の習得が図られます。さらに，③としては，未知の状況にも対応できる思考力・判断力・表現力等の育成が目指されます。

　「何を学ぶか」は教育の内容に相当し，特別活動では学級活動・ホームルーム活動，学校行事，生徒会活動，そして小学校のクラブ活動における各内容が該当します。「どのように学ぶか」は方法に相当し，この部分では主体的・対話的で深い学び（アクティブ・ラーニング）の視点からの授業の改善が求められています。つまり，本章で議論される主体的・対話的で深い学びは，教育の方法に関する理念であり，そのあり方を示したものだということです。

　目標，内容，方法は相互に関連し，それらが一体となって学習指導要領で目

指す教育改革の理念が実現されます。したがって，主体的・対話的で深い学び
は，資質・能力を育むという目標を達成するために，授業を改善する視点や方
法であると捉えることが重要です。すなわち，主体的・対話的で深い学びは，
それが資質・能力を育むという目標に向かっての学びとして実現される必要が
あるのです。

3．アクティブ・ラーニングから主体的・対話的で深い学びへ

　学習指導要領の文言は審議会での検討を重ねたうえで決定されます。当初，
審議会で用いられていたのはアクティブ・ラーニングという用語でした。文部
科学省が公開している用語集では，「教員による一方向的な講義形式の教育と
は異なり，学修者の能動的な学修への参加を取り入れた教授・学習法の総称」
と定義され，「学修者が能動的に学修することによって，認知的，倫理的，社
会的能力，教養，知識，経験を含めた汎用的能力の育成を図る。発見学習，問
題解決学習，体験学習，調査学習等が含まれるが，教室内でのグループ・ディ
スカッション，ディベート，グループ・ワーク等も有効なアクティブ・ラーニ
ングの方法である」（文部科学省，2012）とされています。

　アクティブ・ラーニングから主体的・対話的で深い学びへとスローガンが変
化したのは，例えば次のような誤解が広がってしまうことが懸念されたためだ
と考えられます。グループワークや話合いをさせればよく，そうした授業形態
を取り入れればよい。生徒の自由を尊重し，教師は介入したり指導したりしな
い。とにかく生徒に能動的な学習をさせればよい。仮にこのような誤解にもと
づいた授業が広まってしまうと，戦後の新教育が「はいまわる経験主義」と批
判されたことと同じ事態になってしまうかもしれません。一見すると生徒が楽
しそうに，活発に学んでいる様子が観察されるかもしれません。しかし，その
内実をよく見てみると，資質・能力や学力が身についていない，といった事態
です。すなわち，「活動あって学びなし」です。主体的・対話的で深い学びは，
新しい時代に求められる資質・能力を育成するために必要なのであって，決し
て知識や技能の習得が軽視されているわけではないのです。そのため，従来の
アクティブ・ラーニングの語義に近い主体的・対話的な学びに加えて，深い学
びという理念が加わったと考えられます。主体的・対話的で深い学びという言
葉には，「学校教育における質の高い学びを実現し，学習内容を深く理解し，
資質・能力を身に付け，生涯にわたって能動的（アクティブ）に学び続けるよ

うにする」（文部科学省，2017）という理念が込められているのです。

　以下の節では，話を分かりやすくするために，主体的な学び，対話的な学び，深い学びについて，順番に論じます。その際，それらを捉えるための理論をあわせて紹介します。理論を学ぶことで，特別活動の実践について構想したり振り返ったりするとき，あるいは他の先生の特別活動の実践を見る際に活用できる視点（授業を見る際の着眼点）が得られると考えるからです。

第２節　特別活動における主体的な学び

１．主体的な学びとはなにか

　特別活動における主体的な学びとは「学ぶことに興味・関心をもち，学校生活に起因する諸課題の改善・解消やキャリア形成の方向性と自己との関連を明確にしながら，見通しをもって粘り強く取り組み，自己の活動を振り返りながら改善・解消に励むなど，活動の意義を理解した取組」（文部科学省，2018）のことです。興味・関心，見通し・振り返り，キャリア形成，活動の意義などがキーワードになるでしょう。学習内容に対して興味や関心があるだけでなく，学ぶこと自体に興味や関心がある状態が主体的な学びの姿になります。また，活動の意義を理解しているかどうか，単にその場だけの学びではなく，生徒一人ひとりが自分自身の将来を見据えた学びを行えているかどうかも重要です。

　ここで，「主体的」ということの意味をもう少し考えてみたいと思います。生徒指導提要（文部科学省，2011）では，自発性・自主性と主体性を次のように区別し，定義しています。自発性・自主性とは，「他者から強制されなければ行わない，他者から指示されないと行わない，他者と一緒でなければ行わない，などの受動的な姿勢や態度ではなく，能動的に取り組んでいく姿勢や態度」のことです。そのうえで，「他者の指示や意見に従ったり，あるいは他者の顔色や周りの様子をうかがったりして行動するのでなく，自らのうちにわき上がる思いや判断に基づいて行動することを，自発的と呼びます。また，他者に依存することなく，他者に責任転嫁することもなく，自らの考えと責任において行動することを，自主的と呼びます」としています。つまり，自分で決めて，自ら行動することです。

　これに対して主体性とは，「与えられたものであっても，自分なりの意味付けを行ったり，自分なりの工夫を加えたりすることで，単なる客体として受動

的に行動するのでなく，主体として能動的に行動する」ことを意味します。つまり，自分で決めたことでなくとも，やる気を出して，積極的，意欲的に行動することです。

　なぜこの視点が大事かというと，学校や実際の社会では，すべて自分一人で決定し，自由に行動できることばかりではないからです。だからこそ，与えられた条件の枠のなかで最善を尽くし，主体的に取り組もうとする態度をいかに育むかが重要になってくるのです。

　実際，特別活動では計画や内容がある程度決められていたり，自分が中心となって思い通りに活動ができなかったりすることも多くあります。そうした時でも，活動の意味を考えたり，自分なりに意味付けを行ったり，工夫を加えたりすることで，受動的にではなく，活動の主体として能動的に行動することができるのではないでしょうか。このような行動が，活動の意義を理解した取り組みにもつながってきます。クラスにいるのは，自主的・自発的に活動できる生徒だけとは限りません。特別活動を指導する教員としては，いかに生徒に特別活動への興味・関心をもたせ，意欲を喚起し，活動の意義を理解させ，生徒が主体的に取り組めるようにするかが鍵となります。

2．主体的な学びを見取るための理論

　それでは，生徒の主体性はどのように見取ることができるのでしょうか。本項では，特別活動における主体的な学びを見取るための理論を提示します。

1）参画のはしご

　1つ目に取りあげる理論はロジャー・ハートによって提案された「参画のはしご」です。参画は participation の翻訳で，参加とも訳されます。ハートは子どもの自発性・主体性を参画の必要条件としており，子どもが自発的・主体的に学習過程に参画することを重視しています（山下，2009）。それゆえ，「参画のはしご」は子どもの参画の度合いを示す理論ですが，その一方で子どもの自発性・主体性の程度を見取るための指標にもなります。

　ハートは参画の種類を8つに段階づけしたうえで，大きく非参画と参画の2つの段階に分けています。前者には①操り参画（欺き参画），②お飾り参画，③形だけの参画の3つの段階があります。これらは生徒が自発的・主体的に活動することができていない段階です。①はプラカードを作って子どもにデモ行進させるなど，大人が自分のいいたいことを子どもの声でいわせることです。

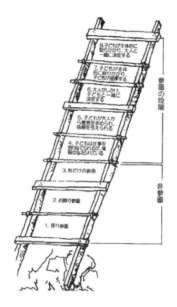

図9-2：参画のはしご
（ハート，2000，p. 42）

②は子どもが何らかの主張を掲げたＴシャツを着ているが，その主張をほとんど理解していない，といった場合です。③は優秀な子どもだけが選ばれて模擬議会が開催されるなど，形だけの民主主義になっている場合です。

　参画の段階には，④子どもは仕事を割り当てられるが，情報は与えられている，⑤子どもが大人から意見を求められ，情報を与えられる，⑥大人がしかけ，子どもと一緒に決定する，⑦子どもが主体的に取りかかり，子どもが指揮する，⑧子どもが主体的に取りかかり，大人と一緒に決定する，という参画の段階があります。数字が大きいほど，より子どもが自発的に，主体性を発揮して学習過程に参加しているとされます。

　④は環境問題について子どもを教育し，大人に行動を起こさせる触媒のような働きをさせるなどで，社会的動員ともいわれます。⑤は目的を知らされたうえで子どもが調査に協力し，調査結果の分析と討論には子どもも参加する，といった形での活動です。⑥は学校と地域住民が協力して子どもと一緒に遊び場づくりをするなど，子どもも一緒に決定します。⑦は子どもが汚染された川から魚を救出する作業を組織し，自分たちで環境保護庁に電話をかけ，何をすればよいか指示を待つ，といったように子どもが主体的に取り組みます。⑧では

クラス内の対立をなくすために，子どもは情報収集のための観察所を設置し，教師はそれを許可し，子どもは観察を続ける，といったように，子どもが主体的に提案して，大人と一緒に決定します。子どもがもっとも自発的・主体的に学習過程に参画しているのが，この⑧の段階です。

　現実に生じている現象を分析するには，ものを見る視点，つまりは理論が必要です。この「参画のはしご」の理論を念頭におくことで，特別活動の中で生徒がどれだけ自発的・主体的に学習過程に参画できているかを判断し，分析することができます。また，特別活動の授業を行うとき，生徒が自発的・主体的に参加する特別活動のあり方を構想するヒントにもなります。

２）経験の三角形（ラーニングピラミッド）

　２つ目の理論は「経験の三角形（三角錐）」です。ラーニングピラミッドとも呼ばれています。アメリカ国立訓練研究所（National Training Laboratory）が提示したモデルがもとになっていて，そこから派生したいくつかのバリエーションがあります。アクティブ・ラーニングを推進する理論的な根拠として，よく用いられる理論です。このモデルでは学習者が学んだことを記憶している割合，すなわち学習の定着率を三角形で表します。平均して講義は５％，読書は10％，視聴覚教材で学ぶと20％，実演を見ると30％，グループ討論は50％，自ら体験すると75％，他の人に教えると90％の割合で記憶に残り，定着するとされています。一人で教科書を読んだことはすぐ忘れてしまったけれども，試験勉強の際に友人に説明してあげたことで自分の理解が深まった経験がある人も少なくないでしょう。たしかに，経験的には納得できる理論です。しかし，このモデルで示されている定着率の数値については根拠となる調査結果がないことも指摘されており（土屋，2018；高松，2017），その点は注意が必要です。

　経験の三角形のうち，グループ討論，自ら体験する，他の人に教える，の３つの学習形態がアクティブ・ラーニングとされていますが，これらでは生徒が主体的に活動する度合いが高くなります。自ら体験することは「なすことによって学ぶ」という特別活動の方法原理そのものですし，グループ討論と他の人に教えることは，他者との関わり合いのなかで成立する学びであり，その意味では後ほど詳しく検討する対話的な学びでもあります。平均学習定着率の数値には残念ながら根拠がないのですが，このモデルを念頭におくことで，授業方法には様々なバリエーションがあるということを意識することができます。また，学習の定着率という視点から特別活動のあり方を考えることができます。

148

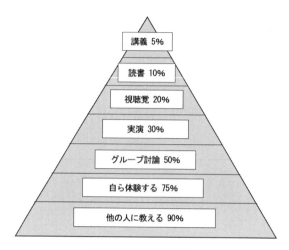

図9-3：経験の三角形
（National Training Laboratory より作成）

学習の定着率は，目指す資質・能力が本当に身につく特別活動になっているか
を見極めるためにも重要な視点です。

3．特別活動における主体的な学び

　特別活動では，従来から自主的・実践的な態度を育てることが大事だとされ
てきました。「なすことによって学ぶ」という実践的な態度の育成とともに，
自主的な態度の育成がこれまでも大切にされてきました。その意味では，主体
的な学びは特別活動が本来あるべき姿と同じ方向を目指しているといえます。
しかし，特別活動で簡単に主体的な学びが実現できるかというとそうではなく，
先述した自主性と主体性の相違をふまえて，次の2点を考える必要がありま
す。

　1つ目は生徒対生徒関係における主体的な学びです。この論点が浮かびあが
ってくるのは，集団活動をとおして人間形成を図る教育活動という特徴を特別
活動がもっているからです。集団活動であるからには，個人の自発性・自主性，
つまりは興味・関心や取り組みたいことが各々にあり，千差万別，十人十色と
いう状態から，どのようにしてクラスとしての意見をまとめ，ひとつの方向性
を出していくのかということが問題になります。つまり，クラス全体としての
調和やまとまりと，個人における自発性・自主性，この2つをどのように折り

合いをつけていくのかということが，特別活動の特質から生じてくるのです。例えば合唱コンクールの曲や役員の選出についてクラスで決める際，多数決という方法がよく採用されます。自分の意見が通らなかった生徒は意欲をなくし，主体的にかかわる姿勢を放棄してしまうかもしれません。多く挙がった意見だけでなく，少数意見も大事にしながら，それをどのように集団としての意思決定に反映させながら，クラス全体として主体的に学ぶ方向性を作っていくのか。特別活動を指導する教師の学級経営手腕が問われるところです。

　2つ目は，生徒対教師関係における主体的な学びをめぐる課題です。ここでは文化祭でのクラスの出し物を決める時のことを考えてみましょう。生徒は飲食店と展示スペースを作りたいと意見します。しかし，どんな店でも出店できるわけではありません。例えばアルコールを出す店は許可されないでしょうし，衛生面の懸念から認められない店もあるでしょう。人権を侵害するような反社会的，非倫理的な展示も認められないでしょう。いくら生徒が主体的に考え行動するといっても，生徒の希望や自由，そのすべてが容認されるわけではないのです。それは特別活動が学校教育という枠組みのなかで中学生や高校生としての健全な発達を支援し，人間形成を図る教育活動だからです。

　教室のなかで自由に意見を主張する余地がどこまであるのでしょうか。この問題は特別活動だけでなく，民主主義の理念のもとでの話合い活動を大切にしている社会科などの授業においても問題となりうることです。生徒が自由な議論をした結果，例えば「独裁国家を支援しよう」「いじめは必要悪だ」といった，自由や平等，個人の人権の尊重といった民主主義が大事にしている価値観に反することを，生徒が提案する可能性がありえます（社会認識教育学会，2012）。その場合，教えたい内容（伝えたい価値）と，生徒による自由な議論を尊重したいという方法が矛盾してしまいます。こうしたパラドックスに陥ってしまったときは，目標に立ち返ることが重要です。特別活動の場合は，集団や社会の形成者としての資質・能力の育成です。教育活動としての特別活動は，集団や社会の形成者としての資質・能力を育むためにあり，主体的・対話的で深い学びも，そのために取り組まれる必要があります。生徒が主体となって実践的に取り組む活動であればこそ，生徒の意思を尊重しつつも，進む道，成長する方向性を間違えないよう適切に助言し，時には軌道修正していく教師の高い指導力が問われるのです。

第3節　特別活動における対話的な学び

1．対話的な学びとはなにか

　特別活動における対話的な学びとは「生徒相互の協働，教職員や地域の人との対話，先哲の考え方や資料等を手掛かりに考えたり話し合ったりすることを通して，自己の考え方を協働的に広げ深めていくこと」（文部科学省，2018）と定義されます。この説明では，対話と協働が同じ文脈で用いられています。実際，対話的という言葉からは双方向性や協働性がイメージされ，班活動やペアワークで話合いをする姿が容易に思い浮かびます。その反対は一方的，個人的といった言葉になるでしょう。先生が話し続ける一斉授業や生徒の個人作業などが対話的でない授業としてイメージされます。しかし，個人の学びであっても先哲の考えを手がかりに対話が成立する場合もあることが述べられていることには注目したいところです。この場合は，本や資料などから先哲の思想を吟味し，内省していく，自己内対話という形の対話になります。

　ここで考えてみたいのは，そもそも対話とはなにかということです。対話に近い言葉として，会話があります。対話と会話はなにが違うのでしょうか。対話と会話の違いについて，高橋（2001）は表9-1のように整理して示しています。この分類によれば，対話は特定の話題について真剣になされ，物事や他者に対する認識の深まりをもたらすのに対して，会話はよりカジュアルな楽しい雰囲気で行われ，他者との人間関係の広まりをもたらします。

　さらに，対話と会話の違いについて，平田（2012）は次のように定義し，区別しています。会話は親しい人同士のおしゃべりのこと。それに対して，対話は異なる価値観や背景をもった人との価値観のすりあわせや情報の交換のことを意味します。平田が述べているように，日本語では両者の区別が曖昧です。また，日本語で話合いをすると，対話という感覚が薄いという指摘にも同意します。以上のことから，特別活動で話合い活動をする際には，会話だけにならないように注意し，対話を組織していく必要があります。有意義な対話を組織し，促していくためには，ファシリテーターとしての教師の役割が重要です。

2．対話的な学びを見取るための理論

　有意義な対話とは何かを考えるために，対話についての理論をもう少し詳しくみていきます。対話の価値について論じた田村（2018）は，他者への説明に

表9-1　対話と会話の違い

	目的	性格	雰囲気	話題	結果
対話	問題解決・創造 自己伸長	生産的	硬質の真剣さ	深く固定的	物事や他者に対する 認識の深まり
会話	心身の新鮮さ	消費的	軟質の楽しさ	広く流動的	他者との人間関係の 広まり

（高橋，2001，p. 222）

　よる情報としての知識や技能の構造化，他者からの多様な情報収集に加えて，対話によって他者と共に新たな知を創造する場を生み出すとともに課題解決に向けた行動化が期待できると述べています。また，対話について研究した多田（2016）は，対話を活用した学びの教育的意義を「一人一人の学習者の可能性を引き出し，協同の学びに参加する喜び，仲間と共に新たな知的世界を探究していく愉悦を存分に体感させることにある」と述べ，対話によって深い思考を生起させる12の要件を論じています。①受容的雰囲気づくり，②他者との対話機会の意図的設定，③差違性の尊重，対立・異見の活用，④自己内対話と他者との対話，⑤沈黙の時間の確保，⑥対話への主体的参加の手立て，⑦批判的思考力の活用，⑧非言語表現力の育成・活用，⑨他者への共感，イメージ力の錬磨，⑩対話のスキル習得，⑪思考の深化継続，⑫学習の振り返り・省察です。

　また，対話には4つの類型があると論じ，ソクラテスの問答法のような真理探究型対話，会社や部活動にみられる指示伝達型対話，軋轢や対立を解消するための交渉，契約，依頼，謝罪，要求，説得などを目的とする対応型の対話，和の精神や相互扶助を基調とし，多様性の容認と尊重を基本理念とする共創型対話を挙げています（多田，2016）。そのうえで多田は「価値観や文化的背景が違う人々と，心の襞までの共感や，完全な理解をすることは不可能であるかもしれない。しかし，互いに，英知を出し合い語り合えば，むしろ異質なものの出会いによってこそ新たな世界が拓かれる」として，グローバル時代に求められる対話のあり方として共創型対話を重視しています。共創型対話の基本的な考え方としては，①創造的な関係の構築，②少数者の意見と異質の尊重，③当事者意識・主体的参加意識，④変化への対応力・自己成長力，⑤共感・イメージ力の5つになります。

　いずれも重要な視点ですが，「多数決ですべてが決められていては，共創型対話は成り立たない。たとえ少数者であっても，その意見を尊重することによ

り，同質なものだけでは到達し得ない論議の深まりと広まりを求めていくことができる」とする②少数者の意見と異質の尊重や，「人は，さまざまな問題を自分の問題として捉えない限り，考えないし，行動もしない。一人ひとりが，自己が課題とつながりをもった当事者であるとの意識をもって参加することにより真剣かつ率直な対話が展開され，納得，共感できる結論に至ることができる」とする③当事者意識・主体的参加意識は，特別活動における対話的な学びを実現するためにとくに重要だと考えられます。それは，特別活動が自主的・実践的な態度の育成を重視しながら，集団活動をとおして人間形成を図る教育活動を行うという特徴をもっているからです。特別活動の質を高め，集団活動をとおして人間形成を図るためには対話的な学びが不可欠だといえます。

３．特別活動における対話的な学び

　特別活動における対話的な学びとはどのようなものでしょうか。対話するには相手（対象）が必要です。そこで，誰と誰の対話なのかを考えてみます。対話の主体を生徒としたとき，対象としては，同学年の生徒はもちろん，異年齢の生徒や障がいのある生徒，教員やスクールカウンセラー，ソーシャルワーカーなどの教職員，地域の人など，様々な相手が考えられます。対話の対象が多岐にわたることが，特別活動における対話的な学びの特徴です。

　多様な他者との様々な集団活動を行うことを基本すると特別活動では，従来から話合い活動が大切にされてきました。学習指導要領解説では，「学級活動や生徒会活動の自治的な活動においては，学級や学校における生活上の課題を見いだし，解決するために合意形成を図ったり，意思決定したりする中で，他者の意見に触れ，自分の考えを広げ，課題について多面的・多角的に考えたりすることが重要である」（文部科学省，2018）とされています。自分の考えを広げることや課題について多面的・多角的に考えることが重視されていることは注目したい点です。

　学級活動のなかで話合い，班やクラス全体で意思決定する際に，どのような対話が行われているでしょうか。誰かが意見をいったら，それでよいのではないか，となってしまい，すぐに同調してしまう傾向が強いのが日本の学級の特徴です。集団活動では，自分は意見をいわずに，グループに貢献しないで結果だけタダ乗りしてしまうフリーライダーが生じてしまうことも問題です。また，対話というと，いかに意見を主張するか，その部分に目が行きがちですが，そ

れと同時にいろいろな人の意見に耳を傾け，理解しようとする傾聴の姿勢も大事です。一人ひとりがしっかりと意見を主張し，同時に少数の意見も尊重していくことは，同調圧力が強く，個人主義よりは集団主義が優勢な日本の学級では，対話的な学びのなかで論議の深まりと広がりをもたらすという点で，特に重要だと考えられます。

　特別活動で話合い活動をする際，声の大きな人の意見が通ってしまったり，意見がいえない生徒の声をうまく拾えなかったり，誰かの発言に同調して議論にならなかったり，といったことがあると，深い学びにつながる対話的な学びにならないかもしれません。対話の理論に学ぶことで，グローバル時代に求められる対話とはなにかを理解し，そのうえで特別活動における対話の質を見取り，話合い活動を充実したものにしていくことができるでしょう。

第4節　特別活動における深い学び

1．深い学びとはなにか

　特別活動における深い学びとは，「学びの過程の中で，各教科等の特質に応じた『見方・考え方』を働かせながら，知識を相互に関連付けてより深く理解したり，情報を精査して考えを形成したり，新たな課題を見いだして解決策を考えたり，思いや考えを基に創造したりすることで，学んだことを深めること」（文部科学省，2018）です。

　深い学びを実現するキーワードとして田村（2018）は，「知識を相互に関連付ける」というところに着目して，「つながる」を挙げています。何と何がつながるのかというと，1つ目は知識・技能が相互につながることです。個々の知識や技能が習得されただけでは，使える知識・技能にはなりませんが，それらが関連付けられることによって，構造化・概念化されます。構造化・概念化された知識・技能は，他の事例に転用され，いろいろな場面で活用していくことが可能になります。知識・技能が構造化・概念化されていく過程，それが深い学びであると捉えられます。

　2つ目として，生徒がもっている知識・技能が場面や状況とつながることを挙げています。構造化・概念化された知識・技能を活用して，別の場面や状況について考え，探求していく過程も深い学びだと捉えられます。この過程で発揮されているのが，資質・能力の柱の一つ，思考力・判断力・表現力等です。

　3つ目として，知識・技能が学習の目的や方向性，手ごたえとつながること
が挙げられます。その事例として，特定外来生物のヒアリ（火蟻）について調
査した学びが紹介されています。話合いを進め，地域の人々とも関わるなかで，
自分たちの取り組みが地域に暮らす人々の幸福や環境保全に役立つことを子ど
もたちは実感します。そのことが，再度の調査を行いたいという子どもの意欲
を引き出します。このように，みんなのため，地域のため，公共のためといっ
たより高次な目標や価値とつながることも深い学びと捉えられます。こうした
深い学びをとおして，学んだことを人生や社会に生かそうとする学びに向かう
力・人間性等が涵養されるのです。

２．深い学びを見取るための理論

　特別活動における深い学びはどのような理論によって捉えることが可能にな
るでしょうか。主体的な学びと対話的な学びは外的な様子として比較的判断し
やすいのに対して，深い学びは外から見ただけでは捉えることが難しい学びで
す。その理由は，深い学びが生徒のなかで内的に深まっていく学びだからです。
松下（2015）は学習活動を内的活動と外的活動に分け，それと学習の能動性の
高低を組み合わせて深い学びの位置づけを示しています（図9-4）。

　外的活動の高さだけに目を奪われてしまうと，特別活動が内的な深まりを欠
き，Cのような「活動あって学びなし」の浅い学びとなってしまう恐れもあり
ます。特別活動が深い学びとして実現されているかを見取る際には，内的活動
の高まりにも着目する必要があります。そこで，溝上（2015）で紹介されてい
る「深いアプローチ」と「浅いアプローチ」という考え方が参考になります
（表9-2）。これはビッグスとタング（Biggs and Tang, 2011）が提案したもので，
学習へのアプローチに深浅があることを示したものです。浅いアプローチとは
記憶する，認める・名前をあげる，文章を理解する，言い換えるといった，繰
り返しで非反省的な記憶のしかた，形式的な問題解決のことです。一方，学習
課題に対して振り返る，離れた問題に適用する，仮説を立てる，原理と関連づ
ける，身近な問題に適用する，説明する，論じる，関連づける，中心となる考
えを理解する，記述するといった高次の認知機能をも大いに活用して課題に取
り組むのが深いアプローチです。課題に対してこうした深いアプローチを用い
ることによって，単に主体的な学びでもなく，単に対話的な学びでもない，主
体的・対話的で深い学びを特別活動で実現することが期待できます。

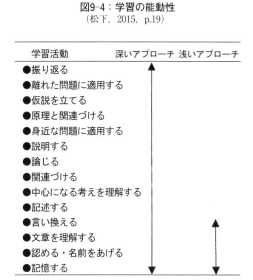

図9-4：学習の能動性
（松下，2015，p.19）

学習活動	深いアプローチ	浅いアプローチ
●振り返る		
●離れた問題に適用する		
●仮説を立てる		
●原理と関連づける		
●身近な問題に適用する		
●説明する		
●論じる		
●関連づける		
●中心になる考えを理解する		
●記述する		
●言い換える		
●文章を理解する		
●認める・名前をあげる		
●記憶する		

表9-2：学習の深いアプローチと浅いアプローチ
（溝上，2015，p.46をもとに作成）

3．特別活動における深い学び

　習得・活用・探究という一連の学びの過程のなかで，特別活動における深い学びは実現されます。知識や技能の習得にとどまっては深い学びとはいえません。各教科等で習得した知識・技能を特別活動で活用し，探求するなかで深い学びが成立するのです。その際，学びの「深まり」の鍵になるのが見方・考え方です。見方・考え方はどのような視点で物事を捉え，どのような考え方で思考していくのかという，物事を捉える視点や考え方のことです。「各教科等の見方・考え方を総合的に働かせながら，自己及び集団や社会の問題を捉え，よりよい人間関係の形成，よりよい集団生活の構築や社会への参画及び自己の実現に向けた実践に結び付ける」（文部科学省，2018）ことが，特別活動で目指される集団や社会の形成者としての見方・考え方を働かせるということです。

　教科等の見方・考え方として，例えば中学校社会科公民的分野で学習する対立と合意，効率と公正があります。教科書にはグラウンドを使用する部活動（陸上部，ソフトボール部，サッカー部）が話合い，1週間のグラウンドの利用について決める内容が載っています。この授業では話合いをとおして対立から合意に至るプロセスを体験します。また，合意形成する際に効率や公正の視点から考え，皆が納得できる解決策を模索することが重要であることを理解します。こうした教科の学習をとおして培われる話合いや合意形成のスキル，集団や社会の課題を捉え分析するための見方・考え方は特別活動においても活かすことができます。他にも歴史，地理，公民の授業で学んだ見方・考え方が修学旅行などの旅行・集団宿泊的行事や職場体験学習に活かされ，活動が充実することもあります。数学で学んだ長さや高さ，図形の概念，美術で学んだ色彩や絵の具についての知識が体育祭の垂れ幕づくりに活かされ，質の高い作品ができあがることもあるでしょう。このように各教科等で学んだ見方・考え方を活かしてじっくりと考えることによって，特別活動が深い学びになっていきます。

　反対に，特別活動での話合い活動の経験が，教科の学習に活かされるということもあるでしょう。杉江（2011）は授業に学び合いを導入した学校を見学しに行った際，初めてにしては充実した活動になっており，生徒がしっかりと課題を追究する学びを進めて行く様子を見たことを報告しています。「特別活動を，単に楽しく生き生きと，などというような，いまひとつ目標が明確でない活動として取り組ませた場合はそうはなりませんが，この学校では特別活動も集団の協同による課題解決の機会として進めて行ったのです。授業も特別活動も，共に課題解決行動というくくりで捉えることができます。課題解決志向集団としての経験を生徒がすでに持っており，それは授業にも容易に転移することがわかりました」と述べています。特別活動の際に集団で協力しながら課題解決していく，そんな深い学びを経験していると，そこで学んだ集団や社会の形成者としての見方・考え方や資質・能力を，教科の学習に活かしていくことができるのです。

　さらに，特別活動の学びは，生徒が大学生や社会人になってかかわる活動へとつながっていきます（文部科学省，2016）。例えば，学校行事は地域の行事，催し物等といった将来の社会での活動につながっています。中学校・高校時代の地域での活動は，大人になってからの同好者による自主的な集団における活

動（サークル，同好会等）へとつながります。学級活動やホームルーム活動で学んだことは，職業生活，家庭生活を支える基盤としての集団における活動（職場，家庭等）に活かされます。生徒会活動は地域社会の自治的な活動（自治会，議会等）の活動へとつながっていきます。

　特別活動では，簡単に答えの出ない，正解のない問いを考えていく場面が少なくありません。特別活動で鍛えられた集団や社会の形成者としての見方・考え方は，学校での学びはもちろん，生徒が大人になって現実の社会を生きていくときに重要な役割を果たします。世の中の様々な物事について考え，よりよい社会や自らの人生を創り出すためには，特別活動をとおして培われる資質・能力が欠かせません。特別活動では，生徒の将来の社会での活躍やキャリア形成までを見据えて指導を行っていく必要があります。

第5節　主体的・対話的で深い学びを実現するために

　主体的・対話的で深い学びを実現した特別活動とはどのような姿になるでしょうか。また，主体的・対話的で深い学びを特別活動で実現するためにはどのような点に留意したらよいでしょうか。これまでの議論を踏まえて，本節ではこれらの問いについて考えていきます。

　主体的・対話的で深い学びを実現した特別活動のあり方を考えるために，ここでは主体的・対話的で深い学びに至らない，それ未満の学びを考えてみます。主体的な学びか否か，対話的な学びか否か，深い学びか否かという視点で学びのタイプを類型化すると，表9-3に示した8つのタイプに分けられます。

　①が目指される主体的・対話的で深い学びを実現した特別活動の姿です。逆に，⑧が受動的で，一方的で，浅い学びになってしまっている特別活動の姿です。②～⑦はなにかの要素が欠けてしまい，主体的・対話的で深い学び未満の特別活動になってしまっているケースです。②は生徒は主体的・対話的に特別活動に取り組んでいるけれども，深い学びになっておらず，資質・能力や学力が身につかない場合です。③は生徒は主体的に特別活動に取り組み，しかもそれが社会とつながる深い学びになっているけれども，協働的な学習になっておらず，個人のバラバラな学びになっており，対話的な学びとはなっていない場合です。④はクラス内で対話的な学びが成立し，話合いはうまくいっていて，深い学びにもなっているけれども，教師がすべて主導していて，実は生徒は受

表9-3：学びのタイプ

学びのタイプ	主体的な学び	対話的な学び	深い学び
①	○	○	○
②	○	○	×
③	○	×	○
④	×	○	○
⑤	○	×	×
⑥	×	○	×
⑦	×	×	○
⑧	×	×	×

　け身で参加しているという場合です。⑤は生徒が主体的に特別活動に取り組もうとしているけれども，個人個人で完結してしまって，かろうじて会話はみられても対話が組織されておらず，そのため考え方が広がらずに深い学びに到達できていない場合です。⑥はなんとなく話合いはしており，対話的な学びにはなっているようにも見えますが，教師の呼びかけに応じて取り組んでいるだけで主体的には行っておらず，深い学びにもなっていない場合です。⑦は見方・考え方を働かせた学習になっていたり，社会とつながる学習になっていたりと，深い学びにはなっているけれども，クラスで協力して取り組むという姿勢がみられず，個々の生徒も無理やりに取り組まされている場合です。

　このように，主体的な学び，対話的な学び，深い学びは，そのいずれかでも欠けてしまうと，主体的・対話的で深い学びに至らない，それ未満の学びになってしまいます。この章ではより分かりやすく，明確なイメージをもってもらえるように，3つの学びを一つずつ説明してきましたが，特別活動を行う際には，主体的な学び，対話的な学び，深い学びは，決して独立したものではなく，相互に関連しあって成立するものだと考えることが重要です。

　主体的・対話的で深い学びを特別活動で実現するために，とくに留意すべきことはなんでしょうか。1つ目は教師の指導力です。主体的・対話的で深い学びというと，生徒中心のアプローチを想起しがちですが，そうではありません。特別活動で主体的・対話的で深い学びを実現するときこそ，教師の指導力が重要になります。生徒の自主性・主体性と教師の指導性は対立するものではなく，相互に関連しながら，むしろ両者の相互作用によって，よりよい特別活動の実践が生まれます。

　2つ目は，主体的・対話的で深い学びは，資質・能力を育むためにあるということです。たとえ主体的・対話的で深い学びが実現できていたとしても，資

質・能力が培われていなければ，質の高い特別活動とはいえず，特別活動の目標を達成することができません。主体的・対話的で深い学びという考え方が導入されることの意義は，「活動あって学びなし」という言葉に表されるような過度の形式主義・活動主義に陥ってしまうことを回避し，特別活動で身につけるべき資質・能力を明確に意識することで，資質・能力をしっかりと培う実践を行うことができ，それによって特別活動における活動の質が向上することです。

　3つ目は，特別活動で身につけた資質・能力や集団や社会の形成者としての見方・考え方は，学校生活だけでなく大人になって社会人として生活していく場面でも活用されるということです。そのような永続的な知識・技能は，簡単には身につかないかもしれません。特別活動や教科等の学習の時間で学んだことを相互に活かしながら，少しずつ，しかし着実に培われていく力です。また，特別活動で経験したことが意味をもつには，ある程度の時間的な熟成が必要かもしれません。教師にいわれたことが，その当時は意味がわからなかったけれども，社会的な経験を積んだのちに，そのときのことが理解できるようになる，といったこともあるでしょう。1時間の特別活動の授業だけではなく，1学期，1年間，中学校または高等学校の3年間，さらには社会の形成者として現実の社会で活躍する段階までを見通して，生徒の成長を見守る構えが特別活動を指導する教師には求められます。

【引用・参考文献】
社会認識教育学会編（2012）『新　社会科教育学ハンドブック』明治図書
杉江修治（2011）『協働学習入門』ナカニシヤ出版
高橋俊三（2001）『国語科話し合い指導の改革』明治図書
高松正毅（2017）「アクティブ・ラーニングのうそ―まぼろしの孔子の言葉とラーニング・ピラミッド―」『高崎経済大学論集』60(1)：79-90
多田孝志（2016）「グローバル時代の対話型授業の研究」兵庫教育大学大学院連合学校教育学研究科博士論文
田村学（2018）『深い学び』東洋館出版社
土屋耕治（2018）「ラーニングピラミッドの誤謬―モデルの変遷と"神話"の終焉に向けて―」『人間関係研究』17：55-73
文部科学省（2011）『生徒指導提要』教育図書
文部科学省（2012）「新たな未来を築くための大学教育の質的転換に向けて〜生涯学び続け，主体的に考える力を育成する大学へ〜（答申）（平成24年8月28日）用語集」https://www.mext.go.jp/component/b_menu/shingi/toushin/__icsFiles/afieldfile/2012/10/04/1325048_3.pdf（2019年12月11日取得）

文部科学省 (2016)「特別活動における各活動の整理と「見方・考え方」（イメージ案）」
    http://www.mext.go.jp/b_menu/shingi/chukyo/chukyo3/066/siryo/__icsFiles/
    afieldfile/2016/07/19/1374372_2.pdf（2019年11月30日取得）
文部科学省 (2017)「新しい学習指導要領の考え方─中央教育審議会における議論から改訂
    そして実施へ─」https://www.mext.go.jp/a_menu/shotou/newcs/__icsFiles/afieldfile/2017/
    09/28/1396716_1.pdf（2019年12月11日取得）
文部科学省 (2018)『中学校学習指導要領解説（平成29年告示）特別活動編』東山書房
文部科学省 (2019)『高等学校学習指導要領解説（平成30年告示）特別活動編』東京書籍
平田オリザ (2012)『わかりあえないことから』講談社現代新書
溝上慎一 (2015)「アクティブラーニング論から見たディープ・アクティブラーニング」松
    下佳代編著 (2015)『ディープ・アクティブラーニング』勁草書房
山下智也 (2009)「子ども参加論の課題と展望─ロジャー・ハートの「子ども参画論」を乗
    り越える─」『九州大学心理学研究』10：101-111
ロジャー・ハート（IPA 日本支部翻訳）(2000)『子どもの参画』萌文社

第10章　特別活動と総合的な学習の時間

第1節　特別活動と総合的な学習の時間との関連

　特別活動と総合的な学習の時間との関連について，それぞれの目標や内容から考えてみましょう。

1．学習指導要領の目標や内容

　　○中学校

　　　学習指導要領第5章の3の1の（2）で，次のとおり示されています。

（2）各学校においては特別活動の全体計画や各活動及び学校行事の年間指導計画を作成すること。その際，学校の創意工夫を生かし，学級や学校，地域の実態，生徒の発達の段階などを考慮するとともに，第2に示す内容相互及び各教科，道徳科，総合的な学習の時間などの指導との関連を図り，生徒による自主的，実践的な活動が助長されるようにすること。また，家庭や地域の人々との連携，社会教育施設等の活用などを工夫すること。

　　○高等学校

　　　学習指導要領第5章第3の1の（2）で，次のとおり示されています。

（2）各学校においては，次の事項を踏まえて特別活動の全体計画や各活動及び学校行事の年間指導計画を作成すること。
ア　学校の創意工夫を生かし，ホームルームや学校，地域の実態，生徒の発達の段階などを考慮すること。
イ　第2に示す内容相互及び各教科・科目，総合的な探究の時間などの指導との関連を図り，生徒による自主的，実践的な活動が助長されるようにすること。特に社会において自立的に生きることができるようにするため，社会の一員としての自己の生き方を探求するなど，人間としての在り方生き方の指導が行われるようにすること。
ウ　家庭や地域の人々との連携，社会教育施設等の活用などを工夫すること。
　　その際，ボランティア活動などの社会奉仕の精神を養う体験的な活動や就業体験活動などの勤労に関わる体験的な活動の機会をできるだけ取り入れること。

　特別活動は，各教科，道徳科，総合的な学習の時間などの指導との関連を図り，生徒による自主的，実践的な活動が助長されることをねらっていることが

わかります。このことから，ただ関連付けるのではなく，生徒が自主的に実践することを教員が仕組み，計画を立て，最終的に自立した計画・実践を促す必要があることが窺えます。

２．中学校及び高等学校学習指導要領（解説）から，総合的な探究の時間との関連

　特別活動と総合的な探究の時間との関連を考えるに当たっては，まず，それぞれの目標や内容を正しく理解しておく必要がある。両者とも，各教科・科目等で身に付けた資質・能力を総合的に活用・発揮しながら，生徒が自ら現実の課題の解決に取り組むことを基本原理としている点に，共通性が見られる。体験的な学習を重視すること，協働的な学習を重視することも同様である。自己の生き方についての考えを深める点においても通じるところがある。両者の目標を比べると，特別活動は「実践」に，総合的な探究の時間は「探究」に本質があると言うことができる。特別活動における「実践」は，話し合って決めたことを「実践」したり，学んだことを学校という一つの社会の中で，あるいは家庭を含めた日常の生活の中で，現実の課題の解決に生かしたりするものである。総合的な探究の時間における「探究」は，物事の本質を探って見極めようとしていくことである。

　中学校及び高等学校の学習指導要領「特別活動」の解説を比べてみますと，ほぼ同じ文章の解説を見ることができます。その中から要点として（文中波線部分），「特別活動は『実践』に，総合的な学習の時間は『探究』に本質があると言うことができる」との文言を拾うことができます。言い換えるならば，総合的な学習の時間には理屈や理論を，調べ学習や話し合い活動で進める姿が見えてきます。また，特別活動では，総合的な学習の時間で培った，物事の本質を具現化するべく，実体験を伴う活動を実践する姿が浮かび上がってきます。

　そこで，次の節では，「探究」を行う総合的な学習の時間の実践例を元に具体的に解説をしていきたいと思います。

第２節　総合的な学習の時間に行う実践事例：「将来なりたい職業（ライフプラン）」について

１．授業実践のポイント

　現在，よりよき市民として社会参画する知識・技能の習得が生徒に求められています。そのため，キャリア教育を通して勤労観・職業観を学ばせようと職業体験などが行われています。ところが，体験活動は充実していても，学校で行われている学びが，将来の自分に役立つこととしてとらえられてはいないこ

とが，大きな問題として残されています。

　そこで，本実践では，はじめに「生きていくために必要なお金」について意識をさせます。家庭において支出されているお金と，それを上回る収入が両親によってもたらされていることに気づかせます。次に，将来なりたい職業に就くための，資格や努力，給料について図書資料・Web 等を使って調べさせます。最後に，「しあわせに生きる」とはどういうことなのかをクラス全体で話し合わせます。ともすれば，高収入な職業につけば幸せだと，考えがちですが，「やりがい」のある仕事，家族を支えられる収入があること，さらに社会を豊かにすることをしていくことに生きがいを見いださせる話し合いを展開していきます。このようなライフプランを考えていく活動を通して，生徒自身が自己の可能性に気づき，学校での学びが将来の自分を明るいものにすることを信じ，主体的に学ぼうとする意欲の向上につながる実践の一例を紹介します。

2．「探究」活動をとおして主体的に学ぶ意欲を育成する学習
　授業実践は，神奈川県のA市立B中学校の1学年生を対象に行いました。

1）主体的に学ぶ意欲を育成する学習の単元計画（8時間）
　第1時　「生きている」とはどういうことか考える（総合的な学習の時間）
　　　　・生きていくために必要なお金（支出）について考える。
　第2時　「支払われているお金」について調べる（総合的な学習の時間）
　　　　・税金，公共料金，教育費，生活費，習い事，旅行や趣味について，どれぐらい支出されているのかをグループで調べる。
　第3時　「ライフプラン」を計画する（総合的な学習の時間）
　　　　・18才時における進学・就職等の選択をさせたり，その後の結婚，出産，家の購入等の選択をグループごとに選択をさせたりして，そのライフプランを計画させる。
　第4時　プラン達成のための必要な努力や資格を調べる（総合的な学習の時間）
　　　　・プランを達成するための，資格取得や努力について調べる。
　第5〜6時　グループごとに「ライフプラン」のプレゼンテーションを計画する（総合的な学習の時間）
　　　　・6つのグループがそれぞれのライフプランにそって必要なお金や努

　　　　力，適性，仕事の内容について調べたことをまとめる。

第7〜8時　「しあわせに生きるため」について話し合う（総合的な学習の
　　　　時間および道徳）

・前時までにまとめた事柄をクラスのみんなや保護者にプレゼンテー
　ションする。

・人間にとって「しあわせに生きる」とは，どんな生き方なのかを社
　会生活を営む一員として考えていく。

２）授業時間の生み出し

　総合的な学習の時間から7時間，道徳から1時間の合計8時間を生み出しました。

３．情報を取得し，コミュニケーションを通じて必要な事柄を取捨選択する授業（1〜4時間目）

　ここでは，1〜2時間目に調べた，支出額（生活費等）を賄う収入（給料）について調べたことを活かして，3〜4時間目の「ライフプラン」を計画する所を詳しく紹介していきます。

１）授業の概要

　本時では，しっかりした収入を視野に入れながらも，これまで抱いてきた夢やあこがれの職業人になろうと，調べ学習を展開していきます。調べる内容は，資格取得の必要性や，進路，採用条件，日々の努力等です。各グループで相談し，なりたい職業一つを決め，調べ学習を進めて行きます。

２）授業の流れ

①ねらい

　夢やあこがれだった職業人になるための，資格取得やその努力，心構えについて触れることにより，中学生（13才）なりの意識を育ませるところにねらいがあります。経済面（給料）にばかり目を向けがちではありますが，しっかりと努力面や価値（やりがい）などを調べさせていきます。

②準備と板書計画

・準備　生徒の人数分のパソコン，必要な書籍資料（市立図書館の協力）

③展開（本時4／8）（③グループ：ディズニーランドのキャストについて紹介する）

発問・指示・説明	生徒の学習の実際	時間
指示 「これまで調べてきたことを生かして，将来の自分について，グループで決めた職業を発表しましょう」	1. なりたい職業の発表 ①グループ：「プロバスケット選手です」 ②グループ：「歯科医です」 ③グループ：「ディズニーランドのキャストです」 ④グループ：「食品会社の社員です」 ⑤グループ：「ファッションデザイナーです」 ⑥グループ：「ゲームクリエーターです」	2分
発問 「それぞれの職業になるためにはどんな資格が必要か調べてみましょう」	2. なりたい職業の資格 先生：「ディズニーランドのキャストって何ですか？」 A子：「キャストは，各アトラクションを案内などするあの可愛い服を着ている人たちのことです」 先生：「あの人たちは社員なの？　アルバイトなの？」 A子：「全員社員です」 先生：「そうですか，でも先生みたいな中年のおじさんは見かけないけど……」 B男：「そういえばそうだな，調べてみようよ」 　（全員，インターネットで検索） C子：「キャストってアルバイトみたいだよ，だって時給1000円とか書いているよ」 D男：「だから，中年のおじさん，おばさんはいないのか」 A子：「アルバイトじゃ，収入が足りないから将来なりたい職業にはできないね。あきらめようか？……」 先生：「ディズニーランドはオリエンタルランドという会社が経営しているから，そこを調べてみたら？」 　（全員，インターネットで検索） B男：「あ，社員募集ってあったよ」 D男：「キャストを採用したり，教育したり，ディズニーランドの企画・運営をするんだって」 全員：「それを詳しく調べていこう」 B男：「社員になるには，大学卒でなければだめなんだ」 D男：「どんな大学？」 B男：「どこの学部って書いてないからどこでもいいと思う。だから資格とか免許って必要ないんだね」	18分

166

中心発問	3. なりたい職業への努力	
「それぞれの職業になるための努力などを調べてみましょう」	A子：「社員になっている人のコメントがあるよ」 C子：「最初はキャストになったんだって，そこで，お客さんがどうしたら気持ちよく過ごせるか学んだんだね」 B男：「キャストって大変だね, 倍率が10倍らしいよ」 A子：「面接で受かるためには……って書いてあるよ」 D男：「ゲストを楽しませるように気づくことが出来る人が受かるそうだよ」 A子：「まず，大学生になって，それから10倍の中で合格してキャストになって，それから社員に採用されなきゃ」	15分
指示 「これまで調べてきたことをワークシートにまとめてください。検索したアドレスや日付も書き記してください」	4. ワークシートへの記入 　各自ワークシートに記入する。	10分

④ワークシート（斜体は生徒の実際に記入したものである）

ライフプラン　ワークシート

2 年　A組　名前　B子

グループ名　　*めざせ！ディズニーランドのキャスト！*

○ それぞれの「人生の選択」をグループで相談しながら, ライフプランを完成していきましょう。

18才の選択

大学に進学します。
（理由）キャストのぼしゅうは, 基本的に18才以上で, 夏休み, 冬休みがある大学生か, 主婦かフリーアルバイターでなければ, やれないからです。

職業の選択

オリエンタルランドの社員になります。
（理由）ディズニーランドのキャストは, アルバイトなので, 時給のお金しかもらえないので, ボーナスがもらえる, 社員になりたいと思ったからです。

買い物の選択

一戸建ての家と車（ワゴン車）を買います。　（理由）マンションだと, 隣や上の階の音がうるさいから。車は, ディズニーランドに行った帰りに, 子どもが後ろの席で眠れるような, ワゴン車がいいから。

結婚の選択

結婚します。子どもは2人で, 男の子1, 女の子1です。
（理由）自分が小さいころにディズニーランドに連れていってもらったように, お母さんになったらディズニーランドに連れていきたいから。

○ 選んだ職業に, 就職するまでの必要な努力や魅力を調べてみましょう！（グループで話し合ったことなども書く）

*　はじめに, キャストは全員ディズニーランドの社員だと思っていました。ところが, 時給1000円〜1500円のアルバイトだとわかって, 将来なりたい職業にアルバイトはだめだとあきらめました。ところが, 先生から「ディズニーリゾートは, オリエンタルランドという会社が経営しているから, そこの社員になればいいんじゃないかな？」とアドバイスされて, 調べてみました。社員は, キャストの面接や採用や教育をしていて, ディズニーランドの演出や全体を考える仕事でした。まさに自分がなりたい職業でした。そこで, 立派な社員になるためには, 学生時代にキャストとして働き, ゴミひろいから, 受付, アトラクションの係まで, お客さんが喜ぶようにどうすればいいかを勉強して, それから社員になればいいと思いました。*
大卒　月給は205,000円（総合職・専門職）　180,000円（テーマパーク社員）
*　　　（出典：http://www.olc.co.jp/recruit/newgraduate2012/）12月1日検さく）*

4．グループの活動と表現・コミュニケーションの実際（5～6時間目）

　ここでは，調べ学習を行った際のグループ活動の様子を紹介します。

1）グループでの協同的な活動の流れ

　①グループでなりたい職業を選択する。

　②資格，進学の必要性，努力，収入について調べる内容を分担する。

　③自分の分担を図書資料，インターネット等から調べる。その際，「出典

　　（図書資料，新聞，Web サイト）」について明記する。

　④家庭において各自で調べてみる。その際保護者からアドバイスをもらうこ

　　とも進める。

　⑤資格，進学の必要性，努力，収入についてデータを共有し必要な情報を取

　　捨選択する。

　⑥プレゼンテーションに向けてソフトを利用し，画面構成を考える。

　⑦プレゼンテーションの練習をする。

　⑧保護者を招いて，発表会をする。

　⑨「しあわせに生きるために」について話し合い，意見をまとめる。

2）グループでの表現物作成に至るまでのコミュニケーション

　プロバスケット選手になるための調べ学習を行ったグループは，E男が目指すNBA（北米プロバスケットボールリーグ）について調べることからはじめました。そこでは，誰もが収入の高さに驚き，興味を強くしました。

　そこから日本人でNBAプレーヤーになった人を探したのです。横浜出身の田伏勇太選手は，高校生の時に全国優勝を9回も経験した，日本のスター選手でありました。

　ところが，その彼でもNBAの試合に3度出場をしたのみで，解雇されているのでした。このことから，グループには調べてもだめなんだ，というあきらめムードが漂ったのでした。そこで，I子が日本にもプロバスケットのチームが多数存在することを調べてくれたのです。全員で日本のプロになるための条件を調べていくと，あるチームのコーチの助言が目に入ったのです。それは，「今からプロになるための厳しさを知る必要はありません。現在所属しているチームの約束を守り，学校で学ぶべき事，家でやるべき事をきちんとやれる人になって初めて，プロを目指す資格が得られるのです。」という言葉でした。

F子は「バスケットだけではなくて，どんな職業でも必要な気がする」といい，E男は「バスケットだけが得意なだけではダメということなんだね。このことをみんなにも教えた方がいいね」と発表項目に入れることを提案していきます。その後グループの話し合いの中からプロになる条件が提示されました。それは「勉強とお手伝いは絶対やる。それから，足が速くなるトレーニング，良いコーチとチームメイトがいるチームに入ること。最後に自分の死ぬほどの努力が必要。」と締めくくったのでした。

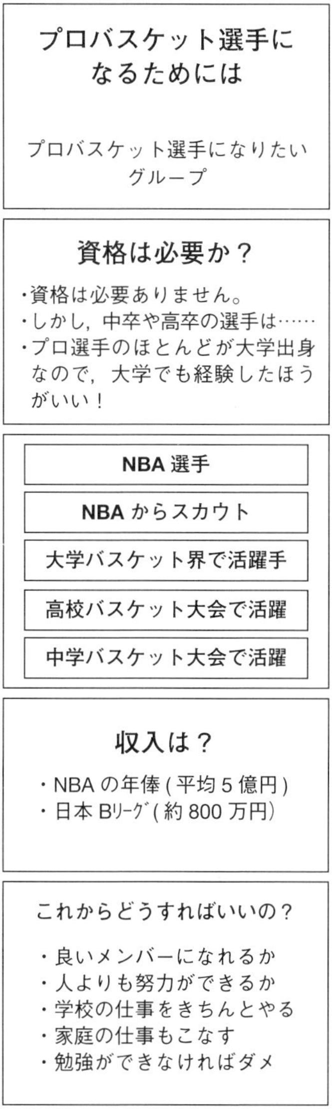

5.「しあわせに生きるため」について話し合う（7〜8時間目）

1）授業の概要

　本授業は，2時間連続の展開です。前半の1時間は，これまで調べてきた内容をグループごとにプレゼンテーションします。後半の1時間は，一番はじめのテーマである「しあわせに生きていくため」にはどうすればいいのかをもう一度考えていきます。それぞれのグループが発表した中から気付いたこと，疑問などを話し合います。様々な意見や考えが出る中で，「しあわせに生きていくため」の条件を探していきます。最後に保護者からの意見や感想を求めます。

2）授業のねらい

　各グループのプレゼンテーションを聞いた後，「しあわせに生きていくために」どのような考えをもてばいいのかを，話し合いによって深め，求めていきます。

プロバスケット選手になるためには

プロバスケット選手になりたいグループ

資格は必要か？

・資格は必要ありません。
・しかし，中卒や高卒の選手は……
・プロ選手のほとんどが大学出身なので，大学でも経験したほうがいい！

NBA選手

NBAからスカウト

大学バスケット界で活躍手

高校バスケット大会で活躍

中学バスケット大会で活躍

収入は？

・NBAの年俸（平均5億円）
・日本Bリーグ（約800万円）

これからどうすればいいの？

・良いメンバーになれるか
・人よりも努力ができるか
・学校の仕事をきちんとやる
・家庭の仕事もこなす
・勉強ができなければダメ

図10-1：プロバスケットグループの作成したプレゼンテーション

3）グループでの絞り込まれたテーマと活動内容

①「プロバスケット選手になるためには」グループ

図1のプレゼンテーション内容を参照してください。

②「歯科医になるためには」グループ

6年間，大学の歯学部に入り，卒業したあと歯科医師国家試験で合格しなければならない。歯科医師はもうかると思ってなる人が多いためか，歯科医院の数が多い。そのため，技術をしっかりもっていなければ，患者は集まらないので収入は高くはならない。「患者さんときちんと会話ができる」「自分で歯科医院を経営する努力」「他の人とちがう優れた技術を身につける」「理数系の科目が得意であること」が必要だ。

③「ディズニーランドのキャストになるためには」グループ

（3）－2に詳しく記してあるので，参照してください。

④「食品会社の社員になるためには」グループ

食品技術者になればいい。そのためには，大学などで食品に関連する，食品化学・栄養学・応用微生物学などを学ばなければならない。「味覚や嗅覚に優れている」「斬新なアイディアを生み出せる」などの能力があればさらにいい。料理に興味をもち，自分で作ったり食べたりすることが必要。家庭科や理科の勉強が得意になる必要がある。

⑤「ファッションデザイナーになるためには」グループ

服飾などの短大，大学，専門学校に行く。卒業後アパレルメーカーに就職する。そこでアシスタントなどを経験しながらファッションデザイナーになる。洋服をデザインし，布地を裁断し縫って洋服を作り上げる技術と知識が必要。一年先のデザインを予想して発表しなければならない。小学校では家庭科や図工が得意だとよい。

⑥「ゲームクリエーターになるためには」グループ

資格はない。ゲームの中の映像ならグラフィックデザイナーを目指す。音楽を作りたいのならば，サウンドクリエーターを目指す。ゲームのシナリオどおりにキャラクターを動かすようにするのならプログラマー。ゲーム全体の構成をするのならプランナーになればいい。それぞれ専門の技術を身につけるために，専門学校か大学（美術系，技術系）に行くといい。「世の中の動きをつかむ観察力」「新しい技術をすぐに取り入れられる柔軟さ」が必要。中学生のうちは，理数系の科目や，美術をがんばるとよい。

6．市民性を育成するためのコミュニケーション（7〜8 時間）

　各グループのプレゼンテーションの後，「しあわせに生きるため」の職業について話し合いを行いました。はじめは「家族みんながしあわせになるためには，お金は必要だ」「医者や弁護士や国会議員は給料が高いからいい」という意見が出されました。それに対抗するように「ある程度の収入は必要だが，家族が困らない程度の収入があれば，給料は安くてもやりたいことをやった方がいい」や，「お金よりも夢ややりたいことが大事」という意見が出されました。

　そこで教師から「三方よし（自分も，相手も，社会も豊かにする）」の仕事が一番いいという昔からの考えを紹介しました。すると，「三方よしだと，ボランティアをするといいよね」「ボランティアはお金をもらえないよ」「それじゃあ人の命を助けるお医者さんや，環境を保全する人かな」という意見が出されました。そこで「考え方だと思うよ，例えば大工さんだって，ケーキ屋さんだって，いいものを作ればみんなを喜ばせることができるよ」と提案されたのでした。みんなは「なるほど，そうかもね」とうなずきました。まとめに教師から「しあわせに生きるための職業選びの条件を 3 つにしぼってみましょう」と指示が出されました。生徒らは「家族を養える給料，やりがいのある仕事，長年続けられる仕事，それに地域に貢献する」というようにまとめたのでした。

　最後に，ここまでのプレゼンテーションと話し合いを見守ってくれた保護者に意見や感想をもらいました。「中学 2 年生になると，職業体験がありますが，その他に高校生になったら，アルバイトなどをして，本当に自分に向いているか仕事を体で体験することも大切ですよ」「今のうちに社会のことを知ることはとてもいい勉強でしたね。高校生ぐらいになってからもっと勉強しておけばよかったなどと後悔しないように，今から夢に向かって，学校と家でやるべきことをきちんとやっておいて下さい」という感想と助言をいただきました。

7．「探究」を行う総合的な学習の時間（実践例）をとおして

　調べ学習では，リアル（現実的）な情報が一瞬にして手に入ります。それは将来遭遇する，現実社会の情報でもあります。「資格は？」「給料は？」「やりがいは？」などと調べていくうちに，何となく「なりたい」という思いだけではなれないのだと生徒達は気付いていきます。また，まとめの段階では，保護者に参観してもらっています。その際，「幸せに生きていく」ために働くのであり，その職業は定年 60 才まで 18 才（高卒）から 42 年間の長きにわたり続けら

れる「やりがい」のある仕事でなければならないことを確認していきます。また，家族を養える収入もなければならないこと，できれば社会貢献ができること等を条件にして見つけていくことも確認していきます。保護者からは，「中学生のうちから考えておくことは，とてもいいことだ」等の助言を得られました。その話を聞く生徒達の顔は生き生きと輝いていました。

　本実践を通して生徒達に，学校で学ぶ「知」が私たちの社会を支え，自分の未来を明るくすることに気づかせることができたと考えることができます。

　その一方で，本実践に欠けている点を見逃してはいけません。それは，例えば「長時間立ち続ける」，「笑顔で接客する」，「おつりを間違えない」，「重い商品を運び陳列する」，「お客様の注文を間違えずに受ける」，「お客様からの注文を期日までに処理する」，「失敗したら謝罪する」などの実体験が抜けている点です。これらの経験は，本実践で得られた「探究」の経験の後に行うと効果的だと思います。したがって，実践を体験する「職業体験」等は，これ以後の学年において行うことが適切でしょう。

　そして，本章の最初（第１節の２）で述べたとおり，「実践」は特別活動の時間で行うことになります。このように，「職業体験」という特別活動の内容も，総合的な学習の時間を経て，実践させるとより一層，教育的効果も高くなるものと筆者は考えます。

【引用・参考文献】
文部科学省（1951）　学習指導要領一般編（試案）昭和26年改訂版　https://www.nier.go.jp/guideline/s26ej/chap5.html（2019年6月1日取得）
文部科学省（1969）　中学校学習指導要領　付　学校教育法施行規則（抄）中学校学習指導要領等の改訂の要点　昭和44年4月　文部省　学校教育法施行規則（抄）第3章　中学校　https://www.nier.go.jp/guideline/s44j/index.htm　（2019年6月1日取得）
東京ディズニーリゾートキャスティングセンター　http://www.castingline.net/　（2019年6月1日取得）
株式会社オリエンタルランド　http://www.olc.co.jp/recruit/index.html　（2019年6月1日取得）
田伏勇太によるブログ　http://www.tabuseyuta.com/　（2019年6月1日取得）
日本バスケットボール協会　http://www.japanbasketball.jp/　（2019年6月1日取得）
Ｂリーグ公式サイト　https://www.bleague.jp/　（2019年6月1日取得）
日経進学Navi　http://sougouannai.net/edu/大学案内サイト・進学ナビ.html（2019年6月1日取得）
職業ラボ　http://www.syokugyo-labo.com/　（2019年6月1日取得）
税の学習コーナー（国税庁）　http://www.nta.go.jp/ taxes/kids/index.htm　（2019年6月1

　日取得）

公共料金の窓　https://www.caa.go.jp/policies/policy/consumer_research/ price_measures/
　utility_bills/　（2019年 6 月 1 日取得）

第11章　地域と連携して生徒を育てる
（コミュニティ・スクール活動をとおして）

第1節　コミュニティ・スクールと特別活動

1．コミュニティ・スクールとは

　コミュニティ・スクール（学校運営協議会を設置する学校）は，学校と保護者や地域の皆さんがともに知恵を出し合い，学校運営に意見を反映させることで，一緒に協働しながら子供たちの豊かな成長を支え「地域とともにある学校づくり」を進める法律（地教行法第47条の6）にもとづいた仕組みです。

> 　教育委員会は，教育委員会規則で定めるところにより，その所管に属する学校ごとに，当該学校の運営及び当該運営への必要な支援に関して協議する機関として，学校運営協議会を置くように努めなければならない。ただし，二以上の学校の運営に関し相互に密接な連携を図る必要がある場合として文部科学省令で定める場合には，二以上の学校について一の学校運営協議会を置くことができる。
> （地方教育行政の組織及び運営に関する法律第47条の6　一部抜粋）

　設置校の数は，制度の開始された2005年は17校に過ぎませんでしたが，2011年に789校，2013年に1570校と拡大し，2018年には5432校に達しています（2018年4月1日現在）。（出展：文部科学省コミュニティ・スクール導入状況調査より）

　コミュニティ・スクールに指定された学校では，地域連携に関する成果のみならず，教職員の意識改革や，学力向上・生徒指導の課題解決においても，成果を認識しています。

　①学校と地域が情報を共有するようになった（91.4％）

　②地域が学校に協力的になった（85.1％）

　③特色ある学校づくりが進んだ（82.7％）

　④学校関係者評価が効果的に行えるようになった（79.5％）

　⑤地域と連携した取組が組織的に行えるようになった（79.3％）

　⑥子供の安全・安心な環境が確保された（79.2％）

⑦管理職の異動があっても継続的な学校運営がなされている（79.1％）

⑧校長・園長のリーダーシップが向上した（70.7％）

⑨学校の組織力が向上した（65.7％）

⑩教職員の意識改革が進んだ（60.9％）

出展「コミュニティ・スクールの実態と校長の意識に関する調査」（平成27年度文部科学省委託調査）

２．コミュニティ・スクールの実際（秦野市立西中学校の活動をとおして）

　神奈川県の秦野市立西中学校にコミュニティ・スクール制度が導入されたのは，2016年のことでした。近隣では，開成町，厚木市，小田原市でも導入し始め，地域のニーズを迅速かつ的確に学校経営に反映させて，効果を発揮させていました。

　秦野市ではこれまでも，学校単位で地域住民の意見に耳を傾ける場を開くなどの取り組みは実践されてきましたが，国の法律にもとづいたものは今回が初めてでした。西中学校は隣接する西公民館との複合施設が検討されるなど，もともと地域と学校が協力し合う気運があった事などから，当時の校長が市教育委員会に申し出を行い，2016年6月1日に指定を受けたのでした。

　西中学校コミュニティ・スクール（学校運営協議会）は，次のような委員で構成されています。（「秦野市学校運営協議会規則」2016年4月1日施行）

　○指定学区の就学区域の地域住民

　　　　　秦野市西地区自治会連合会会長

　　　　　上地区自治会連合会会長

　　　　　秦野市社会教育委員

　　　　　西中サポートクラブ事務局長

　　　　　柳町商店会代表

　　　　　西地区主任児童委員

　○指定学校に在籍する生徒の保護者

　　　　　西中学校PTA会長

　○学識経験を有する者

　　　　　元秦野市社会教育委員

　　　　　東海大学教授

○その他教育委員会が適当と認める者
　　　　西公民館長
○指定学校の中学校区の校長
　　　　秦野市立堀川小学校校長
○指定学校の校長
　　　　秦野市立西中学校校長

　上記12名の委員で構成されています。その他に，事務局員として，教頭先生や教務主任の先生，総括（主幹）教諭の先生が指定学校から加わっています。さらに，コミュニティ・スクールのアドバイザーやディレクター，オブザーバーが適宜加わり，会の運営に関して助言等を行っています。

3．コミュニティ・スクールの実際の活動

表11-1：秦野市立西中学校コミュニティ・スクール年間行事

実施時期	行事名	内容
5月	第一回運営協議会 　ひまわり運動	運営方針の承認 地域連携活動
6月	第二運営協議会 　親子ふれあい登山 　渋沢駅前ごみゼロキャンペーン	 地域連携活動 地域連携活動
7月	第三回運営協議会 　一人暮らし高齢者へクッキー配付	 地域連携活動
8月	夏季休業中学習支援 夏季英会話ボランティア 夏季中学生ボランティア 地域・保護者・教職員対象講演会 秦野市防災訓練へ参加	東海大学生による学習講座 地域連携活動 地域連携活動 地域連携活動 地域連携活動
9月	第四回運営協議会	
10月	西地区ふれあい祭 オープンスクール Hey "西" ふれあいフェスタ 合唱コンクール	地域連携活動 公開授業 地域連携活動 公開授業
11月	第五回運営協議会	
12月	一人暮らし高齢者へクッキー配付	地域連携活動
1月	1年生職場体験	地元企業との連携
2月	第六回運営協議会	活動の振り返り

178

	中学生地域清掃 炊き出し訓練	次年度に向けて 防災拠点としての役割

（表中にある，計6回の運営協議会がコミュニティ・スクールの定例会議である）

4．コミュニティ・スクールが果たす役割について

　2において「秦野市ではこれまでも，学校単位で地域住民の意見に耳を傾ける場を開くなどの取り組みは実践されてきましたが，国の法律に基づいたものは今回が初めてでした」と述べて来ましたが，これでは何が変わったのか良くわかりません。そこで，コミュニティ・スクールの果たす役割について述べてみます。

　大きく踏み込んだ点は，「地方教育行政の組織及び運営に関する法律」（第47条の6）条文に見ることができます（特に波線部分）。

> 4．対象学校の校長は，当該対象学校の運営に関して，教育課程の編成その他教育委員会規則で定める事項について基本的な方針を作成し，当該対象学校の学校運営協議会の承認を得なければならない。
> 5．学校運営協議会は，前項に規定する基本的な方針に基づく対象学校の運営及び当該運営への必要な支援に関し，対象学校の所在する地域の住民，対象学校に在籍する生徒，児童又は幼児の保護者その他の関係者の理解を深めるとともに，対象学校とこれらの者との連携及び協力の推進に資するため，対象学校の運営及び当該運営への必要な支援に関する協議の結果に関する情報を積極的に提供するよう努めるものとする。
> 6．学校運営協議会は，対象学校の運営に関する事項（次項に規定する事項を除く。）について，教育委員会又は校長に対して，意見を述べることができる。
> 7．学校運営協議会は，対象学校の職員の採用その他の任用に関して教育委員会規則で定める事項について，当該職員の任命権者に対して意見を述べることができる。この場合において，当該職員が県費負担教職員（第五十五条第一項又は第六十一条第一項の規定により市町村委員会がその任用に関する事務を行う職員を除く。）であるときは，市町村委員会を経由するものとする。
> 8．対象学校の職員の任命権者は，当該職員の任用に当たっては，前項の規定により述べられた意見を尊重するものとする。

「地方教育行政の組織及び運営に関する法律」（第47条の6）より抜粋

　上記波線部分をコミュニティ・スクールの主な役割として，まとめてみます。
　　○校長が作成する学校運営の基本方針を承認する
　　○学校運営に関する意見を教育委員会又は校長に述べることができる
　　○教職員の任用に関して，教育委員会規則に定める事項について，教育委員会に意見を述べることができる

の三つがあります。

このように，法律として明確に整備し，学校と地域との連携・協力を推進するようになりました。

今日の学校を取り巻く課題に適切に対応するためには，地域住民等との連携・協働体制を構築し，その協力を得ることが不可欠です。そして，それらの協力や支援が適切に行われるためには，その活動を行う地域の人々が，学校の校長がもつ学校運営ビジョンや，運営の現状，児童生徒が抱える課題等を的確に把握することが必要となります。

従来から協議会は，学校の校長が作成する学校運営方針の承認等を通じて，学校の運営について協議をすることとされていました。これに加え，2017（平成29）年改正より，協議会の学校運営への必要な支援に関する協議も行うものとしました。

また，各教育委員会に対して，これまで任意に設置するものとされていた協議会について，設置の努力義務を課すこととしました。

委員については，協議会の協議が実効的・効果的に行われ，かつ，その結果を踏まえた学校運営への支援活動が円滑に実施されるために，「学校の運営に資する活動を行う者」を加えることとしました。その典型的な例としては，社会教育法（昭和二十四年法律第二百七号）に規定される「地域学校協働活動」において，中核的な役割を果たす「地域学校協働活動推進員」が想定されますが，それ以外にも，自治会や PTA 等の代表者，学習支援を行っている NPO の代表者，子ども会の育成委員等々が考えられます。

また，法定されている者以外の委員としては，当該学校の校長，教職員，指導主事等の教育委員会事務局員，地域の商工会等の関係者，警察や児童福祉施設など関係機関の職員，教育行政や学校教育に指揮権を有する有識者等が想定されます。

委員については，適切な人材を幅広く求めて任命するとともに，各委員が協議会の役割や責任について正しい理解を得るよう研修会等を通じて，努力する必要があります。また，協議会の委員は，特別職の地方公務員の身分を有することになります。特別職になることから，通常地方公務員に適用される守秘義務等は課されませんが，委員は，児童生徒や職員等に関する個人的な情報を知り得る可能性があります。こういったことから，児童生徒等の個人的な情報の扱いについては，教育委員会規則等において守秘義務を定めるなどの適切な対

応が必要となります。

第2節　コミュニティ・スクールの活動の具体

1．コミュニティ・スクールにおける特別活動の展開

　本節では，筆者がコミュニティ・スクール（学校運営協議会）委員として参画している秦野市立西中学校における活動実態を手がかりに，コミュニティ・スクールが特別活動に与える影響について検討していきたいと思います。拠り所となる資料は，コミュニティ・スクール（学校運営協議会）の定例会議の席上で配布される資料です。同資料には，同中学校における年間の取り組みや，「教育活動アンケート（保護者・地域住民から）」が掲載されています。また，「学校運営協議会の振り返り」という形で各委員から出された意見も掲載されています。そのうち，「教育活動アンケート（保護者から）」の記述部分から，コミュニティ・スクールに関するものを書き出してみます。

　◇「西中学校の教育活動の良い点」という項目から

・地域とのかかわりを多く持っていて子ども達も社会の一員として活動できてよいと思う。

・コミュニティ・スクールの活動そのものが良かった。

・ピアサポート※に取り組んでいるところが良かった。

・生徒が生徒だけで話し合える機会が多く設けられている所が良かった。

・コミュニティ・スクールで地域の人と一緒にできたのが良かった（子供が普段は接しない人達ともコミュニケーションができて良かった）。

・地域とのつながりを大切にしている。ピアサポート等から自主性が養われていて，あいさつのできる明るい生徒が多くなった。

・「地域に根ざした教育活動」ふれあいフェスタ同日開催により，生徒と地域の交流が生まれ，あいさつや声掛けのきっかけができたと感じています。

　（※ピアサポートとは，児童・生徒同士の相談相手（ピア・カウンセラー）や相談相手まではいかなくても支えたり，励ましたりする仲間（ピア・サポーター，ピア・ヘルパー，ピア・チューターなど）を児童・生徒の中で作る取り組みである。ピアサポートの意義としては，教師や大人が及ぶことのできないところまで，その力が届くという点が挙げられる。）

　次に，自治会役員および，自治会組長を対象にとったアンケートから

　◇「地域と学校（小・中学校）との連携や共同について，ご意見やご要望があれば，どのようなことでもお書きください。」という質問項目から

- ふれあいまつりと西中フェスタの同時開催は今後も継続活動してほしい。
- 西地区ふれあいまつりに生徒さんや先生方がご協力いただき，自治連も高齢化が進んでいる為，本当に助かっていることについて今後も，共ご協力をお願いしたい。
- コミュニティ・スクールの活動は良いと思います。さらなる活性化を期待します。一般の人に理解してもらえるような活動・公表をお願いしたいと思います。
- 子供会への協力及び復活をお願いしたい。
- イベントやボランティアの内容を「山や水」に関する秦野市独特なものを取り入れて，他市にないまちづくりを目指してほしい。
- 市民体育祭，地区納涼大会，地区会館まつり等への参加が，部活動や塾等への関係と思われる事と重なり，非常に少ないと思われる。小中学生の人集めに苦労している。
- 一方的にではなく，学校と地域のお互いが協力し合って高められる関係を築けたら良いと思います。
- 学校周辺道路清掃を地元自治会，商店会，生徒会共同の事業として実施してはどうでしょう。

上記のような記述から一定の成果が上がっていることがうかがえます。特筆すべき点は，西中学校で行われている行事が，地域の市民（住民）を巻き込んだ活動を行っている点です。地域住民にとって，中学生は貴重な地域の人的資源です。一緒に活動をし，中学校の活動を盛り上げることが，地域の活性化につながることを，きちんと評価していることが，「教育活動アンケート」からうかがい知ることができます。その一方で，筆者自身が委員として数年間活動したことから感じた反省点があります。

- 地域行事の事前打ち合わせが夜間であったり，行事そのものが土曜日や日曜日の開催であったりするため，担当教職員の休日が減る。そのために多忙感や疲労感が生じている点。
- 学校行事など生徒の活動の様子を見ていただく機会を用意しても，多くの委員が自身の仕事（勤務）の時間と重なり，参加や見学ができない点。
- コミュニティ・スクールの実践校としての認知度について，知って欲しい地域住民の方々へ，どのようにアピールしたら，活動への理解や認知度を高められるか。

　これら学校と地域が連携して様々な特別活動を展開する際の，教職員や委員の負担が課題として残されています。

　同様に，佐藤（2018）は，「協議会委員がせっかく提案しても，ちっとも結果が出なければ，たちまち活動意欲を失う」と述べていて，提案するタイミングや，実行する教職員との意思疎通などの問題もあるものと考えます。さらに佐藤（2018）は，委員は教育に関して素人集団であり，その人選によっては「教育課程編成の承認，学校運営に関する事項についての意見の申し出，教職員の採用や任用に関する意見などについては消極的な側面も見られた」と述べています。強い権限を活用し，積極的に意見を述べ合える委員の委嘱について，その人選方法は，本来のコミュニティ・スクールの意味からも慎重に行うべき事柄だと捉えることができます。

２．地域の教育力を活用するコミュニティ・スクールについて

　西中学校では，夏季休業中に大学生による学習支援活動を，同市に位置する東海大学に依頼して行っています。

　この活動に参加した中学生は，１〜３年生まで合わせて，2018（平成30）年度は35名，2019（令和元）年度は37名が参加しました。また，指導に参加した大学生は，2018（平成30）年度は11名，2019（令和元）年度は19名でした。生徒１〜２名に対して教師役の大学生が１名で対応して行うことができました。夏休みの宿題を中心に，１学期中に学んだことの復習や，教科書内の不明な点を教えてもらっていました。その様子を見た校長先生は「生徒の表情がとても明るく，和やかに教えてもらっていました。年齢が近いせいか，生徒がとてもリラックスしていました。」と好印象であった事を述べていました。また，生徒からは「苦手な数学の宿題を教えてもらいました。分かるまでマンツーマンで，教えてくれたので，夏休みの宿題をすべて終えることができました」「分からなくて家で悩んでいたところが，来て聞いたらすぐに解決したので良かったです」「来年もまた教えてもらいたいです」と，いった感想が述べられていました。

　さらに，支援を行った大学生からは，次のような感想が述べられました。「教員を志望していたので，将来に向けて練習をしているつもりで頑張りました」「聞いてきた質問の答えは分かるけれど，解き方を分かりやすく教えることが，これほど難しいとは思いませんでした」といった，大学生にとっても良

図11-1：大学生へ向けて掲示された学習ボランティア募集のポスター

い経験になったという感想が述べられました。このように，西中学校では，近隣の大学へも積極的に依頼をし，その教育力を活用して，自校の生徒の学習へ役立てているのでした。

3．生徒の自治力を高める活動とコミュニティ・スクールとの関係

　西中学校では，地域の人財活用をとおして，「寄り添いリーダー養成講座」を2017（平成29）年度から実施しました。これは，教員側からの指導ではなく，生徒達自らが，自分たちの自治的活動としてより良い学校生活を築く活動を行えるように計画・実施されたものです（以下は2019（令和元）年度の計画です）。
【目的】
　6回の講座（講話）を通して，
　・グループリーダーの実力養成
　・次年度のリーダーの養成
　・自分たちでより良い学年を作るという当事者意識を育む
【日程】
　・10〜12月までの期間，合計6回の講座を開催

【内容】

①10月1日（火）「リーダー・ピアサポートとは」

②10月24日（木）「自分と相手を知る」

③11月11日（月）「生物から学ぶ，リーダーとは」

④12月5日（木）「人を生かす」

⑤12月13日（金）「対話力＝読解力」

⑥12月26日（木）「寄り添うとは」

【参加者】

・希望する中学生

　西中学校の教職員からの提案で始まった「寄り添いリーダー養成講座」です。全6回の参加をもって，リーダー養成を行いたいと考えていますが，講話内容から選んで参加希望をする生徒もいました。著者である私も「生物から学ぶ，リーダーとは」と題して講話を60分間行いました（以下，講話内容の一部）。

〈場面1〉

進化から考える
ヒトとリーダー

2019.11.11秦野市立西中学校
志有る諸君とともに

東海大学　前田善仁

・ヒトの祖先について知っているかな？
（生徒）サル，猿人，原始人
・ヒトよりも知能が低く，言葉をもたない動物の世界ではどんな生活だったかな？
（生徒）木の実や小動物を狩って食べて，寝て，子どもを育てる……。敵の獣から身を守るため，木の上や，穴を掘って生活した……。

力のある動物が考えることは？

・楽して食べ物を手に入れたい・・・
　→（手下を作る，取ってきたものを横取りする）
・最大の仕事は？
　→（強い敵との命のやり取り）クマのなわばり(爪跡)
・弱いメスのとる行動は？
　→（強いオスのそばに行く）

・力がある動物はどうしただろう？
（生徒）仲間を集めて弱い物から奪った。
・知恵がある動物はどうしただろう？
（生徒）食べ物を栽培（クリ），道具を使って狩りをした……。
・本当に強い獣（クマ）は，なわばりを作って，なるべく無駄な戦いをしないようにしている。

力のあるヒトが考えることは？

・楽して食べ物を手に入れたい・・・
　　→（手下を作る，取ってきたものを横取りする）
・最大の仕事は？
　　→（強い敵との命のやり取り）・・・・・・・・・・・
・弱い女性のとる行動は？
　　→（強い男性のそばに行く）

・武器を使ったり，集団を大きくして弱い
　集団から奪っていったりした。
・強い集団の中で，大切なものを奪われた
　らどうする？
（生徒）法律はないし……。戦うしかないの
　かなぁ……。
・長老に訴えるか，しきたりを作ったのかも
　しれないね。

〈場面2〉

知恵のあるヒトだから，きまり（法
律・おきて）があるのか？　リーダーは
多数決で決まるのか？

・ゴリラやチンパンジーで考えて見よう！
・ヒトに比べて・・・（　　　　　）を使わないから劣る
・　　　　・・・（　　　　　）を使わないから・・・
・本当にそうなのか？

・ヒト，ゴリラ，チンパンジー，かしこい
　順位をつけるとしたら？
（生徒）ヒトが1番，次はチンパンジー
・力が強いのは？
（生徒）ゴリラが1番，次はチンパンジー？
　ヒト？
・ゴリラよりもかしこいチンパンジーの世
　界では，リーダーはけんかで決めるのだ！

ゴリラの世界では、人気がある
者がトップになる。

・人気を取るには？
・→　　子どもに人気がある者（1票）
・→　　メスに人気がある者（1票）
・→　　年寄りに人気がある者（1票）

・では，ゴリラはどうやってリーダーを決
　めているのかな？
（生徒）チンパンジーと同じで，戦って決め
　ていると思う（血みどろの戦い）
・力の強いゴリラは人気があるものがリー
　ダーになる。けんかで選ぶ「ボス」では
　なく，「リーダー」を選ぶのだ！

〈場面3〉

ここまでの話をまとめると

・ゴリラは暴力を使わない
・ゴリラは子ども・メス・年寄り　皆平等
・ゴリラはボスではなく、リーダーを選ぶ
・チンパンジーは知的に優れている
・しかし、暴力でボスを選ぶ
・ヒトは知的に優れているから　ボスなのか？

・ヒトはゴリラよりも弱いから，暴力でボス
　を決めるのか？
（生徒）え～！
・ヒトは武器を使うと世界で一番強い動物
　になる。
（生徒）だから，話し合いで決めるといいの
　か。

> ここまでの話をまとめると
> ・ヒトは道具を使うとゴリラより強い
> ・ヒトは言語を使って会話ができるから
> ・ボスではなく、リーダーを選べ
> ・リーダーの資質は
> ・ヒトが一番優れているわけではない
> ・言語を使う以上、ヒトは勉強しなければ…

> ・ゴリラは，子どもにも，メスにも，お年寄りにも優しいオスがリーダーに選ばれる。
> ・まして，言葉を使うヒトだから，どうすればいいのかな？
> ・このことは宿題にするからしっかり考えを感想シートに書いてください。

以上が，講話の内容です。

第3節　コミュニティ・スクールが育成する視点

　特別活動を通して育成するべき視点は，「人間関係形成」と「社会参画」，「自己実現」の三つの要素が重要であるとしています（『中学校学習指導要領（平成29年告示）解説　特別活動編』）。その中でも，特に「社会参画」の意識を高めるためには，自分たちが所属する地域の住民との対話や協働しての活動を行うことが，必要不可欠なものと考えます。

　これまで，神奈川県では，2002（平成14）年から「学校へ行こう週間※」などの名称で，地域に学校を開いてきました。この活動は，保護者や地域の住民を対象に，各学校の理解を深めてもらう目的で行ってきました。学校によっては，授業参観や体験学習などに参加することができます。PTA会員ではない人に対しても自由に参加できる制度として，開始当時は画期的な催しでもありました。しかしながら，開かれた学校としての位置づけを強くすることができても，地域との協働や生徒の社会参画活動としての位置づけからは，遠いものでした。

　近年，コミュニティ・スクールの実践が進む中，文字通り社会に開かれた学校としての位置づけ及び，社会参画を体験する仕組みとしての学校が確立されつつあります。こういった視点から捉えると，コミュニティ・スクールの実践は，特別活動の育成するべき視点に，合致する有効な手段であるといえます。

　　※）神奈川県では2002（平成14）年から県下全域で「学校へ行こう週間（コミコミスクール）」を実施しています。保護者や地域の方々の学校に対する一層の理解と支援の醸成を図り，開かれた学校づくりの推進に向けた，各学校の主体的な取組を充実するため，「学校へ行こう週間」を設定しています。この活動の開催は各校の任意によります。

【参考・引用文献】

ヘレン・コウイー＆ソニア・シャープ編　高橋通子（訳）（1997）『学校でのピア・カウンセ
　　リング―いじめの問題の解決に向けて』　川島書店

佐藤晴雄（編著）（2018）『コミュニティ・スクールの全貌―全国調査から実相と成果を探
　　る―』　風間書房

文部科学省（2018）『中学校学習指導要領（平成29年告示）解説　特別活動編』東山書房

国立教育政策研究所　「地方教育行政の組織及び運営に関する法律」（第47条の 6 ）条文解説
　　http://www.mext.go.jp/a_menu/shotou/community/suishin/detail/1313081.htm（2019年
　　6 月 1 日取得）

終 章　特別活動で生徒の心を育てる

第1節　特別活動の目標と自己実現

１．特別活動での育成を目指す資質・能力

　学習指導要領における特別活動の目標において，次のような資質や能力の育成を目指すと示されています。

（１）多様な他者と協働する様々な集団活動の意義や活動を行う上で必要となることについて理解し，行動の仕方を身に付けるようにする。

（２）集団や自己の生活，人間関係の課題を見いだし，解決するために話し合い，合意形成を図ったり，意思決定したりすることができるようにする。

（３）自主的，実践的な集団活動を通して身に付けたことを生かして，集団や社会における生活及び人間関係をよりよく形成するとともに，人間としての生き方についての考えを深め，自己実現を図ろうとする態度を養う。

　上記の資質や能力についての記述において，心理学分野と関連が深いと思われる部分に下線を付しています。多くの部分に下線が付されており，特別活動はまさに心を育てる分野であることが分かります。では，具体的に心理学のどのような内容と関連があるのかを以下に示します。

　・多様な他者と協働する　→　他者理解，協同
　・行動の仕方　→　社会的スキル
　・集団や自己の生活，人間関係の課題を見出し　→　集団，自己理解，社会化
　・話し合い・合意形成・意思決定　→　集団，コミュニケーションスキル
　・集団や社会における生活および人間関係をよりよく形成する　→　集団，対人スキル
　・自己実現を図ろうとする態度　→　自己実現欲求

　以上を見てみると，「他者を理解し，よりよい社会のための人間関係を築き，様々な問題解決のための対人能力を高め，自己実現につなげる」というように集約できます。他者を理解するためには，まず自分自身を理解し，よい人間関係を築くために社会的スキルを身につけ，対人能力を高めるためにコミュニケーションスキルを身につける必要があります。つまり，特別活動はまさに“心の教育”を目指した指導が必要であることが分かります。これらの心の教育を経て，「自己実現」が成し遂げられると考えられます。ちなみに，「自己実現」とは“なりたい自分またはそうなるべき自分になる”ということであり，簡単に達成できる目標ではないことが分かるかと思います。

2．自己実現欲求

　心理学では，人が行動するためには動機づけが必要であり，その動機づけの源となるのが欲求であると考えています。そして，この欲求はいくつかの視点で分けることができます。まず，ホメオスタシスに関連する生命の維持に必要な欲求を生理的な欲求といい，1次的欲求ともいいます。例えば喉の渇きや飢え，眠気などはこれにあたります。一方，生命の維持に必要ではないが，社会生活を送る中で生じてくる欲求を社会的・心理的な欲求といい，2次的欲求ともいいます。例えば，誰かと食事をしたい，仲良くなりたい，どこかに出かけたいなどがこれにあたります。

　これらの欲求を発達の段階に合わせて階層構造として示したのがマズロー（Maslow, A. H.）です。マズローは，欲求を5つに分類し，それぞれ「生理的欲求」「安全と安定の欲求」「所属と愛情の欲求」「自尊と承認の欲求」「自己実

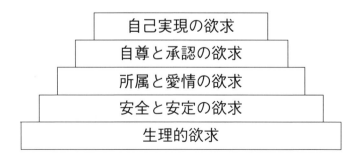

図12-1：マズローの欲求5段階説の構造

現の欲求」としました。この5つの欲求は図12-1のように階層構造をなし，下段の欲求から生じていき，下段の欲求が満たされるとその上の欲求が生じるというように考えました。従って，特別活動の目標に記された「自己実現」は最も高次の欲求であるということになります。

第2節　自己実現に向けて

1．自分自身を理解する

　自分自身をどのように理解しているか，自分自身の様々な側面をどのように結びつけて構造的にとらえているかといったことを「自己概念」といいます。自己概念は，自分自身の理解，他者からの評価，他者との比較などから作られていきます。また，自尊感情（self-esteem）や自己効力感（self-efficacy）などとも関連します。ここでは，関連する2つの感情についてみてみましょう。

＜自尊感情尺度＞

次の特徴のおのおのについて，あなた自身にどの程度あてはまるかをお答え下さい。他からどう見られているかではなく，あなたが，あなた自身をどのように思っているかをありのままにお答え下さい。

　　1．すくなくとも人並みには，価値のある人間である。
　　2．色々なよい要素をもっている。
　※3．敗北者だと思うことがよくある。
　　4．物事を人並みには，うまくやれる。
　※5．自分には，自慢できるところがあまりない。
　　6．自分に対して肯定的である。
　　7．だいたいにおいて，自分に満足している。
　※8．もっと自分自身を尊敬できるようになりたい。
　※9．自分は全くダメな人間だと思うことがある。
　※10．何かにつけて，自分は役に立たない人間だと思う。

※のついた項目は逆転項目です。従って，※印の無い項目は自尊感情の高い人の特徴を，※印のある項目は自尊感情が低い人の特徴を示しています。

　まず，自尊感情についてです。自尊感情とは，自己概念への自己評価から生じ，自分の価値を感じる感情を指します。先に紹介したマズローの欲求5段階説では，「自己実現欲求」の下の段に「自尊と承認の欲求」があります。つまり，自己実現のために自尊感情を持つことは必要条件であるといえます。では，具体的に自尊感情があるとはどのようなことなのでしょうか。参考までに，自

尊感情尺度（山本・松井・山成，1982）を示しました。項目を見てみると，自分自身を多面的かつ肯定的にとらえつつ，ありのままの自分を受け入れている状態であることが分かります。この尺度は本来，各項目に対して5段階で評価し得点化しますが，中高生に実施するのであれば，あてはまる項目がどれくらいあるかをチェックするという使い方でもよいと思います。学年が変わるときや，大きな行事があった後などに実施することで，自分自身の自尊感情の変化を客観的に判断することができます。

　次に，自己効力感についてです。自己効力感とは，何かしらの課題を遂行しようとするとき，その課題を成し遂げられるという自信のことを指しています。また，課題遂行中に何らかの問題にぶつかった時に，その困難を乗り切ろうと努力することができるためには，自己効力感が必要であるとされています。自尊感情は，この自己効力感とも関連しており，自尊感情がある程度高いことで自己効力感も高まると考えられています。では，具体的に自己効力感が高いということはどのような状態なのでしょうか。自己効力感においては，特性的自己効力感尺度（成田・下仲・中里・河合・佐藤・長田，1995）を示しました。項目の内容を見てみると，自分自身でつくった目標や計画が実行できること，困難があってもそれを乗り越えようとする気持ちがあり，努力できること，他者との関係において積極性があることなどが自己効力感が高いことであることが分かります。自分自身を客観的にみる力と，自分自身を奮い立たせる力の両立が自己効力感を作っているとも考えられます。特性的自己効力感尺度についても，どの項目にあてはまるかをチェックする様式で活用できると思います。

　ここでぜひ確認してほしいことは，自尊感情や自己効力感は，単なるプライドや慢心ではないということです。自身の中に客観性をもったうえで，自分自身の尊さを知り，目標に向かって努力することができるという自負です。だからこそ，自己概念の形成に関連するということです。特別活動について考える際には，ここで示した2つの尺度の項目内容を参考に，自尊感情や自己効力感を高めるためにどのような活動にしたらよいかを心がけて下さい。

```
＜特性的自己効力感尺度＞
この文章は一貫的な考えを表しています。それがどのくらいあてはまるかを教えて下さい。

　　1．自分が立てた計画はうまくできる自信がある
※　2．しなければならないことがあっても，なかなかとりかからない。
　　3．初めはうまくいかない仕事でも，できるまでやり続ける。
※　4．新しい友達を作るのが苦手だ。
※　5．重要な目標を決めても，めったに成功しない。
※　6．何かを終える前にあきらめてしまう。
　　7．会いたい人を見かけたら，向こうからくるのを待たないでその人のところへ行く。
※　8．困難に出会うのを避ける。
※　9．非常にややこしく見えることには，手を出そうとは思わない。
※10．友達になりたい人でも，友達になるのが大変ならばすぐに止めてしまう。
　11．面白くないことをするときでも，それが終わるまでがんばる。
　12．何かをしようと思ったら，すぐにとりかかる。
※13．新しいことを始めようと決めても，出だしでつまずくとすぐにあきらめてしまう。
　14．最初は友達になる気がしない人でも，すぐにあきらめないで友達になろうとする。
※15．思いがけない問題が起こった時，それをうまく処理できない。
※16．難しそうなことは，あらたに学ぼうと思うわない。
　17．失敗すると一生懸命やろうと思う。
※18．人の集まりの中では，うまく振る舞えない。
※19．何かしようとする時，自分にそれができるかどうか不安になる。
　20．人に頼らない方だ。
　21．私は自分から友達を作るのがうまい。
※22．すぐにあきらめてしまう。
※23．人生で起きる問題の多くは処理できるとは思えない。

※のついた項目は逆転項目です。従って，※印の無い項目は自己効力感の高い人の特徴を，
※印のある項目は自己効力感が低い人の特徴を示しています。
```

２．社会的スキル

　社会的スキルには様々な定義がありますが，ざっくりといえば，「他者と上手に付き合っていける行動やその技能」のことです。心理学では，他者が一人でもかかわると"社会"と考えます。ですから，社会的スキルは他者と関わる際の技能となるわけです。菊池ら（1994）は，社会的スキルを10分野に分け，それぞれに具体的なスキルを上げています。それをまとめたのが，表12-1です。

　これらのスキルを身につけるためにあるのが，社会的スキルトレーニングです。具体的には，資料に記されている「アサーション・トレーニング」や「アンガーマネジメント」などがこれにあたります。

表12-1：社会的スキルのリスト

基本となるスキル	話を聞く，会話するといった基本的な技術
感情処理のスキル	自分と相手の感情を知り，自分の感情をコントロールする技術
攻撃に代わるスキル	攻撃的になりそうなときに，その代替えとなる方法をとる技術
ストレスを処理するスキル	ストレスに気づき，その発散の方法を知り，実行する技術
計画のスキル	問題解決場面などにおいて，問題を把握し，計画を立てて実行する技術
援助のスキル	相手の要求をくみ取り，自分のできる援助を実行する技術
異性とつきあうスキル	相手を理解し，関係を発展させていくことができる技術
年上・年下とつきあうスキル	相手を立てたり，ほめたりして，相手に気づかう行動をとれる技術
集団行動のスキル	集団行動をより円滑に進めながら参加できる技術
異文化接触のスキル	異文化と自分の持つ文化を理解し，融合させながら対応する技術

3．コミュニケーションスキル

　社会的スキルの中には，他者とのスムーズなコミュニケーションをとるスキルも含まれます。これをコミュニケーションスキルといいます。では，ここでコミュニケーションとは何かを考えてみましょう。コミュニケーションとは「あるシステムから別のシステムへの言語記号および非言語記号による情報の移動を含む過程」と定義されます。つまり，何らかの情報のやり取りということです。ここで，システムという言葉が使われるのは，人と人とのコミュニケーションだけでなく，人と機械，人と動物，機械と機械などの情報のやり取りも含まれるからです。あえて，人と人とのコミュニケーションだけを取り上げるときには，対人コミュニケーションと表現しますが，本稿ではコミュニケーションという言葉で進めていきます。

　われわれのコミュニケーションは，「言語的コミュニケーション」と「非言語的コミュニケーション」の2つに分類することができます。言語的コミュニケーションとは，言葉として発信・受信できる内容の部分であり，文字で表記できる情報のことです。一方，非言語的コミュニケーションとは，言語的コミュニケーション以外のコミュニケーションであり，文字で表現できないあらゆる情報のことをさします。一般的に，コミュニケーションにおいては，言語的コミュニケーションよりも非言語的コミュニケーションの方が多くの情報を発

信するといわれています。例えば，バードウェステル（Birdwhistell）は，「コ
ミュニケーションのうち，言語の占める割合は30〜35％，非言語の占める割合
は65〜70％」といっています。また，メラビアン（Mehrabian）らによれば，
「知覚される態度＝言語（7％）＋音声（38％）＋表情（55％）」とされており，
いずれにしても非言語的コミュニケーションの占める割合は大きいことが分か
ります。それでは，言語的コミュニケーション，非言語的コミュニケーション
の順にそれぞれの特徴などを見ていきましょう。

　まず，言語的コミュニケーションにおいて，円滑な言語的コミュニケーショ
ンの成立のためには，発信側と受信側で言葉の意味が共通に理解されている必
要があります。ただし，言葉の意味とは辞書的な意味だけではありません。例
えば，若い世代がよく使用する「ヤバい」という言葉は，もともとは「都合が
悪い」「状況が悪い」というよくない意味で使用されていました。しかし，現
代の若者は「とてつもなく良い」場合にもこの言葉を使います。従って，生徒
が「先生，今回のテスト，私すごいヤバいんだけど」と言ってきたときに，
『そんなに悪かったのか』と受け止めるのが正しいかどうかはわからないわけ
です。ただし，落ち込んだ様子で言ってきたのなら"よくない結果であった"
と判断できますし，ニコニコしながら言ってきたのなら"とてつもなく良かっ
た"という意味と判断できるでしょう。つまり，非言語的な情報が加わらない
と判断が難しいわけです。逆にいえば，言語だけで判断することは難しいとい
うことにもなります。SNSなどの文字情報でのやり取りにおいてトラブルを
生じやすいのは，言語のみのコミュニケーションの難しさからなのだと分かる
と思います。

　では，多くの情報を伝達する非言語的コミュニケーションにはどのようなも
のがあるのでしょうか。以下に，非言語的コミュニケーションの分類を示しま
した。

```
                    非言語的コミュニケーションの種類
<身体表現>
身振り（ジェスチャー），身体の姿勢，顔面表情，凝視など
<空間行動>
対人距離，なわばり，個人空間，座席行動など
<準言語>
言語に付随する声の質（高さ・リズム・テンポ），声の大きさ，言い間違い，間，沈黙
など
<身体接触>
触れる，なでる，たたく，抱くなど
<身体的特徴>
体格，体型，体臭，身長，体重，皮膚の色，毛髪の色など
<人工品>
香水，化粧品，服装，めがね，アクセサリーなど
```

　このように，非言語的コミュニケーションは多くの情報を伝達します。それでは，非言語的コミュニケーションのいくつかの特徴について紹介します。

　まずは，「姿勢の効果」です。例えば，相手の会話に興味があるときには，聞き手は上体を前に傾け，両足を後ろに引く姿勢をとります。逆に相手に嫌悪感情があるときには，手を腰に当て肘をはる姿勢をとることが多くなります。また，地位の高い人は地位の低い人に対し弛緩した姿勢をとり，地位の低い人は地位の高い人に対し，緊張した姿勢をとります。このような姿勢が生徒間で見られたならば，何からの地位関係が生じている可能性があります。

　次に，アイコンタクトにも興味深い特徴があります。アイコンタクトには，情報探索機能，情報伝達機能，感情表出機能，相互作用調節機能の4つの役割があります。情報探索機能とは，相手の感情や態度を探る機能であり，"じっと見て相手の様子をうかがう"という働きです。情報伝達機能は，自分の意思を相手に伝えるという機能であり，"わかった"や"そうじゃない"などをアイコンタクトで示す働きです。感情表出機能は，好意または敵意を表すことを指します。じっと見つめるときには好意を，睨みつけるように見つめるときには敵意を表していることになります。相反する感情でありながら，アイコンタクトという同じ非言語行動で示す点は興味深いところです。従って，間違って受け取られることもあることに留意する必要があります。相互作用調節機能とは，会話の交替の合図を指し，自分の発言が終わり相手の発言を促す働きのことです。

表12-2：対人距離 （距離の単位は cm）

密接距離	近接相	0	抱きしめられる距離	遠方相	15-45	手で触れようと思えば触れられる
個体距離		45-60	相手を捕まえられる		60-120	お互いが手を伸ばすと指先が触れ合う程度
社会的距離		120-210	社会的場面で会話する距離		210-360	テーブルを挟んだ公式な交渉などの場
公衆距離		360-760	講演者と聴衆のような距離		760-	一般人と有名人とがイベントで面会するような場

　アイコンタクトとの関連もある，対人距離についても触れておきましょう。対人距離とは，われわれが他者と接するときにとりうる物理的距離であり，個々人が身につけている空間のようなものとも考えられます。対人距離は，密接距離（親密な人との距離），個体距離（親しい人との距離），社会的距離（初対面の人との距離），公衆距離（1人対多人数の場合の距離）に分けられ，それぞれ近接相と遠方相があります。詳細は表12-2に示しました。一般的な他者との距離は社会的距離が好ましく，腕のいいセールスマンなどはこの距離を自然に保てるといわれています。思春期である中高生にとっては，教師との距離は社会的距離をとった方が安心できると思われます。今一度，自分自身の距離の取り方に着目してみるのもよいでしょう。

　ところで，対人距離とアイコンタクトとの関係ですが，われわれはスペースなどの関係で，対人距離がうまく調節できないときにアイコンタクトを使って心的距離を調整しています。例えば，親しい友達とバスや電車に乗り席が離れてしまった時，アイコンタクトをいつもより多くして，心的距離を縮めて物理的距離を補おうとします。一方，親しい人がいない満員のエレベーターでは，必要以上に対人距離が近くなるため，なるべく目が合わないようにして距離を稼ごうとしているのです。このように，アイコンタクトを使って物理的な距離の穴埋めをしています。

　以上，非言語的コミュニケーションの特徴をいくつか紹介してきました。大切なことは，言葉でうまく伝わらなくても，姿勢や視線，表情などから伝えたい感情は伝わるのだということです。特別活動においては，豊かな感情をもち，それを様々な方法で表現することを目指してほしいです。

特別活動チェック表

確認事項 ／ 活動内容			
学習指導要領の目標に照らし合わせた習得・獲得させたい力	多様な他者と協働する様々な集団活動の意義や活動を行う上で必要となることについて理解し，行動の仕方を身に付けるようにする。	心理学的な側面	他者理解
			障がいの理解
			社会的スキル
	集団や自己の生活，人間関係の課題を見いだし，解決するために話し合い，合意形成を図ったり，意思決定したりすることができるようにする。	汎用的能力	前に踏み出す力
			考え抜く力
			チームで働く力
		正解のない問いを考える力	課題に向けて協働する力
			自分の考えを表現する力
			クリエイティブな思考
		心理学的な側面	集団の成員としての役割
			コミュニケーションスキル
	自主的，実践的な集団活動を通して身に付けたことを生かして，集団や社会における生活及び人間関係をよりよく形成するとともに，人間としての生き方についての考えを深め，自己実現を図ろうとする態度を養う。	ストレスコントロール力	レジリエンス
			グリッド
			胆力
		心理的な側面	対人スキル
			自己現実欲求
指導に関する留意点	他教科等との関連	教科	総合的な学習の時間
			道徳科
			その他の教科
		進路関係	進路指導
			キャリア指導
	特別な配慮を必要とする生徒の理解と指導	家庭事情	貧困
			外国とのつながり
		生徒自身	発達障害
			性的マイノリティ
			情緒的な問題
			健康面
			その他

学級活動・ホームルーム							生徒会活動			学校行事				
始業前	朝の会	授業中	休み時間	昼食	清掃	放課後	生徒会の組織づくり	生徒会活動の計画と運営	学校行事への協力	ボランティア活動などの社会参画	儀式的行事	文化的行事	健康安全・体育的行事	旅行・集団宿泊的行事	勤労生産・奉仕的行事

第3節　心を育てる特別活動の指導

　本章の最後にあたり，心を育てることについて考えてみましょう。心を育てるためには，様々な理論や経験が必要です。理論を学ぶといえば，心理学という言葉が浮かびます。心理学という学問は，多くの場合，大学に行かなければ授業を受けることはありません。それは，義務教育及び高等学校では教科に入っていないからです。もちろん，近年は大学も出前授業や模擬授業などを行うことがあり，そのような場面で心理学の授業を受けたことのある生徒もいるかもしれません。しかし，それは1トピックスを学ぶのであって，教科のように系統だてて勉強していくものではありません。これらの現状をもとに，心理学の世界では度々，高等学校における心理学の教科化を叫ぶ声が上がってきました。しかし，学校教育に特別活動がある限り，理論的な心の理解は大学に入ってからでもいいのではないかと感じました。本章まで特別活動についてみてくると，教科としては存在しなくても，心理学的な要素はたくさん含まれています。本来の目標とする特別活動がしっかりと実現されていれば，十分に心の教育はされているのだと思います。先に実践（活動）があり，あとから理論がついてくることも世の中にはたくさんあります。心を育てることにおいても，そうあってよいのではないでしょうか。

　最後に，学習指導要領に記された目標と照らし合わせて，特別活動において習得・獲得が望まれることと，指導における留意点をチェック項目としてあげました。特別活動の各活動において比較しながら確認できるように，チェック表に仕上げました。生徒の心を育てる特別活動をめざし，ぜひ活用してください。

【引用・参考文献】

堀洋道（監修）山本眞理子（編）(2001)『心理測定尺度集Ⅰ　個人の内面を探る＜自己・個人内過程＞』　サイエンス社

山本真理子・松井豊・山成由紀子 (1982)「認知された自己の諸側面の構造」『教育心理学研究』30:64-68

成田健一・下仲順子・中里克治・河合千恵子・佐藤眞一・長田由紀子 (1995)「特性的自己効力感尺度の検討－生涯発達的利用の可能性を探る」『教育心理学研究』43:306-314

菊池章夫・堀毛一也（編著）(1994)『社会的スキルの心理学』　川島書店

文部科学省『中学校学習指導要領（平成29年告示）解説　特別活動編』

文部科学省『高等学校学習指導要領（平成30年告示）解説　特別活動編』

巻末資料　特別活動関連事項

Ⅰ　よりよい人間関係を形成するための教育活動の手法

　学校生活を通じて人間関係をよりよく形成することは，特別活動の大きな役割といえます。ここでは，アメリカ合衆国で唱えられ，わが国においても実践されている，よりよい人間関係づくりの考え方とその手法の概要を２つ紹介します。

１．アサーション（自分も相手も大切にする自己表現）と思春期の生徒たち

　思春期にある中学生・高校生は，自他の違いを意識したり，さまざまな他者とのかかわりを重ねたりしながら，自我を確立していきます。当然，その過程では人間関係づくりの基盤となる会話や自己表現の仕方について悩むこともあります。アサーション（自分も相手も大切にする自己表現）の考え方とその手法を学校の授業で扱うことは彼らにとって意味のあることと考えます。

１）アサーションの考え方と手法

①アサーションの考え方

　アサーション研究を重ねてきた平木典子さんは，その著書「アサーション入門　自分も相手も大切にする自己表現法」で，「アサーション」あるいは「アサーティブな自己表現」の本質は，「（A）自分の考えや気持ちを捉え，それを正直に伝えてみようとする　（B）伝えたら，相手の反応を受け止めようとする」としています。これは，話すことと聴くことがあるコミュニケーションと言い換えることができます。さらに，このような自分も相手も尊重するやりとりをして"さわやかな人間関係"をつくろうとすることをアサーションの目的としています。

②アサーションの方法

　受け入れることが困難なことを求められたり，返事をためらうような申し出

がなされたりした際の自己表現の仕方を，次の３つに分類しています。

○非主張的（ノン・アサーティブ）自己表現

　自分よりも他者を優先し，自分のことは後回しにする自己表現

　　自分の意見等をいわない⇒結果として相手の言いなりとなる⇒後悔・恨みを抱く

○攻撃的（プログレッシブ）自己表現

　自分のことだけを考えて行動し，他者を配慮しない自己表現

　　意見を押し付ける⇒結果として他者を操作する⇒対立・敬遠・孤立が生じる

○アサーティブな自己表現

　自分のことをまず考えるが，他者をも十分配慮する自己表現

　　思いを表現、事実（状況）を共有，提案⇒歩み寄り⇒さわやかな人間関係づくり

２）アサーティブな自己表現をするうえで忘れてはならないこと

　自他を尊重することや人と人との歩み寄りの過程には，心の葛藤があることを認識しておくことが大切です。

【アサーティブな自己表現の具体例】

　Ａさんが，教室で自分が今，読んでいる本についての話をしているところにＢ男が来て，Ａさんに向かって「おい，その本を貸せ。俺も読みたい」と言いました。この求めに対してＡさんは「ごめんね。今，読んでいる最中です。読み切りたいのです。一週間後はOKよ」と返事をしました。

　この返事をアサーティブな自己表現の視点から分析すると次のようになります。

　　○自分の思いを表現（自分はどうしたいのか）…………本を読み切りたい

　　○事実（状況）を共有する……………………………今，読んでいる最中です

　　○提案………………………………………………………一週間後はOKよ

　　上記の３点が盛り込まれた返事は，ＡさんとＢさんとのさわやかで，よりよい人間関係づくりを促進するものになることでしょう。

３）学校教育でのアサーションの実践

　小学校で漫画「ドラえもん」の主な登場人物である，のび太・ジャイアン・静香ちゃんを取り上げて，非主張的自己表現・攻撃的自己表現・アサーティブな自己表現を考えさせる教育実践が前述の「アサーション入門　自分も相手も

大切にする自己表現法」で紹介されています。この事例では，気持ちのよいやり取りを子どもたちが考えています。中学校においても生徒の発達段階に応じたアサーションの指導計画づくりや特別活動での実践が期待されます。

　また，日常の学校生活の中でアサーティブな発言をした生徒がいたら，それを取り上げて称賛したり広めたりすることも教師の仕事と考えます。

【参考文献】
平木典子（2012）「アサーション入門　自分も相手も大切にする自己表現法」講談社現代新
　　書
園田雅代・中釜洋子・沢崎俊之編著（2002）「教師のためのアサーション」金子書房

2．アンガーマネジメント（怒りの感情と上手に付き合うための心理教育，心理トレーニング）と思春期の生徒たち

　中学生・高校生は，さまざまな経験や思いを重ねて，心の中に価値観（信念）を形成していきます。アンガーマネジメントの考え方では，自分の中にある「○○は○○すべき」という価値観と，それとは異なる他者の価値観とが衝突することから怒りが生じるとされています。怒りに任せた言動（ムカついた，キレる等）によって，生徒間のいさかいや暴力行為等などが起きることがあります。大人でも制御困難になりがちな「怒り」という感情に上手に付き合うためのアンガーマネジメントという心理教育，心理トレーニングを学校教育に取り入れることは生徒たちのよりよい人間関係づくりに資するものと考えます。

　また，指導に当たる教師が職場で生じた自己の怒りに適切に対処することは大切なことであり，教師のメンタルヘルスにもアンガーマネジメントは貢献することと思います。

1）アンガーマネジメントの考え方と心理トレーニング方法

　それでは，怒りの感情にどのように付き合っていくべきかを日本アンガーマネジメント協会にかかわる方々の著作等から紹介します。

①アンガーマネジメントとは

　ムダに怒らないことや「怒り」の感情を上手に受けとめてプラスに生かすための心理教育，心理トレーニングがアンガーマネジメントです。

　また，アンガーマネジメントは，「怒り」に上手に付き合うためには「なぜ自分は怒るのか？」の原因を徹底して追究するよりも「自分は怒りをコントロ

ールしてどのようになりたいか？」に焦点を当てており，「今，できること」
に眼を向けることを提唱するものです。

②怒りのプラスとマイナス

　「怒り」の感情のままに発言したり行動したりしてしまい，その後の人間関
係がギクシャクしたり，周囲をいやな雰囲気にさせてしまったりしたことがあ
るかもしれません。この後悔から「怒り」の感情は否定すべきものと受け止め
られがちですが，「怒り」は人間を含んだ生き物にもともと備わった生存本能
であり，自分の身の危険や尊厳が損なわれるときに起きる感情の高ぶりや体の
状態の変化です。また，屈辱感や悔しさから生じた怒りが，その人を駆り立て，
雪辱や成功，さらには人間としての成長に導くこともあります。

　そもそも「怒り」そのものをゼロにすることはできません。それであれば，
その「怒り」を目的達成に生かすことや人生にとって有意義な方向に向けるこ
とが重要であり，それこそが，アンガーマネジメントなのです。

③アンガーマネジメントの仕組み

　「怒り」という感情に上手に付き合うためには，まず“怒りのままに行動し
ない”ようにすること，つまり怒りの衝動をコントロールしたり，適切な自己
表現（コミュニケーション）をしたりする術を身に付けることです。次に“頭
を怒りにくい仕組みにする”ようにすること，つまり，怒りを生じさせる自己
の価値観を振り返ること等からアンガーマネジメントは構成されています。

④怒りのままに行動しないために

　　次の二つのことがらに取り組むことが求められています。

　　○怒りの衝動をコントロールする

　　　　イラっと来た時の効果的な対処法として次のテクニックが紹介されてい
　　　ます。

　　　・自分を落ち着かせる言葉「大丈夫，何とかなる。こんなことでは，負け
　　　　ない。今までも乗り切ってきた等」を心の中でつぶやく。

　　　・身のまわりのモノ（ペン・パソコン・ノート等）を凝視する。

　　　・相手に告げた上で，その場を一時離脱する等。

　　○怒りを適切な自己表現（コミュニケーション）で伝える

　　　　怒りの背後にある気持ちをどのように相手に表現するかについては，次
　　　のように紹介されています。

　　　・自分の怒りを直截に伝えるために正確さを無視して「絶対」「いつも」

「必ず」といった言葉を使いがちであるが，これは，逆に相手からの反感をよぶことになる。

・「お前は何もわかっていない」という決めつけや「君は感情的だ」というレッテル貼り，「なんで自分ばかりがこんな目にあうんだ」とのオーバーな表現，「上司のいうことは聞くべき」だという価値観（べき）の押し付け等は人間関係を壊すことに繋がりやすい。

・アサーティブな表現に努める（前述の「アサーション」を参考にしてください）

⑤頭を怒りにくい仕組みにするために

「普通，道で肩がぶつかったら，人は謝るべき」との価値観をいだいている人は，そのような場面に遭遇して，相手が謝らなかったら怒りを覚えることでしょう。しかし，相手は「ぶつかった」のではなく，「ふれた程度」と思ったのではないでしょうか。この事例でわかるように「考えや価値観の違いを受け入れられないこと」が「怒り」を生じさせているのです。

そこで，頭を怒りにくい仕組みにするために次のような手立てが紹介されています。

・自己の怒りを客観視するために，怒りを0（怒りの感情なし）～10（人生最大の怒り）までのレベルに段階分けして，それぞれの段階に応じた対処法（前述「怒りの衝動をコントロールする」参照）を定めておく。

・さらに自己の怒りを客観視するために，自己の怒りやストレスを一定の書式に従って記録し，自己分析や価値観の修正に役立てることも提唱されています。

なお，これらに当たっては，思い出すことによって怒りを更に深めたり，憎悪や怨恨といったとても強い怒りになったりするおそれがある思い出し怒りに陥らないようにすることが肝要です。

【参考文献】
安藤俊介（2016）「アンガーマネジメント入門」　朝日文庫
片山紀子（2018）「三訂版　入門　生徒指導」　学事出版
田辺有理子（2016）「イライラとうまく付き合う看護職になる！　アンガーマネジメントのすすめ」中央法規出版

Ⅱ　教師の働き方改革と特別活動

　2019（平成31）年1月25日に教師の長時間労働等の解決に向けて中央教育審議会から「新しい時代の教育に向けた持続可能な学校指導・運営体制の構築のための学校における働き方改革に関する総合的な方策について」が答申されました。

　これを受けて，政府・文部科学省，各教育委員会がどのように教師の働き方改革を施策化するのか，注視することが大切です。

1．答申の概要

　答申は，教師の自発的な意思によるものとした残業を勤務時間として管理対象とすること，時間外勤務の上限を「月45時間，年360時間」と設定すること，業務の繁忙期と閑散期を考慮して年単位で労働時間を調整する「変形労働時間制」の導入などを提示しています。

2．答申が示す「教師の働き方改革と特別活動」

　答申は，学校及び教師が担う業務の明確化・適正化のために，業務を「基本的には学校以外が担うべき業務」，「学校の業務だが，必ずしも教師が担う必要のない業務」，「教師の業務だが，負担軽減が可能な業務」に整理し，その精選や保護者・地域ボランティア，学校事務職員等への業務移管を提案しています。

　その中で，特別活動にかかわることがらは，次の2点です。

　　1）多くの学校が毎日（隔日）実施している校内清掃や学期末の大掃除については「学校の業務だが，必ずしも教師が担う必要のない業務」として示しています。

　　2）学校行事の準備・運営は，「教師の業務だが，負担軽減が可能な業務」として示しています。

3．教師の負担軽減の対象としての校内清掃（「答申」から引用）

　○　校内清掃については，清掃指導を通じて児童生徒に勤労の意義や奉仕の精神，集団の一員としての自覚を深め，責任感を育成するとともに，児童生徒相互の触れ合いを深める点で有意義であるという指摘があるが，諸外国では，教師が校内清掃の指導を担っている例は少ない。また，我が国に

おいても，清掃の時間に地域の高齢者が参加し，児童生徒と交流を図りながら実施している地方公共団体もある。校内清掃は校内で行われるものではあるが，児童生徒が行う清掃の見守りは，教員免許を必ずしも必要とする業務ではなく，「学校の業務だが，必ずしも教師が担う必要のない業務」である。

○　したがって，清掃指導については，その教育的効果を踏まえつつ，学校や児童生徒の状況，教職員の勤務状況，環境衛生の維持等も踏まえ，各学校において合理的に回数や範囲等を設定し，地域ボランティア等の参画や民間委託等を検討するなど，全ての教師が毎日行うのではなく，輪番等によって負担を軽減する等の取組を促進すべきである。

　　一方，日常的な環境衛生の維持又は改善のための活動は学校の業務であるが，教師が行うのは授業等の業務に付随して行う日常点検の範囲にとどめ，その他の環境衛生活動については，現在も教師以外の学校職員も行っているが，地域ボランティアの参画や民間委託等も検討し，できる限り教師に行わせないように努めるべきである。

4．教師の負担軽減の対象としての学校行事の準備・運営（「答申」から引用）
○　学校行事等については，学校行事の企画・運営，児童生徒への指導等は教師が担うべき業務であるが，必要な物品の準備，職場体験活動受入れ企業への日程調整，修学旅行の運営等は，教師との連携の上で，事務職員や民間委託等外部人材等が担うべきである。あわせて，学校行事を通じた児童生徒に必要な資質・能力の育成という観点は維持しつつ，学校行事の準備等が教師の過度な負担とならないよう，学校行事の精選や内容の見直し，準備の簡素化を進めるとともに，地域や学校等の実情に応じて，地域行事と学校行事の合同開催など効果的・効率的な実施を検討すべきである。

○　また，周年行事等，地域の記念行事の要素が大きい行事の準備は，簡素化し，教育委員会や保護者・PTA，地域等が中心となって行うようにするべきである。さらに，実施すること自体は教育上必要な行事についても，その一部について，教育的意義を超えて，地域の誇りや伝統等の理由で，教師が授業の質の向上に取り組めないほどの負担を強いられることはあってはならないことであり，地域が望むのであれば地域等が中心となって行う行事に移行すべきである。

【引用文献】
中央教育審議会（2019）「新しい時代の教育に向けた持続可能な学校指導・運営体制の構築のための学校における働き方改革に関する総合的な方策について（答申）」

Ⅲ　部活動

　明治時代初期に欧米から伝わったスポーツの大学対抗戦から始まった部活動は，現在，多くの学校で幅広く展開されています。

　特別活動と部活動は，自主性を重んじる集団活動であること，人間形成に影響を与える活動であること，学校教育の一環（校長の承認を得て，学校管理下で行わる教育活動）として行われていること，ともに学習指導要領（昭和22年版）の「自由研究」から始まること等の共通点があります。しかし，部活動は教育課程に位置づいていません。つまり，部活動の設置やそれへの参加は，各学校及び各生徒の自発的な意思と自主性に委ねられているわけです。そして，このことは，部活動の在り方やそれが抱える様々な課題に深くかかわっています。

1．部活動の教育的な意義

　目標に向かって同好の生徒が互いに切磋琢磨し，それぞれの技能を高める部活動は，部員間の友情や顧問教員との信頼関係をはぐくむとともに成就感などを体得できる活動です。

　また，他校のライバルや温かい応援を寄せる保護者，地域の方々との人間的な触れ合いも期待できる活動です。

2．中学校学習指導要領（平成29年告示）と部活動

　中学校学習指導要領　第1章「総則」の第5「学校運営上の留意事項」の一部に「生徒の自主的，自発的な参加により行われる部活動については，スポーツや文化，科学等に親しませ，学習意欲の向上や責任感，連帯感の涵養等，学校教育が目指す資質・能力の育成に資するものであり，学校教育の一環として，教育課程との関連が図られるよう留意すること」と示しています。

3．部活動の実態

　スポーツ庁「平成29年度運動部活動等に関する実態調査」によると全国の中学校において，91.9％の生徒が運動部・文化部に所属しています。また，同調査によれば全国の高等学校において，81％の生徒が運動部・文化部に所属しています。

4．中学校（高等学校）における部活動の課題

1）教育課程に位置づいていない学校教育活動であること

　　これによって，勤務時間外の部活動指導は教員の自主的・自発的意思による活動と解釈され続けてきました。また，生徒の部活動参加も同様に本人の意思によるものとされています。

　　しかし，実態的には全生徒の部活動加入制が実施されたり，全職員が部活動顧問を務めたりしているケースもあり，教員の長時間労働に繋がっています。

　　これについて，教員の働き方改革を求める中央教育審議会答申（平成31年1月25日）では，今までは教師の自発的な意思によるものと解釈されてきた残業（部活動指導を含む）を勤務時間として管理対象とすること，時間外勤務の上限を「月45時間，年360時間」と設定すること，業務の繁忙期と閑散期を考慮して年単位で労働時間を調整し，休日のまとめどりをする「変形労働時間制」の導入などを記しています。

2）少子化等の影響と合同部活動

　　練習や大会参加に必要な人数がそろわず，活動の停滞や廃部となってしまうケースがあります。そこで，対応策として近隣等の学校との合同部活動という形式で，それをしのぐ事例もあります。しかし，実際の運用面では，合同練習に伴う課題（移動時間確保・練習日程調整等）や仲間意識の醸成等の課題があります

3）長時間勤務という教員への過度な負担

　　経済協力開発機構（OECD）が実施した国際教員指導環境調査2018では，わが国の中学校教員の週当たりの勤務時間は世界最長（日本56.0時間，参加国平均38.3時間）となっています。その内訳を見ると課外活動の指導時間

（日本7.5時間，参加国平均1.9時間）が長いことが特徴的です。

　また，文部科学省「教員勤務実態調査（平成28年）」では，中学校教員の出勤時刻はおおよそ7時30分であり，退勤時刻は19時20分です。これに加えて中学校において土日の「部活動」に従事する時間については，10年前よりもほぼ倍増（1時間6分から2時間9分）していることが明らかになりました。

　さらにスポーツ庁「平成29年度運動部活動等に関する実態調査」では，顧問教員の悩みの上位は，校務が忙しくて思うように指導できない（公立中：54.7％，公立高：54.0％），教員自身の心身の疲労・休息不足（公立中：51.8％，公立高：42.9％），校務と部活動の両立に限界を感じる（公立中：54.7％，公立高：54.0％）と報告されました。併せて校長の悩みの上位は，顧問教員の負担軽減（公立中：79.5％，公立高：79.2％），顧問の不足（公立中：56.5％，公立高：53.6％）と記されています。

4）約半数の教員は専門外（未経験）部活動顧問を担っていること

　日本体育協会「学校運動部活動指導者の実態に関する調査（平成26年）」では，競技経験のない部活動を担当している中学校教員は52.1％，高校教員は44.9％にのぼることが明らかになりました。

5）長時間勤務の解消及び専門性の確保に向けた取組

①部活動指導員の導入

　従前から各教育委員会による部活動外部指導者が学校に配置されていましたが，平成29年に学校教育法施行規則第78条が改正され，中学校・高校におけるスポーツ，文化，科学等に関する教育活動に係る技術的な指導に従事する者として部活動指導員が法的に制度化されました。

　部活動外部指導者と部活動指導員の違いは，部活動外部指導者は部活動顧問教員の補助が主たる任務でしたが，部活動指導員は教員に代わり，部活動の顧問にも就けること，身分は非常勤公務員扱いで有償であることに特徴があります。

　しかし，部活動指導員配置にも，人材確保が容易ではないこと，配置に伴う地域間格差の怖れ，全校配置達成には膨大な予算を要すること，教員や生徒との関係づくりを図ること等の課題が指摘されます。

②長時間勤務の解消

　長時間練習と休養日の不足軽減を図るために，スポーツ庁は「運動部活動の在り方に関する総合的なガイドライン（平成30年３月）」の中で，運動部活動における休養日及び活動時間の基準を次のとおり打ち出しました。

　○　学期中は，週当たり２日以上の休養日を設ける。平日は少なくとも１日，土曜日及日曜日は少なくとも１日以上を休養日とすること。

　○　長期休業中の休養日の設定は学期中に準じた扱いを行うこと。

　○　１日の活動時間は，長くとも平日では２時間程度，学校の休業日（学期中の週末を含む）は３時間程度とし，できるだけ短時間に，合理的でかつ効率的・効果的な活動を行うこと。

6）勝利至上主義の問題点

　行き過ぎた指導や長時間の練習が生徒の心身の健全な発達にとって弊害であることや，体罰などの発生につながるおそれがあることがあげられます。

　そこで，文部科学省は「運動部活動での指導のガイドライン（平成25年５月）」の中で次の７つの警鐘を鳴らしています。

○顧問の教員だけに運営，指導を任せるのではなく，学校組織全体で運動部活動の目標，指導の在り方を考えましょう。

○各学校，運動部活動ごとに適切な指導体制を整えましょう。

○活動における指導の目標や内容を明確にした計画を策定しましょう。

○適切な指導方法，コミュニケーションの充実等により，生徒の意欲や自主的，自発的な活動を促しましょう。

○肉体的，精神的な負荷や厳しい指導と体罰等の許されない指導とをしっかり区別しましょう。

○最新の研究成果等を踏まえた科学的な指導内容，方法を積極的に取り入れましょう。

○多様な面で指導力を発揮できるよう，継続的に資質能力の向上を図りましょう。

【参考・引用文献】
文部科学省（2017）「中学校学習指導要領」東山書房
日本体育協会（2014）「学校運動部活動指導者の実態に関する調査」https://www.japan-

sports.or.jp/Portals/0/data/katsudousuishin/doc/gaiyouban.pdf（2019年12月 5 日取得）

経済協力開発機構（2019）「国際教員指導環境調査2018」

文部科学省「教員勤務実態調査（平成28年度）」www.mext.go.jp/b_menu/shingi/chukyo/chukyo3/079/siryo/__icsFiles/afieldfile/2018/09/28/1409717_3_1.pdf（2019年12月 5 日取得）

スポーツ庁（2018）「平成29年度運動部活動等に関する実態調査」www.mext.go.jp/sports/b_menu/sports/mcatetop04/list/detail/__icsFiles/afieldfile/2018/06/12/1403173_2.pdf（2019年12月 5 日取得）

スポーツ庁（2018）「運動部活動の在り方に関する総合的なガイドライン」www.mext.go.jp/sports/b_menu/shingi/013_index/toushin/__icsFiles/afieldfile/2018/03/19/1402624_1.pdf（2019年12月 5 日取得）

文部科学省（2013）「運動部活動での指導のガイドライン」http://www.mext.go.jp/sports/b_menu/sports/mcatetop04/list/detail/__icsFiles/afieldfile/2018/06/12/1372445_1.pdf（2019年12月 5 日取得）

Ⅳ　生徒会活動に係わる質問紙調査（結果）

実 施 者　東海大学　課程資格教育センター　教職研究室　佐藤　陽一

目　　　的　公立中学校における生徒会活動の現状と課題の解明

調査内容　［学校質問紙調査］
　　　　　　中学校教員等がとらえる生徒会活動の現状と課題
　　　　　　［生徒会本部役員質問紙調査］
　　　　　　生徒会本部役員生徒の抱負と活動上の課題

調査対象校　相模原市立中学校・平塚市立中学校・秦野市立中学校，計60校

調査期間　2018年12月〜2019年1月

回　　　答　［学校質問紙調査］60校（校長または担当教師による回答）
　　　　　　［生徒会本部役員質問紙調査］生徒会本部役員生徒352名

参考事例　千葉市教育委員会等による「生徒会活動実態調査（2015年）」

【注】　調査結果の百分率は，小数2位を四捨五入しており，各問いの回答合計値が100％になるとは
　　　限りません。

学校質問紙調査

問1　生徒会本部役員会での討議や活動で，次の事項に費やすおおよその割合を記入ください（NO 1〜8を合計して10割としてください）。

NO	回　答	割合（平均）
1	学校行事への協力（各行事実行委員会にての討議を含む）	約3割
2	各種委員会（専門委員会）との調整や協力	約2割
3	学校生活の改善	約1割
4	生徒意見を吸い上げた自主的活動	約1割
5	ボランティア活動（地域貢献活動や募金を含む）	約1割
6	生徒会発行の広報紙の作成	約1割
7	他の機関等から依頼された活動	約1割
8	その他	な　し

問2　生徒会本部役員会や生徒総会に次ぐ審議会（評議員会・中央委員会等）は，総じてどのように運営されていますか（下記から一つ選んでください）。

NO	回　答	校数	％
1	活動計画づくりから生徒の自主性を尊重している	18	30.5%
2	活動計画づくりは担当教師が主導し，一部に生徒意見を反映させる	35	59.3%
3	活動計画づくりは担当教師が中心になってしまうことが多い	4	6.8%
4	生徒会本部役員会や生徒総会に次ぐ審議会（評議員会・中央委員会等）は，あまり活動していない	2	3.4%
5	その他	0	0.0%

【注】　無回答が1校ありました。

問3　次の行事や活動は誰が中心となって企画・運営していますか？

【凡例】　1＝生徒会本部役員中心，2＝生徒会本部役員以外の各種専門委員中心
　　　　　3＝役員や各種専門委員以外の生徒中心，4＝教師中心，5＝未実施

【注】表中の企画・運営欄の左の数字は，中学校数です。

活動等	区分	1	2	3	4	5
生徒総会	企画	31 （51.7%）	0 （00.0%）	1 （01.7%）	28 （46.7%）	0 （00.0%）
	運営	55 （91.7%）	4 （06.7%）	1 （01.7%）	0 （00.0%）	0 （00.0%）
生徒会役員選挙	企画	4 （06.7%）	22 （36.7%）	3 （05.0%）	31 （51.7%）	0 （00.0%）
	運営	6 （10.0%）	47 （78.3%）	5 （08.3%）	2 （03.3%）	0 （00.0%）
新入生歓迎会	企画	37 （61.7%）	2 （03.3%）	0 （00.0%）	13 （21.7%）	8 （13.3%）
	運営	50 （83.3%）	2 （03.3%）	0 （00.0%）	0 （00.0%）	8 （13.3%）
卒業生を送る会	企画	7 （11.7%）	1 （01.7%）	4 （06.7%）	5 （08.3%）	43 （71.7%）
	運営	7 （11.7%）	5 （08.3%）	5 （08.3%）	0 （00.0%）	43 （71.7%）
部活動壮行会	企画	14 （23.3%）	3 （05.0%）	6 （10.0%）	16 （26.7%）	21 （35.0%）
	運営	23 （38.3%）	3 （05.0%）	10 （16.7%）	3 （05.0%）	21 （35.0%）
体育祭	企画	4 （06.7%）	22 （36.7%）	5 （08.3%）	29 （48.3%）	0 （00.0%）
	運営	8 （13.3%）	43 （71.7%）	5 （08.3%）	4 （06.7%）	0 （00.0%）
文化祭	企画	4 （06.7%）	24 （40.0%）	6 （10.0%）	24 （40.0%）	2 （03.3%）
	運営	9 （15.0%）	41 （68.3%）	6 （10.0%）	2 （03.3%）	2 （03.3%）
生徒会広報紙	企画	38 （63.3%）	7 （11.7%）	0 （00.0%）	1 （01.7%）	14 （23.3%）
	運営	38 （63.3%）	7 （11.7%）	1 （01.7%）	0 （00.0%）	14 （23.3%）
校内美化活動	企画	4 （06.7%）	37 （61.7%）	4 （06.7%）	10 （16.7%）	5 （08.3%）
	運営	3 （05.0%）	44 （73.3%）	6 （10.0%）	1 （01.7%）	6 （10.0%）
あいさつ運動	企画	41 （68.3%）	10 （16.7%）	0 （00.0%）	5 （08.3%）	4 （06.7%）
	運営	43 （71.7%）	9 （15.0%）	1 （01.7%）	1 （01.7%）	6 （10.0%）
国際交流活動	企画	2 （03.3%）	1 （01.7%）	1 （01.7%）	13 （21.7%）	43 （71.7%）
	運営	2 （03.3%）	4 （06.7%）	2 （03.3%）	10 （16.7%）	43 （71.7%）
小学校等との交流	企画	21 （35.0%）	2 （03.3%）	2 （03.3%）	29 （48.3%）	6 （10.0%）
	運営	37 （61.7%）	2 （03.3%）	2 （03.3%）	13 （21.7%）	6 （10.0%）
地域等との交流	企画	6 （10.0%）	10 （16.7%）	4 （06.7%）	27 （45.0%）	13 （21.7%）
	運営	11 （18.3%）	11 （18.3%）	12 （20.0%）	14 （23.3%）	12 （20.0%）
ボランティア活動	企画	13 （21.7%）	20 （33.3%）	2 （03.3%）	25 （41.7%）	0 （00.0%）
	運営	18 （30.0%）	29 （48.3%）	8 （13.3%）	5 （08.3%）	0 （00.0%）
校則等改正の活動	企画	21 （35.0%）	2 （03.3%）	0 （00.0%）	21 （35.0%）	16 （26.7%）
	運営	23 （38.3%）	4 （06.7%）	2 （03.3%）	14 （23.3%）	17 （28.3%）
その他の活動	企画	11 （18.6%）	25 （42.4%）	1 （01.7%）	16 （27.1%）	6 （10.2%）
	運営	10 （17.0%）	28 （47.5%）	3 （05.1%）	12 （20.3%）	6 （10.2%）

【注1】「その他の活動」で，無回答校が1校ありました。

問4　校則（学校生活の約束等）についてうかがいます（問A・Bは各一つ選んでください）。
A　2014年度から2018年度に至る間で校則（学校生活の約束等）の改正をしましたか。

NO	回　　答	校数	%
1	改正した	28	46.7%
2	改正中	3	5.0%
3	予定あり	1	17.1%
4	なし	28	46.7%

B　前問Aで，1～3のいずれかに回答された学校にうかがいます。
　校則（学校生活の約束等）の改正に当たっては，生徒会の活動（生徒意見）をどの程度を組み込みましたか（予定でもかまいません）。

NO	回　　答	校数	%
1	改正案件のすべてを生徒意見に委ねた	3	9.4%
2	改正案件の一部を生徒意見に委ねた	4	12.5%
3	改正案の大枠を教師が整え，枠内で生徒意見を反映させた	17	53.1%
4	生徒・教師・保護者の三者協議で話し合った	2	6.3%
5	その他	6	18.8%

【その他】生徒意見は組み込まずに教員意見で決定した等（6校）。

C　前問Aで，1～3のいずれかに回答された学校にうかがいます。
　校則（学校生活の約束等）の改正内容を簡潔にご記入ください（改正予定でもかまいません）。

【注】（　）内は，同様な意見を示した中学校数です。

1　生徒会組織に関連することがら
　生徒会本部役員選挙規定の変更（5），生徒会専門委員会の新たな設置や廃止（3），生徒会本部組織の変更

2　服装等に関連することがら
　体育着下校の規制緩和（4），標準服着用規程の見直し（3），靴下の規程の見直し（2）カーディガンの色規制の緩和（2），頭髪規程の見直し，体育着の変更，冬コートの色規制の緩和，スカートの丈の変更，校内でのウインドブレーカー着用許可期間の変更

3　持ち物に関連することがら
　通学カバンの規制緩和や自由化（2），通学靴の自由化等

4　校内生活に関連することがら
　上履きの記名位置，スマホの使用について，制汗剤の使用（使用場所・種類）について，教科書や教材の持ち帰りについて

5　その他
　校則（約束ごと）を時代や実情等に即したものに改正した。

問5　生徒会活動の課題について（複数回答可）

NO	回　　答	校数	％
1	生徒会本部役員を希望する生徒が少ない	26	43.3%
2	生徒会本部役員が，部活動や習い事で忙しく，活動の両立が難しい	27	45.0%
3	生徒会本部役員が，学習や行事で忙しい	22	36.7%
4	放課後の活動時間の確保が難しい	45	75.0%
5	一部の本部役員生徒に仕事（活動）が集中している	8	13.3%
6	一般生徒の生徒会活動に関する関心が薄い	28	46.7%
7	本部役員生徒に生徒会活動に関する仕事（業務）が集中している	22	36.7%
8	生徒会各種専門委員会の活動が沈滞している	6	10.0%
9	生徒会組織の合理化・効率化が求められている	16	26.7%
10	生徒会活動が一部の活動に偏りがちである	10	16.7%
11	生徒会活動に新たな取り組みが不足し，マンネリ化している	20	33.3%
12	生徒会活動の多くが，学校（教師）が企画したことの下請け的内容であり，自主的に議論したり，活動したりすることが少ない	17	28.3%
13	前年度からの引継ぎが上手くいかず，何をしたらよいかわからない	3	5.0%
14	既存の活動内容の整理が必要	19	31.7%
15	担当教師が生徒会活動に当てる時間が少ない	23	38.3%
16	その他	3	5.0%

【その他】
○　生徒会担当教師の負担が大きい（2校）。
○　保護者からの生徒活動についての理解が得にくい。

問6　今後の生徒会活動の在り方や展望について（自由記述）

○　さらに自主的・自発的活動を増やしたい（6校）。
○　生徒会活動は生徒による自治的な学校生活をつくるために不可欠な活動です。一層の充実を図りたい（2校）。
○　活動内容を精選し，生徒会本部役員生徒の負担軽減と自主的活動を推進する（2校）。
○　一般生徒の関心を高めたい（2校）。
○　市内の生徒会長会議で，役員生徒が情報交換したり互いに高め合ったりしたいものです（2校）。
○　生徒会行事をはじめとする生徒会活動の内容を見直してスリム化を図りたい。
○　生徒会本部役員の負担軽減のために，本部と各種専門委員会との連携を強化する。
○　生徒会によって学校行事の見直しを図りたい。
○　教科指導や総合的な学習の時間と連携した生徒会活動を展開したい。
○　地域と連携した活動をさらに増やしたい。
○　教師及び生徒の負担を考慮した小・中学校間の交流をしたい。
○　生徒会本部による全校生徒への発信を増やしたい。

生徒会本部役員質問紙調査

問1　生徒会本部役員に立候補した理由を次から選んでください（複数回答可）。

NO	回　　　答	％
1	人の役に立ちたいと思った	70.2%
2	活動をしている上級生を見て自分もやってみたいと思った	62.3%
3	生徒会活動に興味があった	77.0%
4	先生にすすめられた	58.0%
5	上級生や友人に誘われた	39.5%
6	家族にすすめられた	34.1%
7	進路選択の際に有利になると思った	44.3%
8	その他	30.1%

【その他】（　）内の数字は同様な意見数です。
○　昨年度の本部役員経験を生かす（4），児童会役員経験を生かす（4）
○　生徒会活動にチャレンジしたかった（4），自分の能力を高めたかった等（4）
○　生徒会活動が楽しそうに思えた（2），上級生と共に活動したかった
○　挨拶運動の活発化（3），充実した学校生活にする等（2），強化したい活動や取り組みたい活動があった

問2　あなたが生徒会本部役員になった際に，取り組んでみたいと思った活動は次のどれですか（複数回答可）。

NO	回　　答	％
1	学校行事への協力	79.8%
2	各種委員会（専門委員会）と協力した活動	40.3%
3	学校生活の改善	62.4%
4	生徒意見を吸い上げた自主的活動	59.9%
5	ボランティア活動（地域貢献活動や募金を含む）	34.9%
6	生徒会発行の広報紙の作成	20.5%
7	他の機関等から依頼された活動	15.9%
8	その他	3.4%

【その他】（　）内の数字は同様な意見数です。
全校生徒が楽しいと思って参加してくれる活動（2），全校生徒に生徒会をPRする活動（2），生徒が互いに協力する活動，あいさつ運動の推進，小・中・高による地区生徒会活動

問3　あなたが生徒会活動を行う上で課題と思うことを次から選んでください（複数回答可）。

NO	回　　答	％
1	部活動や習い事で忙しく，活動の両立が難しい	53.4%
2	学習時間が少なくなりがち	24.4%
3	本部役員を務めようとする仲間が少ない	25.0%
4	校内の本部役員間の交流が少ない	10.8%
5	一部の本部役員生徒に仕事（活動）が集中している	16.2%
6	一般生徒の生徒会活動に関する関心が薄い	65.3%
7	本部役員生徒に生徒会活動に関する仕事（業務）が集中している	11.9%
8	生徒会各種専門委員会の活動が活発ではない	13.9%
9	生徒会活動が一部の活動に偏りがちである	10.8%
10	生徒会活動に新たな取り組みが不足し，マンネリ化している	24.3%
11	本部役員が自主的に議論したり，活動したりすることが少ない	16.2%
12	担当の先生との話し合い時間がさらに欲しい	11.9%
13	その他	4.0%

【その他】（　）内の数字は同様な意見数です。
○　自分で仕事を見つけること，自分の実力が思った以上にないこと，活動を早くすすめること，活動の改善策が容易に見つからないこと。
○　本部役員としての自覚に欠ける生徒がいること，成績（進路）のためだけに本部役員に立候補する人がいること。
○　生徒会活動に当てられる時間が少ないこと（3），本部役員の人数が少ないこと，本部役員会の時間を増やすこと，行事を改善すること，他の生徒への発信力が弱いこと。
○　初めて本部役員を務める人に活動を教えることが大変なこと。

Ⅴ　中学校学習指導要領（平成29年3月　告示）

第5章　特別活動
第1　目　標

集団や社会の形成者としての見方・考え方を働かせ，様々な集団活動に自主的，実践的に取り組み，互いのよさや可能性を発揮しながら集団や自己の生活上の課題を解決することを通して，次のとおり資質・能力を育成することを目指す。

(1)　多様な他者と協働する様々な集団活動の意義や活動を行う上で必要となることについて理解し，行動の仕方を身に付けるようにする。

(2)　集団や自己の生活，人間関係の課題を見いだし，解決するために話し合い，合意形成を図ったり，意思決定したりすることができるようにする。

(3)　自主的，実践的な集団活動を通して身に付けたことを生かして，集団や社会における生活及び人間関係をよりよく形成するとともに，人間としての生き方についての考えを深め，自己実現を図ろうとする態度を養う。

第2　各活動・学校行事の目標及び内容
〔学級活動〕
1　目　標

学級や学校での生活をよりよくするための課題を見いだし，解決するために話し合い，合意形成し，役割を分担して協力して実践したり，学級での話合いを生かして自己の課題の解決及び将来の生き方を描くために意思決定して実践したりすることに，自主的，実践的に取り組むことを通して，第1の目標に掲げる資質・能力を育成することを目指す。

2　内　容

1の資質・能力を育成するため，全ての学年において，次の各活動を通して，それぞれの活動の意義及び活動を行う上で必要となることについて理解し，主体的に考えて実践できるよう指導する。

(1)　学級や学校における生活づくりへの参画

　ア　学級や学校における生活上の諸問題の解決

　　　学級や学校における生活をよりよくするための課題を見いだし，解決するために話し合い，合意形成を図り，実践すること。

　イ　学級内の組織づくりや役割の自覚

　　学級生活の充実や向上のため，生徒が主体的に組織をつくり，役割を
　自覚しながら仕事を分担して，協力し合い実践すること。
　ウ　学校における多様な集団の生活の向上
　　生徒会など学級の枠を超えた多様な集団における活動や学校行事を通
　して学校生活の向上を図るため，学級としての提案や取組を話し合って
　決めること。
(2)　日常の生活や学習への適応と自己の成長及び健康安全
　ア　自他の個性の理解と尊重，よりよい人間関係の形成
　　自他の個性を理解して尊重し，互いのよさや可能性を発揮しながらよ
　りよい集団生活をつくること。
　イ　男女相互の理解と協力
　　男女相互について理解するとともに，共に協力し尊重し合い，充実し
　た生活づくりに参画すること。
　ウ　思春期の不安や悩みの解決，性的な発達への対応
　　心や体に関する正しい理解を基に，適切な行動をとり，悩みや不安に
　向き合い乗り越えようとすること。
　エ　心身ともに健康で安全な生活態度や習慣の形成
　　節度ある生活を送るなど現在及び生涯にわたって心身の健康を保持増
　進することや，事件や事故，災害等から身を守り安全に行動すること。
　オ　食育の観点を踏まえた学校給食と望ましい食習慣の形成
　　給食の時間を中心としながら，成長や健康管理を意識するなど，望ま
　しい食習慣の形成を図るとともに，食事を通して人間関係をよりよくす
　ること
(3)　一人一人のキャリア形成と自己実現
　ア　社会生活，職業生活との接続を踏まえた主体的な学習態度の形成と学
　校図書館等の活用
　　現在及び将来の学習と自己実現とのつながりを考えたり，自主的に学
　習する場としての学校図書館等を活用したりしながら，学ぶことと働く
　ことの意義を意識して学習の見通しを立て，振り返ること。
　イ　社会参画意識の醸成や勤労観・職業観の形成
　　社会の一員としての自覚や責任をもち，社会生活を営む上で必要なマ
　ナーやルール，働くことや社会に貢献することについて考えて行動する

こと。

　ウ　主体的な進路の選択と将来設計

　　　目標をもって，生き方や進路に関する適切な情報を収集・整理し，自己の個性や興味・関心と照らして考えること。

3　内容の取扱い

(1)　2の(1)の指導に当たっては，集団としての意見をまとめる話合い活動など小学校からの積み重ねや経験を生かし，それらを発展させることができるよう工夫すること。

(2)　2の(3)の指導に当たっては，学校，家庭及び地域における学習や生活の見通しを立て，学んだことを振り返りながら，新たな学習や生活への意欲につなげたり，将来の生き方を考えたりする活動を行うこと。その際，生徒が活動を記録し蓄積する教材等を活用すること。

〔生徒会活動〕

1　目　標

　異年齢の生徒同士で協力し，学校生活の充実と向上を図るための諸問題の解決に向けて，計画を立て役割を分担し，協力して運営することに自主的，実践的に取り組むことを通して，第1の目標に掲げる資質・能力を育成することを目指す。

2　内　容

　1の資質・能力を育成するため，学校の全生徒をもって組織する生徒会において，次の各活動を通して，それぞれの活動の意義及び活動を行う上で必要となることについて理解し，主体的に考えて実践できるよう指導する。

(1)　生徒会の組織づくりと生徒会活動の計画や運営

　　生徒が主体的に組織をつくり，役割を分担し，計画を立て，学校生活の課題を見いだし解決するために話し合い，合意形成を図り実践すること。

(2)　学校行事への協力

　　学校行事の特質に応じて，生徒会の組織を活用して，計画の一部を担当したり，運営に主体的に協力したりすること。

(3)　ボランティア活動などの社会参画

　　地域や社会の課題を見いだし，具体的な対策を考え，実践し，地域や社会に参画できるようにすること。

〔学校行事〕

1　目　標

　全校又は学年の生徒で協力し，よりよい学校生活を築くための体験的な活動を通して，集団への所属感や連帯感を深め，公共の精神を養いながら，第1の目標に掲げる資質・能力を育成することを目指す。

2　内　容

　1の資質・能力を育成するため，全ての学年において，全校又は学年を単位として，次の各行事において，学校生活に秩序と変化を与え，学校生活の充実と発展に資する体験的な活動を行うことを通して，それぞれの学校行事の意義及び活動を行う上で必要となることについて理解し，主体的に考えて実践できるよう指導する。

(1)　儀式的行事

　学校生活に有意義な変化や折り目を付け，厳粛で清新な気分を味わい，新しい生活の展開への動機付けとなるようにすること。

(2)　文化的行事

　平素の学習活動の成果を発表し，自己の向上の意欲を一層高めたり，文化や芸術に親しんだりするようにすること。

(3)　健康安全・体育的行事

　心身の健全な発達や健康の保持増進，事件や事故，災害等から身を守る安全な行動や規律ある集団行動の体得，運動に親しむ態度の育成，責任感や連帯感の涵養，体力の向上などに資するようにすること。

(4)　旅行・集団宿泊的行事

　平素と異なる生活環境にあって，見聞を広め，自然や文化などに親しむとともに，よりよい人間関係を築くなどの集団生活の在り方や公衆道徳などについての体験を積むことができるようにすること。

(5)　勤労生産・奉仕的行事

　勤労の尊さや生産の喜びを体得し，職場体験活動などの勤労観・職業観に関わる啓発的な体験が得られるようにするとともに，共に助け合って生きることの喜びを体得し，ボランティア活動などの社会奉仕の精神を養う体験が得られるようにすること。

3　内容の取扱い

(1)　生徒や学校，地域の実態に応じて，2に示す行事の種類ごとに，行事及

びその内容を重点化するとともに，各行事の趣旨を生かした上で，行事間の関連や統合を図るなど精選して実施すること。また，実施に当たっては，自然体験や社会体験などの体験活動を充実するとともに，体験活動を通して気付いたことなどを振り返り，まとめたり，発表し合ったりするなどの事後の活動を充実すること。

第3　指導計画の作成と内容の取扱い

1　指導計画の作成に当たっては，次の事項に配慮するものとする。

(1)　特別活動の各活動及び学校行事を見通して，その中で育む資質・能力の育成に向けて，生徒の主体的・対話的で深い学びの実現を図るようにすること。その際，よりよい人間関係の形成，よりよい集団生活の構築や社会への参画及び自己実現に資するよう，生徒が集団や社会の形成者としての見方・考え方を働かせ，様々な集団活動に自主的，実践的に取り組む中で，互いのよさや個性，多様な考えを認め合い，等しく合意形成に関わり役割を担うようにすることを重視すること。

(2)　各学校においては特別活動の全体計画や各活動及び学校行事の年間指導計画を作成すること。その際，学校の創意工夫を生かし，学級や学校，地域の実態，生徒の発達の段階などを考慮するとともに，第2に示す内容相互及び各教科，道徳科，総合的な学習の時間などの指導との関連を図り，生徒による自主的，実践的な活動が助長されるようにすること。また，家庭や地域の人々との連携，社会教育施設等の活用などを工夫すること。

(3)　学級活動における生徒の自発的，自治的な活動を中心として，各活動と学校行事を相互に関連付けながら，個々の生徒についての理解を深め，教師と生徒，生徒相互の信頼関係を育み，学級経営の充実を図ること。その際，特に，いじめの未然防止等を含めた生徒指導との関連を図るようにすること。

(4)　障害のある生徒などについては，学習活動を行う場合に生じる困難さに応じた指導内容や指導方法の工夫を計画的，組織的に行うこと。

(5)　第1章総則の第1の2の(2)に示す道徳教育の目標に基づき，道徳科などとの関連を考慮しながら，第3章特別の教科道徳の第2に示す内容について，特別活動の特質に応じて適切な指導をすること。

2　第2の内容の取扱いについては，次の事項に配慮するものとする。

⑴　学級活動及び生徒会活動の指導については，指導内容の特質に応じて，教師の適切な指導の下に，生徒の自発的，自治的な活動が効果的に展開されるようにすること。その際，よりよい生活を築くために自分たちできまりをつくって守る活動などを充実するよう工夫すること。

⑵　生徒及び学校の実態並びに第1章総則の第6の2に示す道徳教育の重点などを踏まえ，各学年において取り上げる指導内容の重点化を図るとともに，必要に応じて，内容間の関連や統合を図ったり，他の内容を加えたりすることができること。

⑶　学校生活への適応や人間関係の形成，進路の選択などについては，主に集団の場面で必要な指導や援助を行うガイダンスと，個々の生徒の多様な実態を踏まえ，一人一人が抱える課題に個別に対応した指導を行うカウンセリング（教育相談を含む。）の双方の趣旨を踏まえて指導を行うこと。特に入学当初においては，個々の生徒が学校生活に適応するとともに，希望や目標をもって生活をできるよう工夫すること。あわせて，生徒の家庭との連絡を密にすること。

⑷　異年齢集団による交流を重視するとともに，幼児，高齢者，障害のある人々などとの交流や対話，障害のある幼児児童生徒との交流及び共同学習の機会を通して，協働することや，他者の役に立ったり社会に貢献したりすることの喜びを得られる活動を充実すること。

3　入学式や卒業式などにおいては，その意義を踏まえ，国旗を掲揚するとともに，国歌を斉唱するよう指導するものとする。

Ⅵ　高等学校学習指導要領（平成30年３月　告示）

第5章　特別活動
第1　目　標

　集団や社会の形成者としての見方・考え方を働かせ，様々な集団活動に自主的，実践的に取り組み，互いのよさや可能性を発揮しながら集団や自己の生活上の課題を解決することを通して，次のとおり資質・能力を育成することを目指す。

(1)　多様な他者と協働する様々な集団活動の意義や活動を行う上で必要となることについて理解し，行動の仕方を身に付けるようにする。

(2)　集団や自己の生活，人間関係の課題を見いだし，解決するために話し合い，合意形成を図ったり，意思決定したりすることができるようにする。

(3)　自主的，実践的な集団活動を通して身に付けたことを生かして，主体的に集団や社会に参画し，生活及び人間関係をよりよく形成するとともに，人間としての在り方生き方についての自覚を深め，自己実現を図ろうとする態度を養う。

第2　各活動・学校行事の目標及び内容
〔ホームルーム活動〕
1　目　標

　ホームルームや学校での生活をよりよくするための課題を見いだし，解決するために話し合い，合意形成し，役割を分担して協力して実践したり，ホームルームでの話合いを生かして自己の課題の解決及び将来の生き方を描くために意思決定して実践したりすることに，自主的，実践的に取り組むことを通して，第1の目標に掲げる資質・能力を育成することを目指す。

2　内　容

　1の資質・能力を育成するため，全ての学年において，次の各活動を通して，それぞれの活動の意義及び活動を行う上で必要となることについて理解し，主体的に考えて実践できるよう指導する。

(1)　ホームルームや学校における生活づくりへの参画

　　ア　ホームルームや学校における生活上の諸問題の解決

　　　ホームルームや学校における生活を向上・充実させるための課題を見いだし，解決するために話し合い，合意形成を図り，実践すること。

イ　ホームルーム内の組織づくりや役割の自覚

　　ホームルーム生活の充実や向上のため，生徒が主体的に組織をつくり，役割を自覚しながら仕事を分担して，協力し合い実践すること。

ウ　学校における多様な集団の生活の向上

　　生徒会などホームルームの枠を超えた多様な集団における活動や学校行事を通して学校生活の向上を図るため，ホームルームとしての提案や取組を話し合って決めること。

(2)　日常の生活や学習への適応と自己の成長及び健康安全

ア　自他の個性の理解と尊重，よりよい人間関係の形成

　　自他の個性を理解して尊重し，互いのよさや可能性を発揮し，コミュニケーションを図りながらよりよい集団生活をつくること。

イ　男女相互の理解と協力

　　男女相互について理解するとともに，共に協力し尊重し合い，充実した生活づくりに参画すること。

ウ　国際理解と国際交流の推進

　　我が国と他国の文化や生活習慣などについて理解し，よりよい交流の在り方を考えるなど，共に尊重し合い，主体的に国際社会に生きる日本人としての在り方生き方を探求しようとすること。

エ　青年期の悩みや課題とその解決

　　心や体に関する正しい理解を基に，適切な行動をとり，悩みや不安に向き合い乗り越えようとすること。

オ　生命の尊重と心身ともに健康で安全な生活態度や規律ある習慣の確立

　　節度ある健全な生活を送るなど現在及び生涯にわたって心身の健康を保持増進することや，事件や事故，災害等から身を守り安全に行動すること。

(3)　一人一人のキャリア形成と自己実現

ア　学校生活と社会的・職業的自立の意義の理解

　　現在及び将来の生活や学習と自己実現とのつながりを考えたり，社会的・職業的自立の意義を意識したりしながら，学習の見通しを立て，振り返ること。

イ　主体的な学習態度の確立と学校図書館等の活用

　　自主的に学習する場としての学校図書館等を活用し，自分にふさわし

228

い学習方法や学習習慣を身に付けること。

ウ　社会参画意識の醸成や勤労観・職業観の形成

　　社会の一員としての自覚や責任をもち，社会生活を営む上で必要なマナーやルール，働くことや社会に貢献することについて考えて行動すること。

エ　主体的な進路の選択決定と将来設計

　　適性やキャリア形成などを踏まえた教科・科目を選択することなどについて，目標をもって，在り方生き方や進路に関する適切な情報を収集・整理し，自己の個性や興味・関心と照らして考えること。

3　内容の取扱い

(1)　内容の(1)の指導に当たっては，集団としての意見をまとめる話合い活動など中学校の積み重ねや経験を生かし，それらを発展させることができるよう工夫すること。

(2)　内容の(3)の指導に当たっては，学校，家庭及び地域における学習や生活の見通しを立て，学んだことを振り返りながら，新たな学習や生活への意欲につなげたり，将来の在り方生き方を考えたりする活動を行うこと。その際，生徒が活動を記録し蓄積する教材等を活用すること。

〔生徒会活動〕

1　目　標

　　異年齢の生徒同士で協力し，学校生活の充実と向上を図るための諸問題の解決に向けて，計画を立て役割を分担し，協力して運営することに自主的，実践的に取り組むことを通して，第1の目標に掲げる資質・能力を育成することを目指す。

2　内　容

　　1の資質・能力を育成するため，学校の全生徒をもって組織する生徒会において，次の各活動を通して，それぞれの活動の意義及び活動を行う上で必要となることについて理解し，主体的に考えて実践できるよう指導する。

(1)　生徒会の組織づくりと生徒会活動の計画や運営

　　生徒が主体的に組織をつくり，役割を分担し，計画を立て，学校生活の課題を見いだし解決するために話し合い，合意形成を図り実践すること。

(2)　学校行事への協力

　　学校行事の特質に応じて，生徒会の組織を活用して，計画の一部を担当

したり，運営に主体的に協力したりすること。

(3)　ボランティア活動などの社会参画

　　地域や社会の課題を見いだし，具体的な対策を考え，実践し，地域や社会に参画できるようにすること。

〔学校行事〕

1　目　標

　　全校若しくは学年又はそれらに準ずる集団で協力し，よりよい学校生活を築くための体験的な活動を通して，集団への所属感や連帯感を深め，公共の精神を養いながら，第1の目標に掲げる資質・能力を育成することを目指す。

2　内　容

　　1の資質・能力を育成するため，全校若しくは学年又はそれらに準ずる集団を単位として，次の各行事において，学校生活に秩序と変化を与え，学校生活の充実と発展に資する体験的な活動を行うことを通して，それぞれの学校行事の意義及び活動を行う上で必要となることについて理解し，主体的に考えて実践できるよう指導する。

(1)　儀式的行事

　　学校生活に有意義な変化や折り目を付け，厳粛で清新な気分を味わい，新しい生活の展開への動機付けとなるようにすること。

(2)　文化的行事

　　平素の学習活動の成果を発表し，自己の向上の意欲を一層高めたり，文化や芸術に親しんだりするようにすること。

(3)　健康安全・体育的行事

　　心身の健全な発達や健康の保持増進，事件や事故，災害等から身を守る安全な行動や規律ある集団行動の体得，運動に親しむ態度の育成，責任感や連帯感の涵養，体力の向上などに資するようにすること。

(4)　旅行・集団宿泊的行事

　　平素と異なる生活環境にあって，見聞を広め，自然や文化などに親しむとともに，よりよい人間関係を築くなどの集団生活の在り方や公衆道徳などについての体験を積むことができるようにすること。

(5)　勤労生産・奉仕的行事

　　勤労の尊さや創造することの喜びを体得し，就業体験活動などの勤労観・職業観の形成や進路の選択決定などに資する体験が得られるようにす

るとともに，共に助け合って生きることの喜びを体得し，ボランティア活動などの社会奉仕の精神を養う体験が得られるようにすること。

3　内容の取扱い

(1)　生徒や学校，地域の実態に応じて，内容に示す行事の種類ごとに，行事及びその内容を重点化するとともに，各行事の趣旨を生かした上で，行事間の関連や統合を図るなど精選して実施すること。また，実施に当たっては，自然体験や社会体験などの体験活動を充実するとともに，体験活動を通して気付いたことなどを振り返り，まとめたり，発表し合ったりするなどの事後の活動を充実すること。

第3　指導計画の作成と内容の取扱い

1　指導計画の作成に当たっては，次の事項に配慮するものとする。

(1)　特別活動の各活動及び学校行事を見通して，その中で育む資質・能力の育成に向けて，生徒の主体的・対話的で深い学びの実現を図るようにすること。その際，よりよい人間関係の形成，よりよい集団生活の構築や社会への参画及び自己実現に資するよう，生徒が集団や社会の形成者としての見方・考え方を働かせ，様々な集団活動に自主的，実践的に取り組む中で，互いのよさや個性，多様な考えを認め合い，等しく合意形成に関わり役割を担うようにすることを重視すること。

(2)　各学校においては，次の事項を踏まえて特別活動の全体計画や各活動及び学校行事の年間指導計画を作成すること。

ア　学校の創意工夫を生かし，ホームルームや学校，地域の実態，生徒の発達の段階などを考慮すること。

イ　第2に示す内容相互及び各教科・科目，総合的な探究の時間などの指導との関連を図り，生徒による自主的，実践的な活動が助長されるようにすること。特に社会において自立的に生きることができるようにするため，社会の一員としての自己の生き方を探求するなど，人間としての在り方生き方の指導が行われるようにすること。

ウ　家庭や地域の人々との連携，社会教育施設等の活用などを工夫すること。その際，ボランティア活動などの社会奉仕の精神を養う体験的な活動や就業体験活動などの勤労に関わる体験的な活動の機会をできるだけ取り入れること。

(3)　ホームルーム活動における生徒の自発的，自治的な活動を中心として，

　各活動と学校行事を相互に関連付けながら，個々の生徒についての理解を深め，教師と生徒，生徒相互の信頼関係を育み，ホームルーム経営の充実を図ること。その際，特に，いじめの未然防止等を含めた生徒指導との関連を図るようにすること。

⑷　障害のある生徒などについては，学習活動を行う場合に生じる困難さに応じた指導内容や指導方法の工夫を計画的，組織的に行うこと。

⑸　第1章第1款の2の⑵に示す道徳教育の目標に基づき，特別活動の特質に応じて適切な指導をすること。

⑹　ホームルーム活動については，主としてホームルームごとにホームルーム担任の教師が指導することを原則とし，活動の内容によっては他の教師などの協力を得ること。

2　内容の取扱いに当たっては，次の事項に配慮するものとする。

⑴　ホームルーム活動及び生徒会活動の指導については，指導内容の特質に応じて，教師の適切な指導の下に，生徒の自発的，自治的な活動が効果的に展開されるようにすること。その際，よりよい生活を築くために自分たちできまりをつくって守る活動などを充実するよう工夫すること。

⑵　生徒及び学校の実態並びに第1章第7款の1に示す道徳教育の重点などを踏まえ，各学年において取り上げる指導内容の重点化を図るとともに，必要に応じて，内容間の関連や統合を図ったり，他の内容を加えたりすることができること。

⑶　学校生活への適応や人間関係の形成，教科・科目や進路の選択などについては，主に集団の場面で必要な指導や援助を行うガイダンスと，個々の生徒の多様な実態を踏まえ，一人一人が抱える課題に個別に対応した指導を行うカウンセリング（教育相談を含む。）の双方の趣旨を踏まえて指導を行うこと。特に入学当初においては，個々の生徒が学校生活に適応するとともに，希望や目標をもって生活をできるよう工夫すること。あわせて，生徒の家庭との連絡を密にすること。

⑷　異年齢集団による交流を重視するとともに，幼児，高齢者，障害のある人々などとの交流や対話，障害のある幼児児童生徒との交流及び共同学習の機会を通して，協働することや，他者の役に立ったり社会に貢献したりすることの喜びを得られる活動を充実すること。

⑸　特別活動の一環として学校給食を実施する場合には，食育の観点を踏ま

232

えた適切な指導を行うこと。

3　入学式や卒業式などにおいては，その意義を踏まえ，国旗を掲揚するとともに，国歌を斉唱するよう指導するものとする。

索　引

執筆者紹介

前田善仁（東海大学教授）
序章，第10章，第11章担当
　　（後掲）

関口洋美（東海大学准教授）
第2章，終章担当
　　（後掲）

今井良男（東海大学教授）
第4章，第3章第2節の1・2担当
神奈川県教育委員会中教育事務所指導課長，神奈川県内の中学校長を経て現職。専門は，教師教育学。主な論文に「自己指導能力を育てる生徒指導」（『東海大学課程資格教育センター論集』第17号，2018）がある。

佐藤陽一（東海大学教授）
第6章，巻末資料担当
相模原市教育委員会学校教育課長，相模原市立中学校長を経て現職。日本特別活動学会会員，専門は，教職論，特別活動，生徒指導。主な論文に「自己肯定感を育む特別活動」（『東海大学課程資格教育センター論集』第15号，2016），実践研究に「互い高め合う人間関係と学び合う授業をつくる」（『帝京大学大学院教職研究科年報』第7号，2016）がある。

反町聡之（東海大学教授）
第7章担当
神奈川県立茅ケ崎高等学校長，神奈川県立平塚工科高等学校長，神奈川県立小田原高等学校長を経て，現職。専門は教職論全般，主な論文に『高等学校における特別活動の意義と問題点』（共著）（東海大学課程資格センター論集　第17号，2018）がある。

斉藤仁一朗（東海大学講師）
第1章担当
東北大学大学院教育学研究科を修了後，秀明大学非常勤講師を経て，現職。専門は，米国カリキュラム史研究，シティズンシップ教育研究，社会科教育研究。訳書に『アメリカ人の生活と学校カリキュラム』（春風社，2018年），主な論文に「20世紀初頭米国におけるシティズンシップの脱政治化に関するカリキュラム研究」（『公民教育研究』，2016年）等がある。

藤井大亮（東海大学講師）

第9章担当

筑波大学人間系特任助教を経て，現職。専門は社会科教育，歴史教育。主な論文に「社会科教科書の絵画資料『蒙古襲来絵詞』から形成される歴史像」（『教材学研究』，2018年），共著書に『共生と希望の教育学』（筑波大学出版会，2011年），『21世紀の教育に求められる「社会的な見方・考え方」』（帝国書院，2018年）等がある。

荒木高司（東海大学非常勤講師）

第5章担当

神奈川県教育委員会高校教育課課長代理，県立厚木高等学校長，小田原高等学校長，東海大学教授を経て，現職。専門は教師教育学。共著書に『資料21世紀をどう生きる？（現代の倫理的課題）』（中教出版，1998年）がある。

山川勝久（東海大学非常勤講師）

第3章，第4章第3節の実践例1・2担当

公立中学校理科教員，神奈川県教育委員会中教育事務所長，平塚市立中学　校長，東海大学教授を経て，現職。日本特別活動学会会員，法務省人権擁護委員，伊勢原市いじめ問題専門調査会委員，専門は学校教育。主な論文に「校務分掌の構築」（『別冊教職研修11月号』教育開発研究所，2012），「体罰防止をめざした教員養成とその課題」（『東海大学課程資格教育センター論集』第15号，2017）がある。

奥村　仁（相模原市立大野南中学校長）

第8章担当

相模原市教育委員会教職員課長，同市立相原中学校長，同市教委学校教育部長を経て現職。生徒自ら考え，行動する力の育成と心に響く教育の推進を目標に，生きる力を育む学校教育の創造に向け，尽力している。

編著者紹介

前田　善仁（まえだ　よしひと）
神奈川県内の小学校教諭，中学校教諭，指導主事を経て，現職。秦野市立西中学校コミュ
ニティ・スクール運営協議委員を務めている。専門は，理科教育学・理科教材学・生徒指
導方法であるが，広く教育問題の研究に務めている。共著書に『哲学する道徳』（東海大
学出版部，2017 年）がある。

関口　洋美（せきぐち　ひろみ）
大分県立芸術文化短期大学専任講師・同短期大学准教授を経て，現職。専門は，教育心理
学・認知心理学。認知心理学的研究手法を活かし，鑑賞授業，オノマトペ，アニメなども
研究。共著書に『授業研究法入門（第 2 章）』（図書文化，2009 年），『心理学Ⅰ・その理論
と方法（第 14 章）』（川島書店，2011 年）がある。

ちゅうがくせい　　こうこうせい　　　　　　　　　　とくべつかつどう
中学生・高校生のこころと特別活動

2020年 3 月30日　第 1 版第 1 刷発行

編著者　前田善仁・関口洋美
発行者　浅野清彦
発行所　東海大学出版部
　　　　〒259-1292 神奈川県平塚市北金目4-1-1
　　　　TEL 0463-58-7811　FAX 0463-58-7833
　　　　URL http://www.press.tokai.ac.jp/
　　　　振替　00100-5-46614
印刷所　港北出版印刷株式会社
製本所　誠製本株式会社